河南省高等学校哲学社会科学创新团队支持计划
（项目编号：2019–CXTD–02）阶段性成果；
国家社会科学基金项目"西汉后期郊庙改制问题研究"
（项目编号：18BZS043）阶段性成果。

汉宣帝传

李 峰 闫喜琴 著

人民出版社

目　　录

序　言

汉宣帝刘询，初名病已，生于征和二年（前91年），元平元年（前74年）七月二十五日即位，卒于黄龙元年（前49年）十二月初七，是西汉第七任皇帝。

史上论及宣帝之政，赞扬者甚众。如汉代公认汉文帝为"文治"之主，称扬其"盛德"。然成帝询问刘向文帝治天下，"孰与孝宣皇帝？"刘向答称："中宗之世，政教明，法令行，边境安，四夷亲，单于款塞，天下殷富，百姓康乐，其治过于太宗之时，亦以遭遇匈奴宾服，四夷和亲也。"可是世间却盛称文帝之治，将其与周成王相比。刘向认为这是由于文帝礼敬言事者而为其所褒扬所致，其实"如其聪明远识，不忘数十年事，制持万机，天资治理之材，恐文帝亦且不及孝宣皇帝。"[①]崔寔也认为就处理刑狱而言，宣帝比文帝做得还要好，"孝宣皇帝，明于君人之道，审于为政之原。故严刑峻法，破奸宄之胆，海内清肃，天下谧如。嘉瑞并集，屡获丰年。荐勋祖庙，享号中宗。筹计见效，优于孝文。"[②]而班固通察宣帝一生作为，在《汉书·宣帝纪》[③]赞语中更

---

① （东汉）应劭撰，王利器校注：《风俗通义校注》卷二《正失》，中华书局1981年版，第98—99页。

② （唐）欧阳询撰，汪绍楹校：《艺文类聚》卷五二《治政部·论政》，上海古籍出版社1982年版，第939页。

③ 本书凡引自《汉书》者，皆只记篇名。

1

是对其做出很高的评价："孝宣之治，信赏必罚，综核名实，政事文学法理之士咸精其能，至于技巧工匠器械，自元、成间鲜能及之，亦足以知吏称其职，民安其业也。遭值匈奴乖乱，推亡固存，信威北夷，单于慕义，稽首称藩。功光祖宗，业垂后嗣，可谓中兴，侔德殷宗、周宣矣。"

然而也颇有对宣帝提出批评者，如张栻认为宣帝行杂霸之术，使"文、景养民之意，至是而尽消靡矣"。影响极其恶劣，"西京之亡，自宣帝始。"① 吕祖谦认为宣帝用弘恭、石显而启元帝之信宦者，贵许、史而启成帝之任外戚，杀赵、盖、韩、杨而启哀帝之诛大臣，开三大衅，终以亡国，因此功罪相半，"论其功大为中兴之君，论其罪则亦为基祸之主"②。王益之对班固称宣帝"功光祖宗"云云颇有微辞："汉业至宣帝而衰，安得'功光祖宗'？"认为"此语太过"③，因在《西汉年纪》中摘引班固赞语时，特削此数字不载。

近世以来，学者对宣帝的评价也颇相歧异。如钱穆从司法与民生两个方面考察宣帝之政，指出："其所以息狱讼，繁生业，与民休息，盖不啻于文景。"④ 傅乐成也盛称宣帝之功业，其一则曰："宣帝一代，为西汉的极盛时代，不特威加北夷，而内政也臻极致。"再则曰："宣帝时的政治，既不迂缓，亦不严酷，堪称汉政

---

① （南宋）张栻撰，邓洪波校点：《南轩先生文集》卷一六《汉家杂伯》，载《张栻集》，岳麓书社 2017 年版，第 640 页。

② （南宋）吕祖谦：《东莱吕太史集·吕集佚文·宣帝》，载黄灵庚、吴战垒主编《吕祖谦全集》（1），浙江古籍出版社 2008 年版，第 942 页。

③ （南宋）王益之撰，王根林点校：《西汉年纪》卷二一，中华书局 2018 年版，第 443 页。

④ 钱穆：《秦汉史》，生活·读书·新知三联书店 2005 年版，第 206 页。

的极致。"① 而吕思勉却批评宣帝"虽有阅历，而无学问。故能理当时之务，而不能创远大之规。"② 陈其泰对宣帝也是褒贬参半。如他认为宣帝亲政后，励精图治，保持了西汉的盛世，"号为'中兴'君主"，但其重用外戚和宦官，"成为西汉末期政治混乱局面的根源"。③

中兴之主，亦罪人乎？这是一个问题！

① 傅乐成：《汉法与汉儒》，《汉唐史论集》，（台北）联经出版事业公司 1977 年版，第 50—52 页。
② 吕思勉：《秦汉史》，上海古籍出版社 1983 年版，第 160 页。
③ 白寿彝、高敏、安作璋主编：《中国通史》（修订本）第四卷《中古时代·秦汉时期》（上册），上海人民出版社 2004 年版，第 338—344 页。

第一章　昭帝之死

汉宣帝被立为皇帝那年是汉昭帝元平元年（前74年），这年四月癸未（十七日），时年二十一岁的昭帝撒手人寰。

由于昭帝是英年早逝，故西嶋定生认为："其死因是很有疑问的"①。鲁惟一也称："他是否流露出什么迹象，致使霍光或其他人希望把他除掉，则不得而知。"但同时鲁惟一也承认："历史记载中也没有任何暗示他非自然死亡的材料。"②应该说两位学者的观点还是颇有启发意义的，但窃以为学者治史，当以事实为依据，无根之思，还是少说为妙。

据《杜延年传》云："昭帝末，寝疾"。显见昭帝是重病而死，至于是什么病已经不得而知了。劳干推测他可能死于传染病："他死在夏四月，这时正在初夏，是传染病流行的季节。在传染病未明了其原因的时代，青壮年人死于传染病的，比例相当的高。"③但也仅是推测而已，并无实据。不过其致病之因，倒是略可探讨一二。而论及此，在笔者看来，应与昭帝长期精神压抑关系甚大。

---

① ［日］西嶋定生著：《白话秦汉史（秦汉帝国的兴衰）》，黄耀能译，（台北）文史哲出版社1983年版，第219—220页。

② ［英］崔瑞德、鲁惟一编：《剑桥中国秦汉史》，杨品泉等译，张书生、杨品泉校订，中国社会科学出版社1992年版，第167页。

③ 劳干：《霍光当政时的政治问题》，《古代中国的历史与文化》（上），中华书局2006年版，第143页。

第一节　昭帝对霍光的信任

昭帝与辅政大臣大司马大将军霍光的关系，粗看史书，还是比较和谐的。

霍光，字子孟，大司马骠骑将军霍去病同父异母弟。父名中孺，河东郡平阳县人。武帝时，霍中孺作为县吏曾被派到平阳侯府中服役，与府中侍者卫少儿私通而生霍去病。霍中孺服役期满后，回家又娶妻生子霍光，与卫少儿断绝联系。后来卫少儿的妹妹卫子夫受宠，立为皇后，霍去病遂以皇后姐姐之子的身份受到武帝宠幸。后霍去病统兵攻打匈奴，途经河东郡，行至平阳传舍，遣吏迎霍中孺，据《霍光传》载，"中孺趋入拜谒，将军迎拜，因跪曰：'去病不早自知为大人遗体也。'中孺扶服叩头，曰：'老臣得托命将军，此天力也。'"霍去病给霍中孺置买田宅、奴婢而去。还师时，又从平阳经过，遂将十余岁的异母弟霍光带往长安，安排他做了郎官，任职宫廷，继而很快就升迁至诸曹侍中，成了侍奉武帝的亲近官员。霍去病死后，霍光被提拔为奉车都尉、光禄大夫，这两个职位秩皆比二千石，其中奉车都尉职掌皇帝车驾，光禄大夫职司议论朝政，属皇帝的高级顾问官。霍光做了这两个官职后，"出则奉车，入侍左右，出入禁闼二十余年，小心谨慎，未尝有过，甚见亲信。"

当时除了霍光，受到武帝宠信的大臣还有侍中、驸马都尉、光禄大夫金日磾和侍中、太仆上官桀。武帝弥留之际，特选他们三人与丞相田千秋、御史大夫桑弘羊一道辅佐其少子刘弗陵即昭帝，而政事一决于霍光。

按说，在这个由五人组成的辅政班子中，田千秋与桑弘羊两人官位最高，实权应该掌握在他们手中，然而他们却位居末席，处在协助霍光施政的地位。这是因为武帝时，为加强皇权，武帝从官僚机构及社会上选拔一批有才能的人任以侍中、左右曹、诸吏、散骑、中常侍、给事中等职，入宫侍从左右，参与大政。还利用秘书机构尚书，掌机要，披章奏。又罢太尉，改置大司马，作为大将军的加官，由亲贵大臣担任。这样在朝廷渐渐便有了中朝、外朝之分。由大将军、侍中、中书、给事中等官员组成的中朝或称内朝主决策，以丞相、御史大夫为首的外朝负责执行。中朝最高官员是大司马大将军，不过就武帝时而言，大司马大将军卫青、大司马骠骑将军霍去病虽然贵幸，但并未过多参与政事。大司马大将军权兼中外，是从霍光开始的。

昭帝即位未久，辅政班子便发生分裂，为掌控朝政，以左将军上官桀为首的反霍集团遂阴谋除掉霍光。当时官员们工作五日休息一天，霍光每遇到这个时候，就让上官桀代他入宫处理军国重事，上官桀等就欲以此为契机，扳倒霍光。

据《霍光传》载，始元六年（前81年）某日，上官桀趁霍光出宫休沐而自己代掌国政的机会，以欺诈的手段让人为其同党燕王刘旦上书，揭发霍光三条罪过：其一，霍光出城检阅郎官、羽林时，使用皇帝出行所用的制度，路上称跸，还让太官提前准备饭菜。其二，苏武出使匈奴，被拘押了二十年都没有投降，回来后也只做了个典属国，而大将军长史杨敞没有什么功劳，却做了搜粟都尉。① 其三，霍光擅自调发士卒增加大将军幕府校尉的力

---

① 杨敞始元六年（前81年）被任命为大司农，此处却云"搜粟都尉"，马元材认为太始元年（前96年）大司农桑弘羊被贬为搜粟都尉后，至杨敞被任命为大司农，中间十五年，《汉书·百官公卿表》均无关于大司农的记载。因此大司农之职，或仍由桑弘羊主持，"故当时对于大司农，（见下页）

量。进而指出霍光专权放肆，恐怕会有不良的企图。为了保卫昭帝，刘旦在奏书中表示自己愿意交还燕王的符节玺印，来到朝中值宿守卫，审察奸臣的阴谋，"光出都肆郎羽林，道上称跸，太官先置。又引苏武前使匈奴，拘留二十年不降，还乃为典属国，而大将军长史敞亡功为搜粟都尉，又擅调益莫府校尉。光专权自恣，疑有非常。臣旦愿归符玺，入宿卫，察奸臣变。"

上官桀请求昭帝将此事交给有关方面处理，而只要昭帝同意，上官桀当即便会从宫中直接把昭帝的诏令下发给桑弘羊等，由桑弘羊会同其他大臣一道去逮捕霍光并解除他的职务。上官桀等也是想着昭帝少不更事，听说霍光要篡夺他的皇位，还不立马就急了，没想到昭帝却不答应，上官桀一下子傻了眼。

次日早晨，霍光进宫后听说有人告发自己，就没敢去朝见昭帝，而是待罪于近臣议事的画室内等候惩处。昭帝不见霍光进来，就问："大将军安在？"上官桀说："以燕王告其罪，故不敢入。"昭帝就下诏召霍光进殿。霍光一进殿就免冠向昭帝叩头谢罪，可是昭帝却说："将军冠。朕知是书诈也，将军亡罪。"霍光奇怪地问："陛下何以知之？"昭帝说霍光去广明是检阅郎官等宿卫部队。从调选校尉到现在，还没有十日，燕王离京城那么远，怎么会知道呢？并且霍光要想为非，也不需要增加校尉的力量，"将军之广明，都郎属耳。调校尉以来未能十日，燕王何以得知之？且将军为非，不须校尉。"说这番话时，昭帝才十四岁。

昭帝小小年纪便能识破上官桀等的阴谋，让人们感慨不已。

（接上页）往往既以'搜粟都尉'称之。如《百官公卿表》，始元六年，杨敞明系为大司农，而燕王旦使人所上书则曰：'大将军长史（案即指杨敞。）无功劳为搜粟都尉'（《汉书·苏武传》），是其证矣。"（马元材：《桑弘羊年谱订补》，中州书画社1982年版，第130页。）

李德裕将周成王、汉高祖、汉文帝、汉景帝等与他相比，觉得他们都不如昭帝英明，"人君之德，莫大于至明，明以照奸，则百邪不能蔽矣，汉昭帝是也。周成王有惭德矣；高祖、文、景俱不如也。"因为周成王曾疑心周公，汉高祖曾怀疑陈平，汉文帝不信任季布、疏远贾谊，汉景帝听信谄言诛杀晁错。认为如果昭帝能得到像商朝名臣伊尹、周朝名臣吕尚那样的贤臣辅佐，其治必将超过周朝的成康之治："使昭帝得伊吕之佐，则成康不足侔也。"[①]

　　据《霍光传》载，昭帝当时便令逮捕上书者案问，而上书者已逃亡，昭帝又下令严加搜捕，这让上官桀等深感恐惧，就劝昭帝不要太在意这种小事，昭帝却不听。虽然最终没抓到上书者，但把上官桀等着实吓得不轻。后来上官桀的党羽但凡有说霍光坏话的，昭帝就发怒说："大将军忠臣，先帝所属以辅朕身，敢有毁者坐之。"

第二节　霍光对权力的专擅

　　从昭帝与霍光相互配合对付上官桀等看，两人的关系还是颇为融洽的。然而有道是此一时彼一时，昭帝少时没能力主持国政，由着霍光全权处理也就罢了，及至元凤四年（前77年）正月，时年十八岁的昭帝行冠礼，这意味着昭帝已经成人，自此便可以处理国政了，可霍光却仍不肯向昭帝移交权力！

　　事情发展到这步田地，不仅出乎武帝的预料，恐怕就是霍光

---

①　（唐）李德裕:《李卫公会昌一品集·外集》卷一《汉昭帝论》,《丛书集成初编》本，商务印书馆1936年版，第253—254页。

自己当初也没有想到。

霍光等能被武帝选为辅政大臣，肇始于文帝时贾谊的一篇奏疏。汉代的统治核心主要由异姓大臣、外戚、宗室等三类人构成，高祖时的经历显示，异姓大臣一旦大权在握，就会起而作乱；吕后时的政治显示，外戚权重，可能倾危社稷。故文帝即位后，对异姓大臣、外戚的戒备之心甚重，而宗室诸侯王又反叛不时，以至于身边竟无人可用。对此，据《贾谊传》载，贾谊在奏疏中建议文帝通过善待大臣来解决这一问题。贾谊认为只要君主对待臣下有礼，臣下就会自爱；以廉耻待人，人们就会重视节操和德行。遇到关键时刻，臣子就会尽力报答君主，公而忘私，死而后已，故不必担心没有可以托付重任的人，"顾行而忘利，守节而仗义，故可以托不御之权，可以寄六尺之孤。"文帝于是"深纳其言，养臣下有节。"景帝即位后，效法乃父，也厚待自己欣赏的臣下。而效果也甚显著。如受文帝赏识的周亚夫是景帝时平定七国之乱的主帅，功勋甚著。受文景二帝赏识的卫绾则成了景帝的托孤之臣。

就武帝而言，由于他与文帝、景帝一样疑忌宗室、外戚，在其人生进入暮年，执政能力持续下降的情况下，为维护皇朝的稳定、自身的安全，武帝便效法其父祖，"将希望寄托在一些忠诚的臣僚如霍光、金日磾、上官桀等人身上，对他们予以重点考察和培养。"①其中对自己考察了二十余年的霍光尤为看重，因此临终前组建了以霍光等三人为核心的辅政班子，并将霍光确定为领袖，托之以不御之权，寄之以六尺之孤。这是多大的信任啊！

---

① 李峰:《巫蛊之祸　西汉中期政坛秘辛》，河南大学出版社 2015 年版，第75 页。

考霍光主政之初也确实是秉承武帝的遗志，励精图治，致力于维护社会稳定，恢复与发展残破的社会经济。

然而五人辅政未久，金日磾即于始元元年（前 86 年）九月去世。金日磾去世后，由于田千秋主动靠边站，真正操控朝政的是霍光、上官桀和桑弘羊。桑弘羊长期主持国家财政，党羽众多，是真正的实力派，且自认为有功于国，多有非分之想，因此一直与霍光龃龉不断，但由于与霍光有姻亲关系的上官桀的支持，使霍光尚可掌控朝局，惜乎霍光与上官桀的关系很快便因立皇后一事恶化了。

却说上官桀之子上官安娶霍光长女为妻，生一女，时昭帝尚未立皇后，上官桀父子便想让霍光将该女立为昭帝皇后，霍光认为其尚年幼，没有同意。上官桀父子转而去求当时掌管后宫事务、照顾昭帝起居的昭帝的姐姐盖主的情人丁外人帮忙，交换条件是让丁外人封侯。于是始元四年（前 83 年）初，盖主下诏召上官安的女儿入宫立为婕妤，月余后便立时年六岁的上官氏为皇后。

接下来，为兑现对丁外人的承诺，上官桀父子要求霍光封丁外人为侯，被霍光拒绝。上官桀父子于是退而求其次，又要求霍光提拔丁外人为光禄大夫，霍光仍不答应。不过为安抚上官桀父子，霍光在始元四年（前 83 年）提拔上官安为车骑将军，始元五年（前 82 年）六月，又封上官安为桑乐侯，但成为正牌皇亲国戚的上官桀父子对此已不屑一顾。为安抚盖主，元凤元年（前 80 年）春，霍光把蓝田县作为盖主的汤沐邑送给盖主，然盖主所得非所想，也不领霍光的情。因而都疏远霍光而彼此互相接近，并最终结成反霍同盟，共同对抗霍光。桑弘羊本就与霍光矛盾不断，及见上官桀等与霍光交恶，就也加入了进来。知道燕王刘旦因未被立为皇帝，对霍光心存怨恨，为了壮大力量，他们又暗中与刘旦相勾结，并在外朝着意笼络官员们。

在此情势下，无论主观上是否愿意，为对抗反霍集团，霍光都必须着力组建听命于自己的团队。因此自始元四年（前83年）起，一批亲信被霍光先后提拔到了重要位置。如当年霍光以卫尉王莽为右将军，以大鸿胪田广明为卫尉。当年冬，霍光让杜延年以校尉身份，从军平定益州蛮夷叛乱，然后因功将其迁官谏大夫。始元六年（前81年）将大将军长史杨敞迁官大司农，而丙吉为大将军长史也当在此时。

双方的斗争发展到始元六年（前81年），就有了趁霍光休沐日诬告霍光事。此事应当让霍光进一步认识到，置身政坛的漩涡之中，只有把权力牢牢地攥在自己手里，不给包括皇帝在内的任何人以可乘之机，自己的安全才有保证。副封制度就当实行于此时，因为此后上官桀等再也不能借霍光休沐之机算计霍光了。据《魏相传》载，所谓副封制度，即规定吏民上书时，都要写成两份封好，在其中一份的封面上要署上一个"副"字，一并呈至尚书，主持尚书事务者先阅读副封，觉得不合适，有权不上奏皇帝："故事诸上书者皆为二封，署其一曰副，领尚书者先发副封，所言不善，屏去不奏。"同时霍光还加大了发展自己团队的力度。及至反霍集团被铲除，据《萧望之传》载，霍光担心遭到报复，其出入都要严加戒备，"光既诛桀等，后出入自备。吏民当见者，露索去刀兵，两吏挟持。"《循吏传》亦云："上官桀等与燕王谋作乱，光既诛之，遂遵武帝法度，以刑罚痛绳群下"。亦即尽管除掉了上官桀等，但霍光对权力的依赖不仅没有丝毫减弱，反而是加强了。当此情势下，要霍光把权力移交给昭帝，显然是不现实的！

世人多认为霍光贪权跋扈。如吕志毅称："霍光是一个贪权好势无厌之辈"，灵魂和行为"丑恶"[1]；苏瑞卿云："霍光一生贪权怙势"[2]。其实，平情而论，霍光为人并非如此不堪。因为若他真如学者所言，是一个"丑恶"之徒，他怎么会在逼死王莽的儿子后，还敢把自己的身家性命交于王莽之手？怎么会在除掉谋害自己的苏元后，还善待苏元的父亲苏武？如据《霍光传》载，始元初年，金日磾、霍光、上官桀等按照武帝遗诏，以平定马何罗等阴谋叛乱之功封侯，然而三人封侯后，曾在宫中侍奉过武帝的王忽却扬言说武帝生病时，他常侍奉在左右，据他所知，根本就没有武帝遗诏封霍光等为侯的事情，这不过是他们在自相尊贵罢了："帝病，忽常在左右，安得遗诏封三子事？群儿自相贵耳。"霍光听说后，对王忽的父亲卫尉王莽进行了严厉批评，王莽在重压之下遂用鸩酒毒杀了王忽。按说两人将因此而产生嫌隙，但过后霍光仍给予王莽以充分信任，让他继续做卫尉，继而又提拔他为右将军，作为自己的重要助手，而为反霍势力所严惮。如据《刘旦传》载，盖主当年曾派人告诉燕王刘旦说在与霍光的权斗中，她们只担心霍光与王莽不好对付，"盖主报言，独患大将军与右将军王莽。"又据《苏武传》载，苏武与上官桀、桑弘羊关系密切，天汉元年（前100年），苏武以中郎将身份出使匈奴，因故滞留匈奴十九年，始元六年（前81年）春回到长安后，燕王刘旦多次为苏武鸣不平，苏武的儿子苏元更是反霍团队的骨干力量。及至上官桀等案发，苏元被处死，廷尉又奏请朝廷逮捕苏武，此时苏武的生死就在霍光的一念之间，而霍光却把廷尉的奏章压下，仅是将苏武免官稍示薄惩而已，"及燕王等反诛，穷治党与，武素与桀、

---

[1] 吕志毅：《论霍光》，《河北大学学报》（哲学社会科学版）1995年第1期。

[2] 苏瑞卿：《略论霍光灭族之祸》，《烟台师范学院学报》（哲学社会科学版）1995年第4期。

弘羊有旧，数为燕王所讼，子又在谋中，廷尉奏请逮捕武。霍光寝其奏，免武官。"后来为了给苏武一个复出的机会，昭帝去世后，在议立宣帝时，霍光特地让苏武参与其事，使其得赐爵关内侯，食邑三百户。

据《霍光传》载，武帝之所以委霍光以重任，是因为武帝当年观察群臣，发现"唯光任大重，可属社稷。"而考霍光主政后的作为，知时务之要是其一，有主见是其二，认识到治国当秉公而为是其三。如据《史记·三王世家》载，昭帝初年，燕王刘旦阴谋反叛，反谋泄露后，朝廷遣使前去谴责刘旦，其中使者太中大夫公户满意就对刘旦说："方今大臣辅政，奉法直行，无敢所阿"。据《杜延年传》载，诛除反霍集团后，霍光又欲问罪于丞相田千秋，杜延年提醒霍光曰："间者民颇言狱深，吏为峻诋，今丞相所议，又狱事也，如是以及丞相，恐不合众心。群下讙哗，庶人私议，流言四布，延年窃重将军失此名于天下也！"霍光认为杜延年说得有道理，就只处死了廷尉王平与少府徐仁，"而不以及丞相，终与相竟。"

可以说霍光无论是人品还是能力，都甚优秀，武帝临终以幼子相托，可称英断。

据《霍光传》载，武帝临死前，当着众人的面，明确交代霍光："君行周公之事。"亦即要求他要如周公一样辅佐昭帝，待到昭帝成人后再把权力交给昭帝。故而在昭帝行冠礼后，霍光若不交权，就会受到舆论的谴责。并且霍光也知道他手中的权力很难交到自己儿子霍禹手中，因为霍禹是个草包。元凤三年（前78年），张安世长子张千秋与霍禹俱为中郎将，将兵随度辽将军范明友击乌桓。据《张安世传》载，还朝后，张千秋去拜谒霍光，霍光向张千秋询问此次战役的处置方略，山川形势，"千秋口对兵事，画地成图，无所忘失。"霍光又问霍禹，霍禹却答不上来，说："皆有文书。"这让霍光很失望，因叹曰："霍氏世衰，张氏兴矣！"

所以昭帝行冠礼后，以霍光的品性与识见，他当清楚自己应该交权，惜乎因结怨太多，此时他已离不开权力了！不仅此时，往后余生，他都在为掌控朝政而殚精竭虑，而其目的竟然主要就是为了活着！想其辅政之初，也是豪情万丈，谁能想到数年经营下来，竟不堪到这般地步！世人只知谴责霍光贪权，却没注意到他身处权力巅峰的狼狈，他有他的无奈。午夜梦回，不知他是否怀念过在平阳度过的无忧无虑的少年时光，可惜再也回不到过往了。

第三节　霍光对昭帝的控制

昭帝已经成人，可霍光却不肯交权，估计这会让昭帝感到很郁闷。要知道此人自小便天赋异禀，据《外戚传》载，他年五六岁时，便"壮大多知，上常言'类我'"。始元元年（前86年）二月，黄鹄飞落建章宫太液池，昭帝为此作《黄鹄歌》，歌曰："黄鹄飞兮下建章，羽肃肃兮行蹡蹡，金为衣兮菊为裳。唼喋荷荇，出入蒹葭，自顾菲薄，愧尔嘉祥。"① 当时昭帝年方九岁。大概还是在这一年，他去淋池游玩，曾作《淋池歌》，歌曰："秋素景兮泛洪波，挥纤手兮折芰荷，凉风凄凄扬棹歌，云光开曙月低何，万岁为乐岂云多？"② 及至行冠礼时，据《五行志》载，身高1.90米左右的昭帝已博通经典，洞察事理。"是岁正月，上加元服，通

---

① （东晋）葛洪：《西京杂记》卷一《黄鹄歌》，中华书局1985年版，第4—5页。
② （前秦）王嘉撰，（南朝·梁）萧绮录，林嵩点校：《王子年拾遗记》卷六《前汉下》，山东人民出版社2018年版，第88页。

《诗》、《尚书》，有明悊之性。"因此不可能不对权力产生欲望。然而不仅国家大事昭帝不能参与，就是他的一举一动也完全处在霍光的掌握之中，这从霍光干涉昭帝的私生活一事就可以看出。

上官桀家族在元凤元年（前80年）被霍光族诛时，由于昭帝皇后上官氏是霍光的外孙女，就被霍光以其年少没有参与谋反为由留了下来，让她照样做皇后。据《外戚传》载，当时霍光从家族利益考虑，非常希望上官氏能生个太子，昭帝身边的近侍和医生们知道霍光的心意，为了讨好霍光，便以昭帝身体不好为借口，要求昭帝在私生活方面予以克制，不要临幸宫中女子。昭帝不听，大家就令宫中女子都穿前后有裆的裤子，估计这东西是连身的，带子又多，脱起来非常麻烦，甚至脱不掉，因为自此以后，后宫再没有为昭帝所临幸者，"光欲皇后擅宠有子，帝时体不安，左右及医皆阿意，言宜禁内，虽宫人使令皆为穷绔，多其带，后宫莫有进者。"服虔曰："穷绔，有前后当，不得交通也。"颜师古曰："绔，古袴字也。穷绔即今之绲裆袴也。"而据《五行志》载，不让昭帝近后宫女子，是霍光的命令："光欲后有子，因上侍疾医言，禁内后宫皆不得进，唯皇后颛寝。"想想连私生活都受到严格约束，是谁都会烦闷不已的。苏辙将昭帝英年早逝的原因归结为霍光对昭帝照顾不周所致，"使昭帝居深宫，近嬖幸，虽天资明断，而无以养之，朝夕害之者众矣，而安能及远乎？"认为"昭帝之短折，霍光之过也。"[1] 显然是未能洞察事情的底蕴。

不仅如此，昭帝连个诉苦的人都找不到。因为朝中群臣多为霍光亲党，后宫之中又是霍光的外孙女做着皇后，因而也被霍家

---

[1] 陈宏天、高秀芳点校：《栾城后集》卷八《昭帝论》，载《苏辙集》，中华书局1990年版，第969页。

牢牢控制。古代君主往往爱称孤道寡，用以自谦无德无能，其实昭帝才真是个名副其实的"孤家寡人"！而这样的人，活着有什么乐趣可言呢？

说起来，昭帝其实是个可怜的孩子，先是母亲被父亲逼死，接着老父亲又一命呜呼，当时他才八岁！虽然武帝临死前为他做了精心安排，外有重臣帮他打理天下，内有同父异母姐姐盖主照顾他的饮食起居，但这些人有谁真正为他着想过？从他们的种种行为看，都是在想方设法地从他身上最大限度地榨取利益而已，最终因分赃不均而发生火并，失势者命归黄泉，得意者专擅朝政，而整个过程，昭帝几乎一直都在被动地扮演着傀儡的角色。生活在如此冷酷的环境中，昭帝怎么能够高兴起来？除非他是个白痴！但要命的是此人不是一般的聪明，他能不抑郁成疾！

据《杜延年传》载，昭帝生病后，霍光特征召天下名医入京，让他们在太仆杜延年的领导下为昭帝诊疗："征天下名医，延年典领方药"。然而昭帝还是死了，这可能昭帝得的就是不治之症，也可能与当时的医疗水平低下有关。

汉文帝时，淳于意以善医著称，他曾为文帝列医案二十五条，其中患者死亡的有九条，当死未死者一条，治愈率为60%。这应该是当时一流医生的疗效了，一般医生是达不到这个水平的。淳于意就曾说他自己自少时就喜医药，然而传世的医药方试之多不能应验，后从公孙光、阳庆那里学到秘方才精通医理。

由于世间名医少，庸医多，在时人看来，与其饱受庸医的折磨，还不如硬挺过去的好。以至于《艺文志》称时谚云："有病不治，常得中医。"所谓"中医"就是获得中等医疗效果的意思。所以昭帝之死不能排除当时医疗水平低下这一因素。

第二章 群臣议立，咸持广陵

昭帝去世后，霍光召开会议，议立新君。由于广陵王刘胥与汉代选立储君的原则相符，因此群臣公推刘胥为新君，但因选立刘胥可能会对霍光构成威胁，故霍光未置可否。丞相杨敞等揣摩到霍光的意图后，遂否决了立刘胥为新君的提议，最终决定选立霍光比较容易掌控的昌邑王刘贺为新君。

第一节 昭帝崩前异动

论及昭帝之死，劳干称："霍光在昭帝逝世以后，显着手足无措。这件事对于他事前并未曾有所准备，到事情不幸发生，他的应付办法，就不免应付失常。"[①]宋超也认为"刚逾弱冠之年昭帝的去世，霍光及群臣显然缺乏心理的准备。"[②]实则并非如此。由于昭帝病情日渐恶化，为应对即将到来的大变局，霍光采取了一系列措施。

当时霍光一方面以昭帝名义发布诏令，以示昭帝尚能经国理政。如据《昭帝纪》载，元平元年（前74年）二月，"诏曰：'天下以农桑为本。日者省用，罢不急官，减外徭，耕桑者益众，而

---

① 劳干：《霍光当政时的政治问题》，《古代中国的历史与文化》（上），中华书局 2006 年版，第 143 页。

② 宋超：《昭宣时代》，陕西人民出版社 2008 年版，第 77 页。

百姓未能家给，朕甚愍焉。其减口赋钱。'有司奏请减什三，上许之。"同时又征天下名医为其疗治，此举既是为了给昭帝疗疾，同时又有告知天下昭帝病重之意。

不断发布的天象异常警告也当意有所指。如据《天文志》载，元平元年（前74年）二月甲申（十七日）早晨，有大如月亮般的流星，在空中向西滑行，而众流星皆随其西行。乙酉（十八日），有一种被称作"牂云"的流星，如狗状，红色，长尾巴，共三枚，夹河汉西行。时人对此予以解读，认为大星如月，象征的是大臣，众星随行，意味着群臣皆随从大臣。天象的规则是向东行为顺，向西行为逆，流星逆行意味着君主不能主持大局，需要大臣行使权力安定国家。牂云如狗，是金星之精散出而成的彗星，称天狗、卒起，若此物出现，喻示祸乱将要发生，大臣将运用国家的权柄，牂云为乱君之象："二月甲申，晨有大星如月，有众星随而西行。乙酉，牂云如狗，赤色，长尾三枚，夹汉西行。大星如月，大臣之象，众星随之，众皆随从也。天文以东行为顺，西行为逆，此大臣欲行权以安社稷。占曰：'太白散为天狗，为卒起。卒起见，祸无时，臣运柄。牂云为乱君。'"二月十九日[①]，有流星出二十八

---

① 《汉书·天文志》称元平元年（前74年）"三月丙戌，流星出翼、轸东北……其四月癸未，宫车晏驾"云云。然据陈垣《二十史朔闰表》，元平元年（前74年）三月无丙戌，二月朔日为戊辰，丙戌为十九日；四月朔日为丁卯，癸未为十七日，丙戌为二十日。而《太平经》有"七日七夜。六真人三集议，俱有不解。三集露议者，三睹天流星变光"。（王明编：《太平经合校》卷八六《来善集三道文书诀》，山东画报出版社2004年版，第184页。）其意为七日之内连续出现三次流星。学者考证认为此为昭帝时事。（刘九生：《〈太平经〉断代》，载陈锋、张建民主编《中国古代社会经济史论——黄惠贤先生八十华诞纪念论文集》，湖北人民出版社2010年版。）而二月戊辰朔，十七日为甲申，十八日为乙酉，十九日为丙戌，正在七日之内。故"三月丙戌"当为"二月丙戌"。

星宿中位于南方的翼宿、轸宿的东北方，经过太微，进入紫宫。开始出现时比较小，要进入紫宫时变大，有光。进入紫宫后没多久，人们听到如同雷鸣一般的声音，响了三声，就停止了。古人将北极周围的星座，划分为紫微垣、太微垣、天市垣等三个星区，并将其赋予政治的内涵，其中，紫微垣为天帝之宫殿，引申为人间帝王之宫殿，称紫宫。流星入紫宫，预示着将要有大凶之事发生："流星入紫宫，天下大凶。"

江晓原在对古代典籍中关于天象的记载进行深入探讨后，指出古人之所以热衷于虚构或牵合天象记录，一个重要原因是因为天象记录可以"直接为具体的政治措施提供帮助"[1]。汉代观测天象，记录瑞应、灾异为太史令之职掌，而太史令为太常属官。时太常为蒲侯苏昌，其人曾参与议废昌邑王及拥立宣帝事，因功益封爵邑，与霍家关系密切，曾私自将严禁外传的中秘书借与霍山。如据《百官公卿表》载，地节四年（前66年），苏昌"坐籍霍山书泄秘书免"。颜师古曰："以秘书借霍山。"故此天象异常警告当属苏昌在霍光指使下所发布。霍光之所以如此，当是要以隐晦的方式告知天下将要有不测之事发生，以免因变生仓促，引起天下骚动。

当时，吏民通过朝廷的一系列异动，也隐约感觉到将有大事发生。据《田延年传》载，有商人甚至从中发现商机："茂陵富人焦氏、贾氏以数千万阴积贮炭苇诸下里物"。大司农田延年为此上奏书批评这种行为："商贾或豫收方上不祥器物，冀其疾用，欲以求利，非民臣所当为。请没入县官。"同时，霍光不对昭帝的后事豫作安排，以至于"昭帝大行时，方上事暴起，用度未

---

① 江晓原：《天学真原》，译林出版社2011年版，第200页。

办"。此当属故意为之，目的是为了避免让人们疑心自己心利昭帝之死。

虽然霍光对昭帝之死有一定的心理准备，但接下来发生的事情还是给霍光带来了无尽的烦恼。

第二节　汉代立储论析

昭帝死后，由于国不可一日无主，因此霍光面临的首要任务就是另立新君，由于昭帝无后，就须从武帝其他在世子孙中选立皇帝。武帝共有六子，即卫太子刘据、齐王刘闳、燕王刘旦、广陵王刘胥、昌邑王刘髆、昭帝刘弗陵。昭帝死时，武帝六子唯刘胥尚在。其他诸子除刘闳无后外，皆有后人在世。如刘据有一遗孙，名病已，巫蛊之祸后，以庶人身份由官方在掖庭抚养成人，如今已年满十八岁，刚成亲，有一子。刘旦有儿子刘建、刘庆、刘贤等在世，身份为庶人。刘髆有子刘贺在世，嗣爵昌邑王，时年十八九岁，已有子女。选立新君的活动就在这些人中展开，那么选谁好呢？

此事对今人而言，可能有点麻烦，但在当时，好像并不是大问题，因为据《霍光传》载，霍光一征求意见，大家马上便都推举广陵王刘胥："群臣议所立，咸持广陵王"。之所以出现这种情况，当与汉代的立君传统有关。

西周、春秋时期，贵族选立继承人的大原则一般是父死子继，至于由贵族的哪一个儿子做继承人，则要由《公羊传·隐公元年》所谓的"立嫡以长不以贤，立子以贵不以长"的立储原则来确定。贵族的正妻之子称嫡子，其他妻妾之子称庶子，嫡子享有优先继承权，其中长子为继承人。若没有嫡子，则从庶子中选立，身份尊贵者优先。当时若贵族嫁女，其他贵族往往将自家的女孩送来，作为陪嫁者与嫁女之家的女子一同送往男家，共同侍奉所嫁贵族，称作媵妾制度。由于陪嫁的女子出身各不相同，在贵族家中就有左媵、右媵等名分之别，由此也就有了地位的差异，根据子以母贵的原则，他们所生的孩子自然也就有了高下之别。这样，在无嫡子的情况下，贵族的继承人原则上就由贵族媵妾中地位高的女子所生的庶子来做。

具体到汉代，在选立继承人时，一直坚持父死子继的大原则，如据《高帝纪》载，高祖六年（前201年）五月诏称："人之至亲，莫亲于父子，故父有天下传归于子"。据《史记·窦婴列传》载，景帝未立太子时，其同母弟梁王刘武来朝，景帝心知其母窦太后喜爱刘武，为讨窦太后欢心，与刘武宴饮时，景帝对刘武说待到自己去世后，要把皇位传给刘武。当时外戚窦婴在旁，闻言立马反对说："天下者，高祖天下，父子相传，此汉之约也，上何以得擅传梁王！"由于汉代后宫女子大都出于民间，无所谓尊卑之别，故皇帝从诸子中选立继承人时，在坚持传统的同时，又做了适当的变通，即在采用嫡长子继承制的同时，又辅之以庶长子继承制。具体而言：

首先，采用嫡长子继承制。若皇后有子，则皇后之子为太子。如高祖时，吕雉为皇后，其子刘盈为太子；景帝时，王夫人为皇后，其子刘彻为太子；武帝时，卫子夫为皇后，其子刘据为太子。

其次，采用庶长子继承制。若皇后无子，储君就从庶子中选立，其中年长者有优先权。如景帝刘启就是因为文帝无嫡子，而刘启是文帝庶子之中年最长者，故立为太子。

最后，若皇帝去世却无后，新君就从其在世的兄弟们中产生，选立原则不变。如惠帝死后，其母吕后专权，而以出身不明的所谓惠帝之子为少帝。吕后死后，功臣、宗室合谋诛除诸吕及惠帝诸子，议立新君，当时的候选人既有高祖的儿子，又有高祖的孙子，最终大臣们选立了高祖在世的两个儿子中年长者代王刘恒为帝，是为文帝。

总体而言，汉代储君或君主的选立，或是按嫡长子继承制，或是按庶长子继承制，只有昭帝既非嫡子亦非庶长子，以少子身份继承皇位，是个例外。

通过分析，似乎汉代在选立君主或储君时，还是很讲原则的。事实上，这只是表象，真实情况是汉代几乎每一位君主或储君的选立都会引发激烈而残酷的斗争。

汉高祖刘邦初立吕后子刘盈为太子，后其宠姬戚夫人生子刘如意，遂生争位之心，跟随刘邦征战关东，日夜哭泣，逼刘邦废刘盈而立刘如意为太子。刘邦也因为刘盈为人仁慈柔弱，不如刘如意类己，对刘盈不甚喜爱；吕后又年老色衰，常留守关中，与刘邦相见甚稀，关系愈益疏远，故刘邦常欲废刘盈而立刘如意为太子。这让吕后深为恐惧，以至于有次听见大臣周昌与刘邦争吵，坚决反对立刘如意为太子，把她感激得竟不顾皇后之尊，向周昌行跪拜之礼，以表达诚挚的谢意。吕后还让她的兄弟建成侯吕泽劫持留侯张良，逼张良为自己出谋划策。总之，为了保住刘盈的太子之位，吕后可谓煞费苦心。因此，刘邦死后，刘盈继位，据《史记·吕太后本纪》载，吕后一得势，便疯狂报复戚夫人，先是毒死赵王刘如意，继而截断戚夫人手足，去眼熏耳，饮瘖药，使居于窟室中，"命曰'人彘'"。

景帝时期的储君之争也非常激烈。景帝即位后，其母窦太后因宠爱他的同母弟梁王刘武，想让景帝立刘武为继承人。由于窦太后甚有权势，景帝又新即位，为讨好窦太后，景帝三年（前154年），刘武从封国来京师朝拜，据《史记·梁孝王世家》载，景帝在设宴欢迎刘武时，当着窦太后的面，郑重地对刘武说："千秋万岁后传于王。"窦太后与刘武虽知景帝言不由衷，仍甚高兴。为报答景帝，当年春吴楚七国之乱发生后，刘武率领梁国臣民拼死力与反叛势力周旋，为汉朝平定叛乱立下汗马功劳。七国之乱平定后，景帝担心自己若不早立太子，窦太后可能会以刘武为国立有大功为理由，逼他立刘武为储君，那时他将更加被动，于是于次年四月，立了他的庶长子刘荣为太子。

为安抚刘武，景帝赐给他天子旌旗，出跸入警，比拟天子的规格行事，窦太后对刘武的赏赐又络绎不绝。刘武遂大治宫室，招延四方豪杰，多作兵器，府库中金钱近百亿，珠玉宝器比京师还要多，可谓贵盛一时。

景帝付出巨大代价，方才安抚住刘武，但他的后宫却始终无法平静。却说景帝的同母姐姐长公主刘嫖见刘荣被立为太子，就向刘荣的母亲、景帝的宠姬栗姬表示，想把自己的女儿陈阿娇嫁与太子为妃。由于长公主经常给景帝宫中选送美女，妒忌成性的栗姬一直对她心怀不满，如何肯与她结亲？就不答应。当时刘彻被立为胶东王，才数岁，其母王夫人颇受景帝宠幸，长公主在栗姬那里碰壁后，又想与王夫人做亲，把女儿嫁给刘彻，王夫人深知长公主在景帝心目中的地位，也愿意与长公主结亲，于是双方遂定下了两个孩子的婚事，而这也就等于双方结成了同盟，从此要休戚与共。

据《史记·外戚世家》载，自此以后，长公主一有机会就会在景帝面前说栗姬坏话，如她曾对景帝说："栗姬与诸贵夫人幸姬会，常使侍者祝唾其背，挟邪媚道。"景帝因此对栗姬怀恨在心。

后景帝曾身体不适，心情抑郁，就想把儿子们托付给栗姬，对栗姬说："百岁后，善视之。"哪知栗姬听罢很生气，不肯答应景帝，并出言不逊，这让景帝更加愤恨。长公主在诋毁栗姬的同时，又经常向景帝夸赞王夫人的儿子刘彻。王夫人当年怀刘彻时，曾声称其梦日入怀，景帝认为这是"贵征"，刘彻出生后，言谈举止表现得相当聪慧，这使景帝对刘彻一直颇为宠爱。现在长公主又不断地赞扬刘彻，这不免让景帝心生易储之念，只是兹事体大，一时之间实难做出决断。而王夫人知道景帝恨栗姬，且怒气未消，就欲趁势扳倒栗姬，遂暗地里使人催促大臣们奏请立栗姬为皇后。礼官大行不知是计，某次奏完事后，就劝景帝立栗姬为皇后："'子以母贵，母以子贵'，今太子母无号，宜立为皇后。"本就对栗姬怀恨在心的景帝闻言，以为这是栗姬在背后指使官员向自己索要皇后之位，大怒说："是而所宜言邪！"盛怒之下，遂诛杀大行，废太子刘荣为临江王。时为景帝七年（前150年）十一月（一说为该年正月）。继而将栗姬打入冷宫。后刘荣被逼自杀，栗姬以忧死，栗氏外戚也被处死。

当景帝后宫出现激烈纷争之时，梁王刘武正在京师。据《史记·梁孝王世家》载，窦太后见刘荣被废，就对景帝说商朝重兄弟之情，君主立其弟弟为继承人，周朝尊敬祖宗，君主以其子为继承人，其立君之道虽不同，但本质上都是一样的。有朝一日景帝去世，要以梁王为寄托，也就是要景帝以梁王刘武为继承人："吾闻殷道亲亲，周道尊尊，其义一也。安车大驾，用梁孝王为寄。"景帝当面虽答应了，过后却让袁盎等一群大臣去见窦太后，引经据典，为她陈说效法殷道兄终弟及之危害，最终让窦太后打消了立刘武为储君的念头，让刘武归国。当年四月，景帝立刘彻为太子。刘武为此对劝说窦太后的官员们非常怨恨，因遣刺客刺杀袁盎等十余位议臣，景帝知道后，虽没有治刘武的罪，但此后刻意冷落刘武，数年后，刘武郁郁而终。

景帝时期的储位之争使丞相周亚夫也卷入其中。当景帝废太子刘荣之时，身为丞相的周亚夫坚决反对，并与景帝争执不已，这让景帝对周亚夫非常反感，从此开始疏远周亚夫。此前七国之乱发生后，吴王刘濞重兵攻打梁王刘武，危急之时，刘武派人向时任太尉的主帅周亚夫求救，但周亚夫从全局考虑没有救援，这使刘武对周亚夫甚为怨恨，后常与窦太后一起向景帝讲周亚夫的坏话，及知景帝疏远周亚夫，窦太后就欲利用储君废立一事算计周亚夫。按说窦太后与武帝的母亲王夫人在角逐储君之位一事上，属敌对关系，最终窦太后落败，王夫人胜出，不仅摘得太子桂冠，还为自己谋得皇后之位，窦太后本应嫉恨王夫人，然而窦太后却主动请景帝封王夫人的兄长王信为侯，但这显然有违汉家制度，因为当年高祖刘邦曾与群臣约定非刘氏不得封王，非有功不得封侯，如果有人不如约而得王侯之位，天下要一起攻击他！因此文帝时，窦氏虽贵为皇后，但他的两个兄弟窦长君、窦广国皆不得封侯，直到景帝即位，才以太后故，封侯窦氏。其时窦长君已死，窦广国尚在，景帝遂封窦长君的儿子窦彭祖为南皮侯，窦广国为章武侯，所以景帝认为王信作为皇后的兄长，没有资格封侯。但据《史记·周勃世家》载，窦太后却说："人主各以时行耳。"意谓人主应该各自根据自己所处时代的实际情况行事，不必一一相效法。并举例说由于自己的兄长窦长君活着时没有封侯，使自己感到非常遗憾，将心比心，她希望这样的悲剧不要在王皇后身上重演，因此催促景帝说："帝趣侯信也！"窦太后此计甚毒，因为封侯是国之大事，景帝若封王信，就必须与丞相周亚夫商量，由于此举不合国典，周亚夫一定不敢也不能同意。事实也确实如此，景帝找周亚夫商量此事，被周亚夫一口回绝，周亚夫说："高皇帝约'非刘氏不得王，非有功不得侯。不如约，天下共击之'。今信虽皇后兄，无功，侯之，非约也。"景帝闻言，只好失望地打消了封王信为侯的念头。结果王皇后一无所获，窦太后却一箭三雕：即让景帝更加厌恶周亚夫，使王皇后嫉恨周亚夫，同时又修复了自己与王皇后因争夺储君之位而导致的颇为紧张的关系。随着周亚夫与景帝的日渐交恶，最终周亚夫在景帝中三年（前147年）以病免相，后又呕血而死。

当时，窦太后的堂侄魏其侯窦婴也差点受到牵连。景帝立刘荣为太子，让窦婴为太子傅，因此刘荣被废，就意味着窦婴教导无方，故窦婴多次与景帝争辩，希望景帝能够恢复刘荣的太子之位，但景帝始终不肯答应。窦婴遂谢病屏居蓝田南山之下达数月之久，以示抗议。后有人劝他不要不识时务，一旦惹恼景帝与新立的太子，他将死无葬身之地，窦婴这才出来朝见景帝。

武帝时期的皇储废立之争尤其残酷。"汉武帝统治晚期，由于汉武帝与戾太子所秉持的治国理念有异、戾太子羽翼已成、戾太子继位朝政可能为卫氏外戚所操控等原因，使武帝与戾太子之间的矛盾日渐加深，兼之各利益攸关方的深度参与，使武帝意欲更换继嗣。但因兹事体大，使他一度犹豫不决，而上天的警示又让他欲罢不能，至征和元年冬最终决定废黜戾太子，遂对卫氏外戚集团大开杀戒。面对武帝咄咄逼人的攻势，戾太子一直采取守势，隐忍以对，直到江充在太子宫掘蛊得桐木人，为求自保，方奋起抗争。"①

① 李峰：《巫蛊之祸视阈下汉武帝与戾太子父子纠葛探析——与辛德勇等先生商榷》，《清华大学学报》（哲学社会科学版）2020年第2期。

征和二年（前91年）正月，武帝除掉卫氏外戚骨干成员丞相公孙贺、太仆公孙敬声父子。三月，武帝提拔李氏外戚成员涿郡太守刘屈氂为左丞相，封澎侯。闰五月，以巫蛊罪，诛除卫子夫的两个女儿诸邑公主、阳石公主以及侄子故长平侯卫伉、外孙平阳侯曹宗等。卫青的亲信故因杆将军公孙敖当也在此时被族诛。嗣后，武帝赴甘泉宫，幕后操纵丞相刘屈氂处置相关事宜。

武帝赴甘泉宫后得病，奸臣江充闻讯，乘机上书称武帝生病是因为有人在利用巫蛊诅咒他，武帝便以江充为使者，彻查此事。在武帝的支持下，江充遂入宫治蛊，矛头直指卫太子。卫太子被逼无奈，七月壬午（初九）起事，斩杀江充，又烧杀助纣为虐的胡巫于上林苑中，并动员各方力量与拥武帝势力在长安城恶斗五日，死数万人，最后以失败告终。

武帝重新掌控长安局势后，着手清算太子势力。卫皇后被逼自尽，御史大夫暴胜之获谴自杀，卫青的两个故吏任安与田仁皆被腰斩。东越人东城侯居股坐参与卫太子举兵谋反、开陵侯禄坐收留卫太子所私幸女子，皆被腰斩。亚谷侯卢贺被拷掠而死。又据《戾太子传》载，太子家人全部处死："初，太子有三男一女，女者平舆侯嗣子尚焉。及太子败，皆同时遇害。卫后、史良娣葬长安城南。史皇孙、皇孙妃王夫人及皇女孙葬广明。皇孙二人随太子者，与太子并葬湖。"据《刘屈氂传》载，太子宾客没有参与反叛者皆处死，参与反叛者族诛："诸太子宾客，尝出入宫门，皆坐诛。其随太子发兵，以反法族。"被胁迫参与叛乱者，都徙往敦煌郡："吏士劫略者，皆徙敦煌郡。"又大兴诏狱，在全国范围内收捕卫太子的党羽，押赴长安监狱审理。

对平叛有功人员进行奖励。以马通捕斩囚徒如侯，长安男子景建跟随马通捕获少傅石德，商丘成力战捕获张光，李寿、张富昌抓捕卫太子有功，因封马通为重合侯、景建为德侯、商丘成为秺侯、李寿为邘侯、张富昌为题侯。当年九月，又以商丘成为御史大夫。

对于武帝而言，虽然铲除卫氏集团的过程颇费工夫，但毕竟除去了腹心之患，解决了长期困扰他的难题，从此之后，大可安心做他的皇帝。可惜事与愿违，接下来发生的一系列事件告诉他，铲除卫氏集团只是麻烦的开始而已。

卫太子死后，由于国失储君，按照传统就应该从武帝其他儿子中选立新太子，因此当时围绕其在世的四个儿子刘旦、刘胥、刘髆、刘弗陵等分别形成的政治势力各逞心机，纷争不已。

最先图谋太子之位的是武帝五子昌邑王刘髆的势力——李氏外戚集团。卫太子母子及卫氏外戚集团被铲除后，李氏外戚的地位一下子突出出来。刘髆是武帝宠姬中山李夫人所生，李夫人虽早卒，但为了制衡卫氏外戚，武帝有意识扶持李氏外戚，使其很快崛起为显赫的外戚之家，与卫氏外戚形成分庭抗礼之势。及至除掉卫太子母子，李氏外戚遂成朝廷最有势力的政治力量，这不免让李氏外戚成员弹冠相庆，忘乎所以，见太子之位虚悬，就想捷足先登，据为己有。

殊不知由于李氏外戚是被武帝作为制衡卫氏外戚的力量而扶持起来的，现在卫氏外戚被连根拔去，李氏外戚对武帝的利用价值自然大减。不仅如此，李氏外戚还成为了当朝最显赫的权贵，俨然卫氏外戚集团再现，这就不能不招致武帝的疑忌。

另外，诛除卫太子一事，让武帝声誉大损。为挽回声誉，武帝也有必要从速打击李氏外戚集团。巫蛊之祸发生后，武帝将此事定性为反叛，自以为占据了道义制高点，遂倾力对卫太子予以镇压。然而据《戾太子传》载，过后武帝却始终拿不出卫太子巫蛊诅咒他的证据，以至于武帝自己也不得不承认卫太子起事确属被逼无奈之举："久之，巫蛊事多不信。上知太子惶恐无他意"。这无疑将武帝置于极其尴尬的境地。"在此情况下，武帝要想摆脱巫蛊之祸给自己造成的不利影响，除了诿过他人，推卸责任之外，竟似没有其他更好的办法。若如此，刘屈氂无疑是最好的人选。因为在与太子纷争的过程中，他是朝廷一方的直接领导者，而他向太子发难的原因也不难解释：刘屈氂是李氏外戚的重要成员，他想除掉卫太子，然后拥昌邑王刘髆为太子。"① 因此，卫氏外戚被诛除后，武帝很快就对李氏外戚动了杀机。而助成此事者当为宫中宠姬钩弋夫人的势力。

据《外戚传》载，武帝少子刘弗陵的母亲钩弋夫人是宦官之后："先是其父坐法宫刑，为中黄门，死长安，葬雍门。"故其父虽死，其家与宫廷宦官势力的联系应当仍然颇为密切。这从钩弋夫人在武帝去河间巡视时，被特意推荐给武帝就可看出来。而她在进宫之后，自然会大力增进与宦官势力的联系，而宦官势力为自己日后前途考虑，必然会竭力扶助她。

总之，各方角力的结果，导致征和三年（前90年），汉朝政坛再度发生血腥的诛戮事件。因匈奴侵扰，该年三月，武帝派李广利、商丘成、马通等分别将兵击匈奴。据《刘屈氂传》载，当李广利离京出征之时，刘屈氂为其设宴饯行，并将李广利送至渭桥，李广利因催促刘屈氂道："愿君侯早请昌邑王为太子。如立为帝，君侯长何忧乎？"刘屈氂则承诺向武帝建言立昌邑王。然而还没等刘屈氂向武帝提议，宦官内者令郭穰就向朝廷告发了他们："是时治巫蛊狱急，内者令郭穰告丞相夫人以丞相数有谴，使巫

---

① 李峰：《巫蛊之祸 西汉中期政坛秘辛》，河南大学出版社2015年版，第55页。

祠社，祝诅主上，有恶言，及与贰师共祷祠，欲令昌邑王为帝。"观此可知，郭穰之告发李氏外戚，并非临时起意，而是蓄谋已久。有关方面奏请武帝批准审查，"罪至大逆不道。有诏载屈氂厨车以徇，要斩东市，妻子枭首华阳街。贰师将军妻子亦收。贰师闻之，降匈奴，宗族遂灭。"

武帝遂将巫蛊之祸定性为李氏外戚阴谋逆乱所致。据《田千秋传》载，征和四年（前89年）六月，武帝拜田千秋为丞相后，田千秋与群臣一道宽慰武帝，武帝有云："自左丞相与贰师阴谋逆乱，巫蛊之祸流及士大夫。"颜师古曰："谓与太子战死者也。"据《匈奴传》载，同年汉遣使送匈奴使者归国，匈奴人问及卫太子一事，使者解释说："然。乃丞相私与太子争斗，太子发兵欲诛丞相，丞相诬之，故诛丞相。"

李氏外戚被铲除后，武帝又采用不同的方式对此前因功受赏者进行清算。如李寿征和三年（前90年）坐擅出长安界，送李广利至高桥，及使吏谋杀方士，被诛。后元元年（前88年）六月，商丘成坐祝诅，自杀。大致在当年马通、景建因共为谋逆被杀。此外，对加兵刃于卫太子的人，初被任命为北地太守，后则族灭之。

据《刘旦传》载，卫太子死后，燕王刘旦也觊觎太子之位，遣使者请求让自己到长安保卫武帝，这分明是向武帝讨要太子之位，武帝不能不怒，因将其使者逮捕入狱。后又以藏匿国家逃亡之人之罪，削去刘旦良乡、安次、文安等三县的封邑以示惩戒："及卫太子败，齐怀王又薨，旦自以次第当立，上书求入宿卫。上怒，下其使狱。后坐藏匿亡命，削良乡、安次、文安三县。"而据《史记·外戚世家》载，武帝见到刘旦的奏书后，立斩其使者："卫太子废后，未复立太子。而燕王旦上书，原归国入宿卫。武帝怒，立斩其使者于北阙。"继而又处死了钩弋夫人："帝谴责钩弋夫人。夫人脱簪珥叩头。帝曰：'引持去，送掖庭狱！'夫人还顾，帝曰：'趣行，女不得活！'夫人死云阳宫。"考其时日，当在后元元年（前88年）。

经过数年残酷的斗争后，据《武帝纪》载，后元二年（前87年）二月，武帝临终前立其少子刘弗陵为皇太子："二月，行幸盩厔五柞宫。乙丑，立皇子弗陵为皇太子。丁卯，帝崩于五柞宫，入殡于未央宫前殿。"

可以说，在汉代一个皇子能否成为储君，靠的不是他的条件是否与立储原则相符，而是靠他是否具备足够的政治实力。但有意思的是，那些获得储君之位者，如果他们的条件与立储原则不符，其支持者都要想方设法地为他们创造条件，为此，可谓煞费苦心。

如景帝的条件就是造出来的。文帝从代王的位子上入继大统之初，虽然他的王后已死，但王后所生四个嫡子都还活着，如果立太子，根据传统，自非这四个嫡子莫属，但当时最受宠的窦氏也有儿子，结果在接下来的几个月内，王后所生的四个儿子莫名其妙地都死了。余下诸子皆庶出，而窦氏的儿子刘启年最长，于是就名正言顺地做了太子，这就是后来的景帝。

武帝的储君条件也是造出来的。当年景帝想立武帝为太子，然而武帝在景帝的十四个儿子中，排行居中，既非嫡子亦非庶长子，从哪方面说都不具备做太子的条件。于是，为了立武帝为太子，景帝七年（前150年）四月，景帝先立王夫人为皇后，这样武帝就成了嫡子，遂被立为太子。不过这种事情也是经不起推敲的，严格地说，王夫人只有在被立为皇后之后所生之子才是嫡子，在此之前所生之子只能是庶子。据《吕氏春秋·当务篇》载，商

31

朝的君主纣王同母兄弟三人，长曰微子启，次曰中衍，纣王最小，名受德。本来按照长幼之序，微子启应该做他们的父亲帝乙的王位继承人，但由于微子启和中衍是他们的母亲为妾时所生，属庶子，纣王是他们的母亲被立为帝乙的正妻后所生，是嫡子，因此当帝乙选立继承人，官员认为有嫡子不当立庶子，于是就立了纣王为继承人："纣之同母三人，其长曰微子启，其次曰中衍，其次曰受德，受德乃纣也，甚少矣。纣母之生微子启与中衍也尚为妾，已而为妻而生纣。纣之父、纣之母欲置微子启以为太子，太史据法而争之曰：'有妻之子，而不可置妾之子。'纣故为后。"不过就王夫人等而言，其所为虽小有瑕疵，但能做到这一步已经是不错了。因为除此之外，她们别无他法。

当时只有武帝不加任何掩饰地径直立其少子为储君。或许在武帝看来，所谓的立储条件不过是个形式而已，要不要都无所谓。但事实并非如此。因为那些按照立储原则包装出来的储君，他们的身份一经公布，很快便得到了社会的认可，而武帝由于没按规则办事，导致昭帝时长期政局不稳。

这就如同做游戏就要遵守游戏规则，否则就会带来两个严重后果：其一，所取得的任何成绩都得不到他人的认可；其二，会诱使人们破坏游戏规则，导致游戏无法进行。这就是为什么在拥立储君的过程中，拥立者大都要想尽办法创造条件，以使自己支持的人选与立储原则相符的原因。

当然有人可能会说，既然都知道汉代立储的真相，那么他们的拥立者这样做谁还会相信呢？对此需要指出的是，汉代立储的真相是我们在研读史书后才知道的，对于大多数汉朝人来说，他们对本朝的时事并不清楚。因为储君之争是在统治核心展开的，属暗箱操作，参与者数量有限，所以获胜者往往可以封锁消息，并制造出被选立者确实是按照立储原则被选立的假象，让人们信以为真，从而达到欺骗大众的目的。

通过对汉代选立君主或储君情况的分析可以看出，虽然决定一个皇子能不能被立为君主或皇储的原因非常复杂，但公之于世的理由却是几乎个个与立储原则相符，这就使许多不明真相的人以为朝廷真的是严格按照立储原则行事的。所以当霍光征求大家意见时，这些人便认为应该按原则办事。当然我们不能排除有些人会明了事实真相，但对这些人而言，由于他们不是负责人，并且拥立何人为君与他们也没有直接的利害关系，可以说是事不关己，而只要是与己无关的事情，人们都喜欢按原则办事，因为这最省事。所以当霍光征求意见时，这部分人也主张按原则办事。而按传统的立储原则办事，选出的自然就是刘胥了，因为他是武帝当时唯一在世的儿子。

第三节　郎官建言考辨

虽然群臣皆建言选立刘胥，然而有意思的是，大臣们提出自己的意见后，霍光却未置可否。史称这是因为刘胥性情粗鲁、动无法度，早在武帝时就已将他排除在继承人选之外，所以霍光对群臣的建议内不自安。其实真正的原因是霍光担心选立刘胥会对自己不利。刘胥自元狩六年（前117年）被立为广陵王，至元平元年（前74年）已为王四十四年，在广陵已形成自己的王国势力，选他做皇帝，霍光很难把控住他。可不选刘胥，又说不过去，因为群臣异口同声地支持刘胥。在此情况下，霍光若出言反对，其他人固然不能不听，但这样一来，就会给人以独断专行的口实，而一直以来，霍光都是讲求以理服人的。

据《霍光传》载，时有郎官看出其中的玄机，遂上书反对立刘胥为新君，于是霍光便将其奏书拿给丞相杨敞等看。该奏章上估计讲了很多，但留在史书上的只有一句话："周太王废太伯立王季，文王舍伯邑考立武王，唯在所宜，虽废长立少可也。广陵王不可以承宗庙。"

这里讲的是西周建立前的两个典故。太王称古公亶父，是周文王的祖父，他有三个儿子，长子太伯、次子虞仲、少子季历；周文王的正妃太姒生子十人，其中长子伯邑考，次子发。在立继承人时，太王立了三子季历，文王立了次子姬发，都没有立长子。所以郎官据此认为从为国家的长治久安考虑，不让广陵王入继大统是合乎道理的。

不过郎官虽然言之凿凿，其实却经不起推敲。因为太王的长子太伯没能做继承人，并非是被太王废黜的缘故。却是当年太王见他的孙子姬昌有人君的气度，认为以姬昌为继承人，会光大周室，就想将君位传于姬昌，问题是他与姬昌隔了一代，且姬昌是他的三子季历的儿子，他若想传位于姬昌，就需先将君位传于他的小儿子季历，但这样一来就违背了周人嫡长子继承制的传统，对他的长子太伯也不公平，故而这让太王很为难。他的想法后被太伯得知，为了成全父亲，太伯就主动领了一群人出走南方。太伯一走，按传统虞仲就要成为太王的继承人，而虞仲也想遂顺太王的心意，结果太伯前脚刚走，虞仲后脚就追了上去。于是兄弟两个结伴，远走荆蛮，文身断发，以让季历，后来南方的大国吴国就是这兄弟两个建立的。

周文王的正妻太姒共生十子，其中长子伯邑考、次子发、四子旦。据《史记·管蔡世家》云："唯发、旦贤，左右辅文王。故文王舍伯邑考，而以发为太子。"对此，中井积德指出："'舍伯邑考'，出于《戴记》，然彼以立子不立孙而言，伯邑考早死，而文王以发为嗣也，非生时废长之谓，史公恐失据也。"[①] 至于伯邑考的死因，很可能是被纣王所杀。《史记·龟策列传》有"杀周太子历，囚文王昌"语，据《史记会注考证》引陈仁锡语："'历'字衍文。太子，谓伯邑考也。"[②] 所以说郎官引用的这两个典故都是很成问题的。

并且郎官所引用的这两个典故即便可信，由此得出的结论也是不成立的。因为他所举的两个例子处理的都是兄弟间的继承问题，而刘胥与其他继承人之间属于长辈与晚辈关系，所以郎官实际上是在用解决兄弟之间纷争的办法来解决长辈与晚辈之间的问题，纯属牵强附会。但握有生杀予夺之权的霍光却不管这些，他所需要的仅仅是能有人站出来，替他说一句刘胥不适合被立为新君的话而已。就郎官的奏章而言，虽然我们经过分析发现他讲得乱七八糟，但该奏章毕竟说出了霍光最想听的几个字，那就是"广陵王不可以承宗庙"，这就行了，至于那些论据成立与否，霍光并不在意。

却说杨敞等看后，方知霍光之意，立刘胥为新君的建议自然也就被否决了。而由于该郎官说出了霍光最想听的话，解了霍光燃眉之急，据《霍光传》载，霍光即"擢郎为九江太守"。这既是对该郎官的奖赏，同时应该也有防范其与新君建立密切联系的想法。因为其建言有利于新君，可能会受到新君的赏识而被委以重任，这是霍光不愿意看到的："而'九江太守'这一远离朝廷的地

① （西汉）司马迁撰，［日］泷川资言考证，［日］水泽利忠校补：《史记会注考证》卷三五《管蔡世家》，上海古籍出版社 1986 年版，第 919 页。

② （西汉）司马迁撰，［日］泷川资言考证，［日］水泽利忠校补：《史记会注考证》卷一二八《龟策列传》，上海古籍出版社 1986 年版，第 2027 页。

方行政长官职务安排，推想或许有与新帝形成适当空间距离，以隔绝其可能的政治联系的考虑。"①

第四节　昌邑王的条件

刘胥被否之后，接下来再议。

刘病已虽为皇室子孙，身份却是庶人，因此在有其他人选的情况下，所以他当时并没有进入群臣的视野。

燕王刘旦的儿子刘建等倒是进入了群臣的考虑范围，但群臣认为刘建等属罪臣之后，没有资格做皇帝。

在此情况下，剩下的候选人就只有昌邑王刘贺了。而立刘贺为帝，相对而言，既能对已故的武帝有所交代，对霍光也比较有利。

刘贺的祖母是武帝宠姬李夫人。说到李夫人，不能不先说说她的哥哥李延年，此人在武帝时初因犯法被处以宫刑，被分配到宫廷狗监做事。元鼎六年（前111年），以精通音律受到武帝赏识，得与武帝同卧起，为男宠，甚贵幸。据说他每有新曲问世，都会在人们心中引起强烈的共鸣。李延年有一妹妹，美丽擅舞，李延年就想把妹妹献给武帝以固宠。

据《外戚传》载，某次宴会，李延年为武帝跳舞时，边舞边唱道："北方有佳人，绝世而独立，一顾倾人城，再顾倾人国。宁不知倾城与倾国，佳人难再得！"武帝好色，听李延年这样唱，不由便欣然神往，并充满遗憾地对他的同母姐姐平阳公主说：

---

① 王子今：《"宗庙"与刘贺的政治浮沉》，《河北师范大学学报》（哲学社会科学版）2020年第2期。

"善！世岂有此人乎？"平阳公主趁机说李延年的妹妹就是这样的女子。武帝一听，马上叫人把她招来，一看果然漂亮，再让她展示才艺，又很优秀，武帝立马就喜欢上了她，这就是李夫人。后来李夫人生了个孩子，就是昌邑王刘髆，此后没多久，李夫人就病死了。

据《外戚传》载，李夫人即将去世时，武帝去看望她，想见她最后一面。哪知她用被子蒙着头说："妾久寝病，形貌毁坏，不可以见帝。愿以王及兄弟为托。"武帝安慰道："夫人病甚，殆将不起，一见我属托王及兄弟，岂不快哉？"但李夫人仍是推托不见："妇人貌不修饰，不见君父。妾不敢以燕媠见帝。"武帝于是许诺道："夫人弟一见我，将加赐千金，而予兄弟尊官。"但李夫人回答得很决绝："尊官在帝，不在一见。"武帝见李夫人如此，就发狠说一定要见李夫人一面，然而李夫人侧转身子只是哭泣，再不肯言语，武帝无奈，只得拂袖而去。李夫人的行为让守在她身边的家人们很不满，待武帝一走，便批评李夫人说："贵人独不可一见上属托兄弟邪？何为恨上如此？"李夫人回答道："所以不欲见帝者，乃欲以深托兄弟也。我以容貌之好，得从微贱爱幸于上。夫以色事人者，色衰而爱弛，爱弛则恩绝。上所以挛挛顾念我者，乃以平生容貌也。今见我毁坏，颜色非故，必畏恶吐弃我，意尚肯复追思闵录其兄弟哉！"

李夫人确实是猜透了武帝的心思，由于她在武帝心中留下了非常美好的印象，她死后，武帝特以皇后之礼将其下葬，接下来又折腾出很多典故。

如武帝让人把李夫人的容貌画下来挂在甘泉宫，时时临观，以慰思念之苦。

又让一个方士①为他招致李夫人的神魂。据说在某个夜晚，该方士弄了顶帐子，在帐中张设灯烛，盛陈酒肉等祭品，用来招致李夫人的神魂，而让武帝远远地坐在另外一个帐子里静待李夫人的到来。不知这人是怎么搞的鬼，在武帝等待好一阵儿后，果然遥望见一个像李夫人一样的女子出现在帐子中，就见那女子先是在帐子中静坐了一会儿，接着又起身蹀步，过了一会儿就又消失了。本来该方士是想借此安慰一下武帝，不想武帝见罢李夫人的神魂之后，思念更甚，回去之后就写了首诗："是邪，非邪？立而望之，偏何姗姗其来迟！"令乐人谱成歌唱给自己听，估计是边听边落泪。

武帝还写了一篇短赋，赋中用了很多诸如修嫮、椽绝、山椒、凄泪、桂枝、菱荄、娥扬之类的词语以伤悼李夫人。武帝好色，据《贡禹传》载，其后宫美女如云："多取好女至数千人，以填后宫。"在这种情况下，他能抽出时间以堆砌华丽辞藻的方式来怀念一个已逝的女子，不是真喜欢他是不会这样做的。

由于李夫人生前甚得武帝宠幸，故立其孙为帝，应该符合武

① 《史记》与《汉书》在叙述武帝一代史事时，皆云武帝时曾让方士为其亡故宠姬致神，然叙事颇相歧异。《史记·封禅书》称武帝让少翁招致的是王夫人之神，《武帝本纪》与此同。班固《汉书·郊祀志》称武帝让少翁招致的是李夫人之神，《外戚传》亦载有此事。自《汉书》出异文后，关于少翁招致的是哪位夫人之神，自古以来聚讼不休。据笔者考订，元狩五年（前118年）少翁已被诛死，其时王夫人尚在，而李夫人还未得武帝宠幸。（李峰：《〈通鉴〉汉武帝元狩年间史事书写辨正》，《史学理论与史学史学刊》2018年上卷）然班固叙及方士为武帝致李夫人之神事，言之凿凿，似非虚语。而考班氏家族在西汉后期与皇室渊源甚深。成帝时班彪的姑母入宫为婕妤，班氏家族贵幸一时，同时班彪的外祖父金敞，是西汉后期著名的贵族金氏家族成员，该家族自武帝起直到平帝，一直备受皇室宠信，与皇室关系极其密切，自当熟知皇家掌故。故班氏父子的李夫人说当有确据，其误在于将致神者归于少翁耳。故此处文中叙其事，但不书少翁之名。

帝心意。当然由于刘贺是武帝的孙子，以他为武帝皇位的继承人，与汉代立储传统不合。但若转换思路，以昭帝而不是以武帝为主线来选拔继承人，让刘贺以继子的身份继承昭帝的皇位，也是说得过去的。

同时对霍光而言，由于刘贺年纪甚轻，相对而言，要比刘胥好把握。

总此诸点原因，霍光最终决定把昌邑王刘贺迎进未央宫。

第三章　旋立旋废：刘贺究竟做错了什么

刘贺即位后，由于欲舍霍光而自立，为霍光所不容，结果只做了二十七天皇帝，就被霍光以不孝、昏庸为借口废黜。当时为了废黜刘贺，霍光先是组织人力暗中广泛搜集刘贺的罪证，继而派田延年迫使丞相杨敞同意自己的主张，然后召集会议，胁迫与会群臣与自己一道奏请上官皇太后废黜刘贺。由于各个环节的工作都做得非常扎实，从而近乎波澜不惊地废黜了刘贺。

第一节　刘贺的噩梦

霍光等议定拥立刘贺后，据《霍光传》载，"即日承皇太后诏"遣使赴昌邑迎接刘贺。《刘贺传》言之尤详："大将军霍光征王贺典丧。玺书曰：'制诏昌邑王：使行大鸿胪事少府乐成、宗正德、光禄大夫吉、中郎将利汉征王，乘七乘传诣长安邸。'夜漏未尽一刻，以火发书。其日中，贺发，晡时至定陶，行百三十五里，侍从者马死相望于道。"

"传"指汉代人们出行时出入关卡所用的符契、凭证，官方以马车传递人员、物资、信息称"乘传"，车称"传车"。乘传的级别根据车辆用马的多少与优劣一般分四等，第一等是称传置，配上等马四匹；第二等称驰置，配中等马四匹；第三等称乘置，配下等马四匹；第四等称轺置，配马一至两匹。"七乘传"指用七匹马拉的传车，此前文帝由代地入京、周亚夫平定七国之乱曾乘"六乘传"，此三事皆因事情紧急而为，属特例。如文帝与刘贺皆属以藩王身份被征入京继位，"盖国不可一日无君，需藩王迅速从封国赶到京城，所以用六匹或七匹马拉的车"[①]。

这段文字还涉及两种汉代计时制度。一是漏刻制。漏指漏壶，刻指标有时间刻度的标尺，称箭刻。漏刻制就是指将两者组合在一起，利用漏壶水量的变化来计量时间的计时方式。这种计时方式将一昼夜分为100刻，每刻合今14.4分钟。漏刻分昼漏与夜漏两部分，根据昼夜长短的变化，动态分配昼漏与夜漏的刻数，分别计量白昼和夜晚的时间。昼漏的起点，在"日出前二刻半"，夜漏的起点，在"日入后二刻半"，"所谓昼漏或夜漏'下 × 刻'、'未尽 × 刻'、'不尽 × 刻'，就是指夜漏将尽、相对于昼漏的起点还差 × 刻（或昼漏将尽、相对于夜漏的起点还差 × 刻）。"[②]故"夜漏未尽一刻"意为夜漏将尽、相对于昼漏的起点还差一刻，即天将明的时候。

一是十六时制。"西汉实行十六时制"，该制是将太阳昼夜运行与自然现象、社会生活的节律相结合来确定时间的计时方式。共分十六个时段，根据时间顺序分别称夜半、鸡鸣、人定等，每个时段占有90分钟，其中日中为11∶15—12∶45；馎时（晡时）为14∶15—15∶45。[③]张德芳认为日中为12∶00—13∶00；馎时为15∶00—16∶30。[④]据《五行志》载，武帝元光元年（前134年）

---

① 梁锡锋：《汉代乘传制度探讨》，《河南师范大学学报》（哲学社会科学版）2004年第2期。

② 华同旭：《中国漏刻》，安徽科学技术出版社1991年版，第42页。

③ 陈久金：《中国古代时制研究及其换算》，《自然科学史研究》1983年第2期。

④ 张德芳：《简论汉唐时期河西及敦煌地区的十二时制和十六时制》，《考古与文物》2005年第2期。

七月癸未（十九日）日食，"日中时食从东北，过半，晡时复。"征和四年（前89年）八月辛酉（二十九日）日食，"晡时食从西北，日下晡时复。"任杰对其时间进行推算，得出前一次日食初亏时刻为11:48，复圆时刻在14:26；后一次日食初亏时刻为14:04，复圆时刻在16:36。[①] 若将误差计算在内，此基本上在陈久金所得的十六时制时段内，而与张德芳所得不符。

考《汉书》对霍光征刘贺经过的叙述，其"即日"征刘贺，并让其乘七乘传赴京，反映了其想立刘贺为新君的迫切心情，而组建由行大鸿胪事少府史乐成、宗正刘德、光禄大夫丙吉、中郎将利汉等四人组成的高规格使团，奉皇太后玺书日夜兼程征召刘贺，则体现了霍光对刘贺的尊重，并且七乘传不仅速度快，相对而言也更安全，规格也极高。所有这一切都显示霍光对刘贺充满期待。

从刘贺的反应看，他也非常想做皇帝。朝廷使团在天快亮时来到王宫，叩开宫门见到刘贺后，刘贺因急于看到玺书，顾不上张灯，让人拿着火把就把玺书拆开了。接下来只准备了一上午，当天中午便动身朝京师进发。及至出发后，至晡时就到了距昌邑一百三十五里的定陶。据《汉官旧仪》载，"奉玺书使者乘驰传。其驿骑也，三骑行，昼夜行千里为程。"[②] 驿骑传玺书，按规定一昼夜行千里，为急速行进，属当时骑马行进所能达到的极致。因为轻骑兵的速度一日一夜也不过七百里。如据《刘敬传》载，刘敬曾对高祖说："匈奴河南白羊、楼烦王，去长安近者七百里，轻骑一日一夕可以至。"而按十六时制，若一日行千里，则每时平均行62.5里。而日中与晡时之间相隔一时，纵使从日中之始即11

① 任杰：《秦汉时制探析》，《自然科学史研究》2009年第4期。
② （东汉）卫宏撰，（清）纪昀等辑；《汉官旧仪》卷上，载（清）孙星衍等辑，周天游点校《汉官六种》，中华书局1990年版，第31页。

点 15 分开始出发，至铺时为二时，仍超过驰传急行的平均速度，是故刘贺的侍从者所骑之马纷纷累死于道上。生动反映了刘贺想做皇帝的急切心情。

总之，从双方对此事的反应看，应该说在主观上都有想把这事做好的愿望。哪知刘贺在元平元年（前 74 年）六月丙寅（初一），于未央宫即位后，只做了二十七天皇帝，就被霍光给废了。据《三国志·武帝纪》裴松之注载，后来曹操对此做了个酷评，叫"事成如摧朽"！

六月癸巳（二十八日），据《霍光传》载，在霍光的安排下，昭帝的皇后、如今的上官皇太后驾临未央宫承明殿，身着盛装高坐在布有兵器的帷帐中，数百名宫廷卫士都拿着兵器侍奉于殿中，期门武士持戟，神情威严地排列于殿下，百官依次上殿参会，然后以太后的名义把刘贺招来，让他伏于地上听诏。"太后被珠襦，盛服坐武帐中，侍御数百人皆持兵，期门武士陛戟，陈列殿下。群臣以次上殿，召昌邑王伏前听诏。"霍光与群臣联名上奏，由尚书令代表群臣宣读奏书。奏书中开篇便指出昌邑王是作为昭帝继子的身份入主未央宫的，根据礼法，"为人后者为之子也"，所以昌邑王就是昭帝的儿子了。现在昭帝死了，他就应该以孝子的身份为昭帝行孝，然而刘贺虽穿着孝子之服，却全无孝子之行。

首先是不"素食"。按礼法，孝子居丧期间要"素食"，据《霍光传》颜师古注称："素食，菜食无肉也。言王在道常肉食，非居丧之制也。而郑康成解《丧服》素食云'平常之食'，失之远矣。"又《王莽传》注称："素食即菜食也"。沈钦韩认为这是颜师古受佛教影响，误将"素食"释为"菜食无肉"。而据《管子·禁藏篇》云："果蓏素食当十石"，注称："果蓏不以火化而食，故曰素食。"《墨子·辞过篇》云："古之民未知为饮食时，素食而分处"。

故沈钦韩指出:"然则居丧之礼,亦不火食,只以糗糒、菜果为膳。"[①]亦即孝子居丧期间,不当食熟食,只能以炒熟的米麦等做成的干粮、菜果等为膳食。但刘贺在这方面做得很差。

在从昌邑进京的路上,刘贺就不素食,进京被立为皇太子后,还经常私下里买鸡、猪做熟了食用。做了皇帝后,又下诏让太官呈上皇帝平时享用的食物,食监奏称在刘贺没有除去丧服的情况下,不能这样做。刘贺听了,就又下诏让太官赶快去准备,不要通过食监来进行,太官不敢做,刘贺就派自己从昌邑带来的侍臣去长安的街市上买鸡、猪,诏令宫殿门卫放行入宫,并作为常规要门卫执行。在这期间,据《霍光传》载,他又打祭品的主意,最高规格祭品称"太牢",一副太牢备牛、羊、豕各一头,刘贺传令让官员取出三副太牢,陈于阁室中,当时昭帝已下葬,刘贺的理由就是要祭祀昭帝,等三副太牢拿来后,他胡乱祭奠了一下,就与从官一起将三幅太牢全给吃了,"发长安厨三太牢具祠阁室中,祀已,与从官饮啖。"他还经常与随从的官员以及官府的奴仆们彻夜聚饮,沉湎于酒中。

其次是行乐。孝子服丧期间不得行乐,但刘贺却我行我素。比如他让随从来的官员拿着象征皇权的符节,把从昌邑跟来的官员等二百多人带进宫中,经常与他们在宫中禁地玩耍嬉戏。据《霍光传》载,刘贺喜欢音乐,叫人把乐府乐器取出来,并把从昌邑带的乐舞班子引进宫中,让他们给自己奏乐,要知道这个时候昭帝还没有下葬,灵柩就停在未央宫的前殿,"大行在前殿,发乐府乐器,引内昌邑乐人,击鼓歌吹作俳倡。"昭帝一下葬,刘

---

① （清）沈钦韩:《汉书疏证》卷三一《霍光金日磾传》,载（清）沈钦韩等撰《汉书疏证（外二种）》（二）,上海古籍出版社2006年版,第56页。

贺便去前殿击打钟磬取乐。又召祭祀泰一神及宗庙神之宫廷乐人，由辇道来到牟首这个地方为自己奏乐，"会下还，上前殿，击钟磬，召内泰壹宗庙乐人辇道牟首，鼓吹歌舞，悉奏众乐。"宫中玩腻了，又驾着皇帝的法驾，车上蒙着虎皮，插着鸾旗，驱驰到北宫、桂宫，斗弄野猪和老虎，"驾法驾，皮轩鸾旗，驱驰北宫、桂宫，弄彘斗虎。"汉代天子出行车驾仪仗有三种，其中之一即是"法驾"，该仪仗的导引者为京兆尹，陪乘者为侍中，驾车者为奉车郎，侍从车辆三十六乘，"法驾京兆尹奉引，侍中参乘，奉车郎御，属车三十六乘。"① 又有众多卫士簇拥以行，故相当隆重。

再次是淫乱。据《霍光传》载，在从昌邑进京的路上，随从刘贺的官员就抢劫女子送到刘贺歇息的房间即传舍中，供他取乐，"使从官略女子载衣车，内所居传舍。"即位后，又与昭帝曾临幸过的宫女蒙等淫乱，并威胁掖庭令不得泄露消息："与孝昭皇帝宫人蒙等淫乱，诏掖庭令敢泄言要斩。"

最后是无礼。如刘贺对皇帝信物的态度甚不恭。汉代皇帝有"传国玺"，该玺是秦始皇所用之玺，刘邦当年入咸阳，得之于子婴，"子婴上始皇玺，因服御之，代代传受，号曰'汉传国玺'。"又"天子有传国玺，文曰：'受命于天，既寿且康。'不以封也。"② 又有六玺，皆以白玉为之，玺纽皆螭虎纽："皇帝六玺，皆白玉螭虎纽，文曰'皇帝行玺'、'皇帝之玺'、'皇帝信玺'、'天子行玺'、'天子之玺'、'天子信玺'，凡六玺。"③ 故据《宋书·礼志》载，

① 何清谷:《三辅黄图校释》卷六《杂录》，中华书局 2005 年版，第 380 页。
② （东汉）应劭撰，（清）孙星衍校集:《汉官仪》卷下，载（清）孙星衍等辑，周天游点校《汉官六种》，中华书局 1990 年版，第 187 页。
③ （东汉）卫宏撰，（清）孙星衍辑:《汉旧仪》卷上，载（清）孙星衍等辑，周天游点校《汉官六种》，中华书局 1990 年版，第 62 页。

晋人虞喜《志林》认为天子共七玺："传国玺，自在六玺之外，天子凡七玺也。"传国玺为传国之用，象征着皇位的传承，其余六玺亦各有用途，如处理杂务用皇帝行玺，赐诸侯王书用皇帝之玺，发兵用皇帝信玺，征召大臣用天子行玺，策拜外国事用天子之玺，事奉天地鬼神用天子信玺。天子绶带以黄色为底子，饰之以青、白、赤、黑、玄、黄等天地四方之色。天子一般佩绶不佩玺，玺放在用金银丝带子包束的盒子中，系于绶带上，由侍中背负随侍在天子左右，"以皇帝行玺为凡杂；以皇帝之玺赐诸侯王书；以皇帝信玺发兵；其征大臣，以天子行玺；策拜外国事，以天子之玺；事天地鬼神，以天子信玺。皆以武都紫泥封，青布囊，白素里，两端无缝，尺一板中约署。皇帝带绶，黄地六采，不佩玺。玺以金银滕组，侍中组负以从。"[①]据《霍光传》载，刘贺是在昭帝灵柩前即的位，当时人们就把信玺、行玺等象征皇帝权威的信物交给了他，他依次打开检查了一番，看罢之后也不封上，"受皇帝信玺、行玺大行前，就次发玺不封。"要知道这是国之重器，怎能如此轻率对待！如颜师古就指出："玺既国器，常当缄封，而王于大行前受之，退还所次，遂尔发漏，更不封之，得令凡人皆见，言不重慎也。"刘贺还不敬祖宗，不尊重昭帝、上官氏夫妇。刘贺即位后，祖宗的神灵还没有祭奠，就作玺书派使者拿着符节，用三副太牢祭祀其父昌邑哀王刘髆的神庙，这已是失礼之举，而他在玺书中自称"嗣子皇帝"，则是公然羞辱昭帝与上官氏。因为按理他已经过继给昭帝，从宗法上讲就只能是昭帝、上官氏的儿子了，然而他却称自己是昌邑哀王的"嗣子皇帝"，亦即他继承的是刘髆

---

① （东汉）卫宏撰，（清）孙星衍辑：《汉旧仪》卷上，载（清）孙星衍等辑，周天游点校《汉官六种》，中华书局 1990 年版，第 62 页。

的皇位，这就是不承认自己的继子身份。此外，刘贺又召来上官皇太后用的小马车，让官奴乘着，在宫人居住的掖庭嬉戏，"召皇太后御小马车，使官奴骑乘，游戏掖庭中。"古代统治者为维护等级秩序，特地规定不同等级身份的人享有规格不同的礼器，不可僭越。因此，刘贺让其奴仆乘坐皇太后的车驾，这在时人看来也属悖逆之举。

　　除了不孝，奏书中检举刘贺的另一个问题是昏庸，缺乏做皇帝的能力。首先，为了能够随时发号施令，据《霍光传》载，刘贺亲自到保管符玺的地方取走了十六支符节，早晚去昭帝灵位前祭奠时，都令侍从官员带在身边，"自之符玺取节十六，朝暮临，令从官更持节从。"符节象征着皇帝的权威，皇帝想办什么事，往往会让使者拿着符节去，有关部门见了符节才办事。刘贺一下子要了十六支，估计是怕少了不够用。而这些符节到他手里，确实都没有闲着，"受玺以来二十七日，使者旁午，持节诏诸官署征发，凡千一百二十七事。"同时他又随意将符节上的黄色改为红色。其次，宠幸他的昌邑旧臣。如他即位后让随从来的官员拿着符节，把从昌邑来的二百多人带进宫中，让他们陪自己在宫中玩乐，在此过程中，他取出诸侯王、列侯、二千石官员等佩戴的绶带及墨绶、黄绶一并给昌邑郎官佩戴，并免官奴为良人，还把御府财物赏赐给一同游戏的人。对没能跟来的昌邑旧臣，他也没忘记赏赐他们，如他让人给留在昌邑的原侍中君卿送了一千斤黄金，并写信说："皇帝问侍中君卿：使中御府令高昌奉黄金千斤，赐君卿取十妻。"这是皇帝该说的话么！另外，他还独自于夜间设朝会时迎接贵宾用的九宾之礼于温室，把他的姐夫昌邑关内侯招来相见。最后，拒谏饰非。针对刘贺的肆意妄为，文学、光禄大夫夏侯胜、侍中傅嘉等多次进谏规劝，然而他非但不听，还让人拿着文书责备夏侯胜，并把傅嘉绑起来关进牢中。

观这段叙述，从刘贺被征到被废，短短的数十天内，尤其是其即位后的二十七天内所做下的"荒淫迷惑""淫辟不轨"的事情之多，真有点罄竹难书，这分明是桀纣再现。由于这时刘贺才十八九岁，霍光等担心有人会说，虽然刘贺犯了这么多错，但终究是年轻不懂事，还有点小孩子心性，可以理解。为了回答这个问题，据《霍光传》载，奏书中特意引用了《诗经》中的一句话："藉曰未知，亦既抱子。"意即虽然刘贺年龄不大，可他现在已经有了孩子，也是个做父亲的人了，不能再当小孩子看，所以他的所作所为是不可原谅的。尤其不能原谅的是汉家以孝治天下，天子就是孝的典范，而刘贺却不能孝事昭帝与皇太后上官氏，要知道在所有的罪孽中，再大的罪孽也没有比不孝更大的。也正因如此，东周时期，由于周襄王不能侍奉好自己的母亲，因而被赶出京城，使他与天下人隔绝，不让他治理天下。《春秋》有"天王出居于郑"六字，讲的就是这件事。因此像刘贺这样的人是不配承受天命侍奉祖宗的神庙并统率天下的。总此原因，奏书中最后向皇太后请求废黜刘贺，而上官皇太后只说了一个字："可。"刘贺的皇帝生涯就结束了。

据《霍光传》载，得到上官氏同意后，霍光就让刘贺接受诏令，可刘贺却还不肯认输，说："闻天子有争臣七人，虽无道不失天下。"此语出自《孝经》，意思是说霍光等大臣把责任都推到自己头上是不公平的，出现今天这种结局，虽然自己有责任，大臣们也不能辞其咎，自己昏乱固然不对，可也没见霍光等朝廷重臣有所提醒啊！刘贺"幼列藩邸，教育太差，所说之罪，如荒淫、食肉、不守丧制、容或有之，但能于仓促之际，引《孝经》以对，可见亦不如所说之甚"①。据《霍光传》载，霍光却再不肯与刘贺纠缠，说："皇太后诏废，安得天子！"说着，抓起刘贺的手，毫不客气地将放置有玉玺的绶带从他身上解下来，交给上官皇太后，而后将他扶下殿，在群臣的簇拥下，将他送出了未央宫东门金马门。自知大势已去，临上车前，刘贺回身朝着皇宫拜了一拜，自我解嘲地说："愚憨不任汉事。"对此，朱一新称："观昌邑临废两言，犹非昏悖，特童騃不解事耳。班氏载此具有深意。"②

据《霍光传》载，刘贺说罢，在霍光的陪同下，坐车回到了其设在京师的昌邑官邸，霍光与刘贺道别说："王行自绝于天，臣等驽怯，不能杀身报德。臣宁负王，不敢负社稷。愿王自爱，臣长不复见左右。"霍光说罢哭着走了。而细考霍光送刘贺至昌邑官邸之意，可能是为了防止刘贺在返回途中意外死亡，使自己名声受损："自送至邸，防其自裁，或他人承望意指，逼人使死，致负谤于天下，此亦皆光之谨慎也。"③

第二节　霍光的运筹

从刘贺在不到一月时间里被立而复废的经过看，让人觉得霍光并没把这当成多大一回事，不合适就废掉，很简单。事实并非如此。因为在古代君臣之间的尊卑关系一经确立，就如同父子关系一样，成为天经地义之事。自此为君者做得再不好，为臣者所

---

① 姚秀彦：《秦汉史》，（台北）三民书局1983年版，第206页。

② （清）朱一新：《汉书管见》卷四，载张舜徽主编《二十五史三编》第三分册《汉书之属》，岳麓书社1994年版，第434页。

③ （清）何焯著，崔高维点校：《义门读书记》卷一八《前汉书　列传》，中华书局1987年版，第309页。

能做的也只能是反复劝谏，其极致则是死而后已。因为君主昏庸就将其废黜，这种以下犯上、大逆不道的事情是为忠臣孝子所深恶痛绝的。

就霍光而言，由于他一生都在孜孜不倦地塑造自己光辉的正人君子形象，而废黜刘贺很可能会玷污自己的名声，所以起初他虽然不满刘贺的行为，却一直下不了决心，直到后来忍无可忍，方才决定废黜刘贺。

据《霍光传》载，霍光忧懑之下，"独以问所亲故吏大司农田延年"。田延年遂建议废黜刘贺："将军为国柱石，审此人不可，何不建白太后，更选贤而立之？"观此似废黜刘贺之议发自田延年。然据《夏侯胜传》载，刘贺即位后，数出宫游乐，夏侯胜以"臣下有谋上者"为由欲谏止之，霍光知道后，以为是张安世泄露秘密而不怀疑他人，可知最初谋议是出自霍光、张安世，"是时，光与车骑将军张安世谋欲废昌邑王。光让安世以为泄语，安世实不言。"并且据《霍光传》载，田延年提出废黜刘贺的建议后，霍光便让他与张安世暗中安排相关事宜，此亦显示此前霍光与张安世就已有废黜刘贺的密议，"光乃引延年给事中，阴与车骑将军张安世图计"。而《张安世传》也称："王行淫乱，光复与安世谋废王"。凡此可知废黜刘贺事是霍光与张安世事先已经决定了的，但因自己不便亲自出马，遂欲让田延年助己达成这一目的。

考霍光选田延年来佐助自己，当是慎重考虑的结果。丞相杨敞、御史大夫蔡义、大鸿胪韦贤、太仆杜延年、少府史乐成等虽皆为霍光亲信，然杨敞谨慎畏事，蔡义、韦贤皆为儒生，不擅权斗，且蔡义更是老迈不堪，杜延年为人宽厚，史乐成出身寒微没有号召力。其女婿度辽将军、卫尉范明友等亲党又不适合出面。

左冯翊田广明在昭帝时霍光与上官桀等争权期间，官居执掌宫禁宿卫的卫尉之职，可知其与霍光关系颇近，其人果于杀伐，看似可用。然其在武帝时已官至大鸿胪，其爵禄并非全得自霍光，因此他与霍光的关系并不很亲密，这从他后来为田延年求情一事可以看出。宣帝即位后，田延年因得罪霍光，将受到严惩，其时田广明已迁官御史大夫，欲为田延年求情，他不是自己去向霍光说，而是请太仆杜延年代言，于此可见他与霍光的疏离。所以从严格意义上讲田广明实非霍光亲信。而大司农田延年为霍光亲吏，其人精明强干，能任事，敢决断。因此霍光与张安世密议，决定要废黜刘贺之后，便将田延年招来，征求他的意见，而田延年果然没有辜负霍光的期望，建议废黜刘贺。

　　据《霍光传》载，见田延年主动建议废黜刘贺，霍光自是满意，但为自己千秋声誉考虑，仍是下不了决心，他怕自己创下以臣废君的先例，在历史上留下恶名。就问田延年："今欲如是，于古尝有此否？"田延年则引殷初伊尹废黜太甲的史事以对："伊尹相殷，废太甲以安宗庙，后世称其忠。将军若能行此，亦汉之伊尹也。"霍光遂决心废黜刘贺。事实上，据《孟子·万章上》载，太甲虽无道，但伊尹只是放逐了他，后太甲改过，伊尹又将他重新迎回亳京，主持朝政，"大甲颠覆汤之典刑，伊尹放之于桐。三年，大甲悔过，自怨自艾，于桐处仁迁义。三年，以听伊尹之训己也，复归于亳。"《史记·殷本纪》亦称："帝太甲既立三年，不明，暴虐，不遵汤法，乱德，于是伊尹放之于桐宫。三年，伊尹摄行政当国，以朝诸侯。帝太甲居桐宫三年，悔过自责，反善，于是伊尹乃迎帝太甲而授之政。"因此霍光若果仿效伊尹，当放逐刘贺，且不得另立新君。故易佩绅称："伊尹使太甲徂桐宫居忧，密迩先王，非废之也。霍光之事固可权宜，延年之援述伊尹，则谬妄矣。"①

　　接下来在张安世、田延年的主持下，开始暗中搜罗刘贺的罪证。通过尚书令所宣读的奏书可明确考知的部门就甚众，如昌邑臣下将私买的鸡猪等食材带入宫中及昌邑臣下出入宫中的信息，当属卫尉辖下的负责看守诸宫门的属官、光禄勋辖下的负责宫内宿卫的郎卫属官、少府辖下的负责宫内禁门宿卫的黄门官员等所提供；刘贺私宰鸡猪的信息，当属少府辖下的职司屠宰牲畜事务的胞人官员所提供，刘贺宴饮的信息当属少府辖下的负责向君主提供食材的御羞、禁圃等机构的官员，负责向君主供给饮食的太官、汤官、导官等机构的官员，京兆尹辖下的负责提供祭品的长安厨官员等所提供；刘贺赏赐臣下的信息当属少府辖下的负责织作文绣郊庙之服的东、西织室官员，制作镂金镶玉的珍宝的尚方官员，掌藏金钱、衣物、珍宝的御府官员，以及水衡都尉辖下的职掌铸造、储藏钱币的上林三官官员等所提供；刘贺从事音乐活动的信息当为少府辖下的主管乐器的乐府官员所提供；刘贺从事九宾礼仪活动的信息当属大鸿胪辖下的主管礼仪的官员如大行治礼丞等所提供；刘贺与昭帝宫人淫乱之事的信息当属少府辖下的主管宫女事务的掖庭官员所提供；刘贺出宫游猎的信息当由主管皇帝舆马的太仆属官、少府辖下的负责饲养御马的六厩官员、主管苑囿事务的钩盾官员，以及守卫北宫、桂宫宫门的卫尉属官等所提供；刘贺遣使发书的信息当为少府辖下的主管皇帝玺符的官员所提供。及奏疏又称刘贺受玺以来二十七日，使者持节诏诸官署征发，凡一千一百二十七事，则所涉官署之数当更多。虽然霍光等对刘贺的调查范围相当广泛，然而刘贺及其昌邑臣下却始终

---

　　① （清）易佩绅：《通鉴触绪》卷八，清光绪刻本。

没有觉察，于此可知张安世、田延年等的保密工作做得极其扎实细致。

当然，对于奏疏上所罗列的这些罪状，有学者认为不可信，如吕思勉称："史所言昌邑王罪状，皆不足信。"① 但是尚书令宣读过奏疏后，刘贺仅是对霍光等没有及时对自己的无道之举予以指正表示了不满而已，显见刘贺对尚书令所历数的自己的罪状是承认的，所以奏疏中所罗列的刘贺的罪状是属实的。

及至诸事安排妥当，霍光又派田延年去做丞相杨敞的工作，而杨敞一听说要废黜新立的皇帝，当时吓得汗流浃背，说不出个囫囵话来。田延年见状起身去了杨敞家的更衣室，估计是想让杨敞稳稳神再议。结果田延年一走，躲在东厢房听他们谈话的杨敞的夫人马上走了出来。杨敞这人一贯胆小怕事，昭帝时霍光对他恩重如山，将他由大将军幕府军司马提拔为大司农，位列九卿，可是元凤元年（前80年）有人把上官桀要谋反的消息告诉他后，他不是马上报告霍光，帮霍光对付上官桀，而是称病卧床，躲了起来。饶是如此，后来霍光还是不计前嫌，提拔他为御史大夫，继而又让他做了丞相，封安平侯，对他可谓是仁至义尽。故如果这次在关键时刻他还不帮霍光，就真的有点说不过去了，接下来他也就别怪霍光对他不客气了。据《杨敞传》载，他的夫人劝他说："此国大事，今大将军议已定，使九卿来报君侯。君侯不疾应，与大将军同心，犹与无决，先事诛矣。"杨敞这才下定决心。杨敞的夫人担心杨敞再有反复，就留在客厅，等到田延年从更衣室回来后，与杨敞、田延年一起共议废立之事，表示同意遵奉大将军的教令废黜刘贺。对此，易佩绅叹曰："杨敞惊惧，不知所言，而

---

① 吕思勉：《秦汉史》，上海古籍出版社1983年版，第154页。

妇人代与客语，龌龊如是，可为丞相耶？霍光不求贤自辅，欲专揽大权之心见矣。"①

搞定杨敞后，霍光等遂在未央宫召开由42人参加的群臣大会。观其人员构成，有丞相、御史大夫、将军、列侯、中二千石、大夫、博士等，可谓是涵盖了各个层面的官员，似乎颇具代表性，实则并非如此。首先，刘姓宗室成员被排除在会议之外。由于新君是从刘姓宗室成员中选立，按理应该有刘姓宗室与会。如汉初丞相陈平等诛除吕氏外戚，议立新君时，参与会议者有高祖的长嫂阴安侯、二嫂代顷王后、琅邪王刘泽以及朱虚侯刘章、东牟侯刘兴居等宗室贵族。而从此次会议与会人员的情况看，刘姓宗室只有刘德一人参与。但刘德为宗正，是以中二千石高官的身份参与的，不能视为宗室贵族代表。其次，霍光集团中的重要成员张安世、杨敞、蔡义、杜延年、田延年、范明友、史乐成、丙吉等都参与了会议。

据《霍光传》载，会议开始后，霍光首先抛出议题："昌邑王行昏乱，恐危社稷，如何？"见霍光公然称新君刘贺为昌邑王，不承认他的天子身份，显然是要与刘贺撕破脸了，眼见一场剧变立马就要在朝廷发生，群臣无不大惊失色。霍光要群臣对其抛出的议题发表看法，然而霍光此语看似是征求大家的意见，但刘贺当时即帝位已二十七日，霍光却称其为昌邑王，显见是有废黜之意。故大臣们若主张对刘贺进行规劝教导，就是公然与霍光为敌；若提议废黜刘贺，则自己将承受以臣废君的名声，总之无论怎样做都不恰当，因此就是霍光的亲信也无人愿意发表看法，"群臣皆惊鄂失色，莫敢发言，但唯唯而已。"会场气氛显得极其紧张。见

① （清）易佩绅：《通鉴触绪》卷八，清光绪刻本。

此情景，田延年遂离席按剑走上前来，先是严厉批评霍光，要求他在汉家危急关头切实负起责任，不得畏首畏尾，犹豫不决，"先帝属将军以幼孤，寄将军以天下，以将军忠贤能安刘氏也。今群下鼎沸，社稷将倾，且汉之传谥常为孝者，以长有天下，令宗庙血食也。如令汉家绝祀，将军虽死，何面目见先帝于地下乎？"继而又威胁群臣必须就此事表明态度，"今日之议，不得旋踵。群臣后应者，臣请剑斩之。"田延年的一席狠话让霍光也听得心怦怦直跳，稳不住神。待田延年把话说完，霍光回应道："九卿责光是也。天下匈匈不安，光当受难。"显见是铁了心要废黜刘贺。在此情况下，敢跟霍光唱反调，都清楚会是什么下场，但同时也都明白，在这种时候顺从霍光的心意提议废黜刘贺也不是明智之举！所以当前最好的对策是不表态，但不表态显然是不可能的，估计当时把一干官员们难为得不轻。但这群人能坐在这里议论国是，自然皆非等闲之辈，他们考虑了一会儿，便都叩头说："万姓之命在于将军，唯大将军令。"这未免会让霍光有点失望，旗帜不鲜明啊！但能这样也算不错了，让每个人都对是否废黜刘贺明确表态，不是做不到，但这样做未免欺人太甚。于是在霍光主持下，群臣遂就刘贺的行为展开议论，最后共同得出结论："宗庙重于君，陛下未见命高庙，不可以承天序，奉祖宗庙，子万姓，当废。"废黜刘贺之议遂成。

据《霍光传》载，紧接着，霍光就又带着群臣去见上官皇太后，陈说刘贺不宜为皇帝的种种理由。然后上官皇太后驾临未央宫承明殿，下诏控制刘贺及昌邑群臣。当时霍光先是以皇太后之命将昌邑群臣驱至金马门外，继而由车骑将军张安世将其全数收捕，然后"令故昭帝侍中中臣侍守王"。君主去世，居朝为官者皆不云"故"，此处言"故昭帝侍中中臣"，当指昭帝在世时，霍光专门组建了一个侍奉昭帝的班子，昭帝去世后，这个班子解散，现在要废黜刘贺，霍光又将这个班子组织起来，由他们看守刘贺。之所以让这个班子看守刘贺，据《外戚传》载，是因为这个班子是霍光的亲信，昭帝在世时，是用来专门监督昭帝的，"光欲皇后擅宠有子，帝时体不安，左右及医皆阿意，言宜禁内，虽宫人使令皆为穷绔，多其带，后宫莫有进者。"此处的"左右"当就是这个班子，现在霍光又利用这个班子来看守刘贺，自当万无一失。接下来上官皇太后诏刘贺至承明殿废之。为了显示废黜刘贺的决定是由内外朝臣共同议定，而非霍光一人所为，霍光让官员们与自己一起在奏废刘贺的奏书上署名，并特地将丞相杨敞的名字写在第一位，自己的名字写在第二位，以示这是在杨敞的领导下所作出的决断。而上奏皇太后，让上官氏出面下诏废黜刘贺，也是为了避免给人以自己以臣废君的口实。因为作为臣子，从礼法上讲，霍光是无权废黜刘贺的，但他的外孙女上官氏却可以，这个女子不简单，虽然当时才十五岁，可地位之尊贵无人可以比拟：她是昭帝的皇后，昭帝死后，她就成了皇太后，刘贺以昭帝继子的身份入继大统，在礼法上就是她的儿子，她就有权训导他，并且天经地义！

需要特别指出的是，观废黜刘贺的整个过程，霍光不仅在控制刘贺方面用功甚深，为了避免走漏消息，就是对参加会议的群臣也严加控制。可以说群臣自一赴会，就在事实上为霍光所挟持，失去了行动的自由，直到刘贺正式被废方罢。

总之，为了做成此事，霍光可谓是煞费苦心。只是他这样做是否能够达到目的，却又另当别论。因为后人论及刘贺被废事，或赞或否，皆认为是霍光所为。如班固在《霍光传》赞语中盛称霍光："处废置之际，临大节而不可夺，遂匡国家，安社稷。"李觊则对霍光予以严厉批评："霍光之罪，灭族晚矣！知之不明，行之不慎，视君如玩物，去取在诸掌。"又曰："既委质而臣事之矣，庸可悔乎？"① 更有将其事作为先例援引以行己之私欲者，如据《后汉书·董卓传》载，东汉末年，董卓"依伊尹、霍光故事"废少帝刘辩立献帝刘协，据《三国志·三少帝纪》裴松之注称，曹魏末，司马师"依汉霍光故事"废少帝曹芳。

第三节　夺权是真因

或许有人会说，就因为那些所谓的不孝、昏乱的事情就让霍光忍无可忍吗？若是这样，霍光也太小心眼了。因为虽然刘贺做了很多让人不快的事，但这些事说白了大都是些吃喝玩乐方面的事情而已，并且有的可理解为新君初来乍到，不懂规矩；有的可理解为新君年岁尚轻，缺乏自制能力；有的是新君身边的近臣所为，新君并不知情。而若除去这些方面的事情，则新君所犯错误的数量就会大减。所以尚书令在奏废刘贺时，虽言之凿凿，其实难逃罗织之嫌。如林剑鸣就称"霍光对昌邑王贺不满，终至以种种罪名，甚至连'出买鸡豚以食'、'弄彘斗虎'这些名符其实的鸡毛蒜皮的小事都罗织起来，构成其被废的罪状"②。故霍光若想让世人据此认为刘贺罪大恶极，恐怕并不容易。

并且从当时一些官员对刘贺的劝谏看，他们所强调的重点也多不在刘贺的言行不检点方面。如据《张敞传》载，太仆丞张敞，以切谏刘贺而知名，但他并没提诸如刘贺不孝、昏庸之类的事，

---

① （北宋）李觊著，王国轩校点：《李觊集》卷三二《常语上》，中华书局1981年版，第365页。

② 林剑鸣：《秦汉史》，上海人民出版社2003年版，第458页。

"孝昭皇帝早崩无嗣，大臣忧惧，选贤圣承宗庙，东迎之日，唯恐属车之行迟。今天子以盛年初即位，天下莫不拭目倾耳，观化听风。国辅大臣未褒，而昌邑小辇先迁，此过之大者也。"据《王吉传》载，昌邑王国中尉王吉称："今帝崩亡嗣，大将军惟思可以奉宗庙者，攀援而立大王，其仁厚岂有量哉！臣愿大王事之敬之，政事一听之，大王垂拱南面而已。愿留意，常以为念。"据《刘贺传》载，刘贺即位后，梦见有五六石青蝇屎积于西阶东，用屋版瓦覆盖着，梦醒后去查看，发现确有青蝇屎。刘贺就问昌邑王国郎中令龚遂缘故，龚遂说："陛下之《诗》不云乎？'营营青蝇，至于藩；恺悌君子，毋信谗言。'陛下左侧谗人众多，如是青蝇恶矣。宜进先帝大臣子孙亲近以为左右。如不忍昌邑故人，信用谗谀，必有凶咎。愿诡祸为福，皆放逐之。臣当先逐矣。"

说实在的，刘贺虽然毛病不少，但也并非一无是处。他爱打猎，常常率领臣仆们驱驰国中，没有节制。为此王吉上疏劝谏他，他虽然控制不住自己，仍然我行我素，但也知道王吉这是为他好，于是下令赏赐王吉牛肉五百斤，酒五石，脯五束，以褒其忠。据《龚遂传》载，龚遂对刘贺动止无节，也多有批评，甚至当面指责他的过错，刘贺的反应不是暴怒，而是捂着耳朵离席逃走，说："郎中令善愧人。"有的时候也肯听从龚遂的劝谏，但往往坚持不几天，就坚持不下去了。说来说去，也是小孩子心性，贪玩。

所以说就凭这些可大可小的鸡毛蒜皮小事，实不足以让霍光下狠心废黜刘贺，因为废黜皇帝不是件小事，做起来很麻烦不说，而且对自己的名声也会产生消极的影响。如据《三国志·武帝纪》裴松之注载，曹操就指出："夫废立之事，天下之至不祥也。"而并且曹操也不认为凭奏疏上的理由就可以废黜刘贺，在他看来，霍光废刘贺之所以能成功，是由于霍光权势甚盛，而刘贺即位时日尚浅，身边没有能够保护自己的身份尊贵的宠臣，朝中又没有正直敢谏的臣子所致，"霍光受托国之任，藉宗臣之位，内因太后秉政之重，外有群卿同欲之势，昌邑即位日浅，未有贵宠，朝乏谠臣，议出密近，故计行如转圜，事成如摧朽。"而细绎史籍可以发现，让霍光下狠心废黜刘贺的主因也的确不是奏章上那成堆的坏事，而是因为刘贺刚登上皇位就想另起炉灶，意欲舍霍光为首的朝臣而自立。这一观点经古今学者的探析，已为学界普遍接受，但其中的一些细节还有阐发的必要。

论及刘贺被废的原因，因张敞曾谏刘贺称："国辅大臣未褒，而昌邑小辇先迁，此过之大者也。"廖伯源遂认为霍光废黜刘贺的"真正之理由为王亲用其昌邑旧臣，排斥昭帝朝之宫官，欲夺霍光之权而为真皇帝"。具体而言，刘贺"以其故相安乐为长乐卫尉，其他旧臣亦得升迁亲近。"[①] 但是宋超查考史书，发现"随刘贺至长安的昌邑臣虽然多达二百余人，可是除故昌邑相安乐迁长乐卫尉外，所谓'昌邑小辇先迁'云云，多不能落实。显然，刘贺并非不想效法刘恒，将宫廷宿卫权控制在自己手中；但霍光毕竟经营朝廷多年，刘贺显然无从措手"[②]。事实上，霍光就是因为刘贺任命安乐为长乐卫尉而决定废黜刘贺的。张敞所谓的"昌邑小辇先迁"指的就是安乐被任命为长乐卫尉一事。至于安乐被迁官的时间，当非刘贺即位之初，因为当时龚遂曾建议刘贺要先提拔霍光等朝中重臣的子孙，而不是昌邑故人。显见安乐时尚未迁官。而从张敞进谏后，据《张敞传》称"后十余日王贺废"看，

① 廖伯源：《昌邑王废黜考》，载《秦汉史论丛》，（台北）五南图书出版股份有限公司2003年版，第43—44页。
② 宋超：《汉文帝与代臣——兼论昌邑王刘贺与昌邑臣》，《晋阳学刊》2006年第6期。

安乐被迁官的时间当在六月中旬。而霍光决心废黜刘贺的时间恰也在此时。据《夏侯胜传》载，刘贺即位后，数出宫游乐，夏侯胜欲谏止之，"是时，光与车骑将军张安世谋欲废昌邑王。……后十余日，光卒与安世白太后，废昌邑王，尊立宣帝。"故霍光决心废黜刘贺，当与其提拔昌乐为长乐卫尉有关，因为此事对霍光的权威构成了实质性挑战，"长乐宫乃太后所居，有太后时置长乐卫尉，无太后则不置卫。昭帝新崩，昭帝皇后于昌邑王即位后为皇太后，迁居长乐宫，长乐宫乃置卫尉。长乐卫尉职掌长乐宫门卫屯兵，昌邑王即以此新职位安置其亲信旧臣昌邑故相安乐。盖其他职位，尤其是宫廷宿卫武力之指挥官职位，皆为霍光之亲信占据，昌邑王初即位，难调动旧职，此可透露霍光与昌邑王争权之消息。"[①] 不过从元平元年（前 74 年）十一月上官氏归长乐宫，《宣帝纪》载长乐宫"初置屯卫"一事看，此时长乐宫尚未置屯卫，但既置卫尉，则设置屯卫当是迟早的事，若此事成为事实，则上官氏就将处在刘贺势力的掌控之下，而让霍光陷于被动局面。所以刘贺提拔安乐为长乐卫尉，形同公然与霍光对抗。而这是长期专擅朝政、视权力如生命的霍光无论如何无法接受的。所以刘贺或许将提拔安乐视为自己入主未央宫后所取得的一场胜利，殊不知他的鲁莽行为已将自己置于极凶险的境地。明敏练达的太仆丞张敞见微知著，预感到刘贺会因此招来不测之祸，因此刘贺一任命安乐为长乐卫尉，马上便上奏章进谏。而据《龚遂传》载，龚遂见刘贺不听自己劝谏，执意提拔安乐，竟有大祸临头之感。他在安乐迁官长乐卫尉后，去见安乐，不是道贺，而是"流涕"，要

---

① 廖伯源：《昌邑王废黜考》，载《秦汉史论丛》，（台北）五南图书出版股份有限公司 2003 年版，第 44 页。

求安乐"极谏"刘贺不要再有"悖道"之举，否则他们就都将死于非命，"古制宽，大臣有隐退，今去不得，阳狂恐知，身死为世戮，奈何？"总之，由于刘贺公然与霍光争权，久经宦海、老于权谋的霍光为了避免受制于刘贺，遂生废黜之心。

从昌邑群臣及刘贺的言语中，也可看出对于抢班夺权，刘贺集团是有谋议的。刘贺被废后，他从昌邑带来的二百余臣子几乎被霍光悉数诛杀，当行刑之时，据《霍光传》载，有人号呼于市中道："当断不断，反受其乱。"据《刘贺传》载，刘贺被废多年后，一个叫孙万世的人曾对刘贺说："前见废时，何不坚守毋出宫，斩大将军，而听人夺玺绶乎？"刘贺回答道："然。失之。"显见昌邑君臣就是否向霍光痛下杀手夺取权力这个问题是有商讨的。故苏轼也指出刘贺的从官中，"必有谋光者，光知之，故立废贺，非专以淫乱故也。二百人方诛，号呼于市，曰：'当断不断，反受其乱。'此其有谋明矣。特其事秘密，无缘得之。著此者，亦欲后人微见其意也。武王数纣之罪，孔子犹且疑之。光等疏贺之恶，可尽信耶？"① 所以昌邑王之废，从根本上讲是因为他和他的集团想摆脱以霍光为首的朝臣的控制而自立，从而激化了他们与朝臣之间的矛盾所致。

或许有人会认为如果昌邑君臣早做决断，可能他们还会有一线生机。笔者想说的是，他们要真敢这样，恐怕刘贺的性命也会搭上！看看尚书令所作的陈词，霍光等对刘贺的一言一行都了如指掌，可以说他从昌邑一出发，就处在霍光势力的严密监视下了，他敢找霍光的茬，那就等于是找死。有学者认为此事甚凶险，"盖

---

① 李之亮笺注：《苏轼文集编年笺注》（8）卷六五《霍光疏昌邑王之罪》，巴蜀书社 2011 年版，第 659 页。

谋废皇帝，乃是以身家生命为赌注"①。实则他人废皇帝可能是这样，但霍光废除刘贺并非如此，昌邑君臣不过二百余人，他们能在被霍光牢牢控制的长安城掀起多大风浪？

最后要说的是，关于刘贺被废黜这件事，有学者认为其中有些细节值得推敲，如认为刘贺很可能在霍光大会群臣前就已被霍光控制。理由有三：

其一，参与会议者，"人数最少数十，多者可至一二百人。霍光召百官会议未央宫，讨论废皇帝事，按西汉皇帝居未央宫，百官在未央宫会议，保密甚为不易，若此时昌邑王不在霍光完全控制之下，绝不可能有此会议。盖谋废皇帝，乃是以身家性命为赌注，若非诸事准备妥当，决不敢公开言之。此所以谓霍光于囚禁昌邑王贺之前不可能召群臣大会未央宫议废皇帝，此其一。"

其二，西汉皇太后居长乐宫，驾临未央宫属大事。"王若于未央宫朝见太后，必先查明皇太后因何移驾，且甚易查明其事。盖至少数十官员在未央宫大会，又集体往请太后移驾，其事不易保密。再者，王入京后，即任命其旧臣故昌邑相安乐为长乐卫尉，长乐卫尉职掌守卫长乐宫，保卫皇太后之安全，太后移驾，安乐不可能不知原因，必通知昌邑王。当然，霍光可以逮捕安乐及其部下，然此只会扩大事端，更难守秘，且王不知安乐所在，必会有所怀疑。上引文谓王见囚时，尚懵然不知何事，则王似往长乐宫朝太后，于还未央宫归温室时见囚。若此，王见囚应在群臣大会之前，此其二。"

其三，史言霍光拘留刘贺后，非即刻废之，先囚禁王，后始

---

① 廖伯源：《昌邑王废黜考》，载《秦汉史论丛》，（台北）五南图书出版股份有限公司 2003 年版，第 37 页。

行废帝之礼。然而"霍光囚禁昌邑王，政变意图已露，延迟不行废王之礼，极为危险。盖王一日不废，一日仍是至尊，延迟废王可能引起形势之变化，为霍光计，囚王后越快废王越为有利。霍光为何冒险延迟废王，不可解，必有非冒险不可之理由，如必须得到群臣之同意以分担责任。然上引文谓群臣会议在囚禁王之前，此所以谓上引文有不符事实处。王见囚应在群臣大会之前，此其三。"[1]

就这三条理由而言，第一条估算参与群臣会议人数最少数十，多者可至一二百人。实则史文明言与会者共四十二人。而未央宫为一庞大建筑群，"未央宫周回二十二里九十五步五尺，街道周回七十里。台殿四十三，其三十二在外，其十一在后。宫池十三，山六，池一、山一亦在后。宫门闼凡九十五。"[2] 所以四十二人在宫中找一个僻静的地方开会，保密工作还是容易做的。

第二条认为昌邑王见囚之情形有疑。实则因征和二年（前91年）卫太子曾发长乐宫屯卫与武帝对抗，武帝后来就废罢了长乐宫屯卫，故安乐虽任长乐卫尉，其实并无实权，因此非常容易控制。而从《霍光传》的叙述看，霍光公然进出长乐宫，可知霍光确实控制了安乐。接下来上官氏与霍光等商定废黜刘贺之事后，马上便驾临未央宫，一进承明殿就诏令禁止昌邑群臣进入诸禁门，其意就在于封锁消息，使昌邑群臣无法向刘贺通风报信。刘贺前来朝见上官氏，应该是有所警觉，借问安来打探虚实。而从刘贺为昌邑群臣叫屈一事看，霍光等的保密工作做得相当扎实，因为

① 廖伯源：《昌邑王废黜考》，载《秦汉史论丛》，（台北）五南图书出版股份有限公司2003年版，第37—38页。

② （东晋）葛洪：《西京杂记》卷一《萧何营未央宫》，中华书局1985年版，第1页。

这显示刘贺并不知道霍光等已决定要废黜他。"光即与群臣俱见白太后，具陈昌邑王不可以承宗庙状。皇太后乃车驾幸未央承明殿，诏诸禁门毋内昌邑群臣。王入朝太后还，乘辇欲归温室，中黄门宦者各持门扇，王入，门闭，昌邑群臣不得入。王曰：'何为？'大将军跪曰：'有皇太后诏，毋内昌邑群臣。'王曰：'徐之，何乃惊人如是！'光使尽驱出昌邑群臣，置金马门外。"霍光待刘贺朝见上官氏后，又放走了他，应该是还没有准备妥当。后来孙万世为刘贺感到遗憾，是因为刘贺见上官氏时，带有众多亲信，而刘贺在承明殿朝见过上官氏后，陪同他回温室殿的就是霍光，在孙万世看来，刘贺若趁机下令动手，以当时他所拥有的实力，是可以杀掉霍光的。如果杀掉霍光，控制上官皇太后，坚守未央宫，很可能就将局势反转过来。刘贺论及此事感到后悔，原因正在于此。所以第二条理由看似有道理，其实也经不起推敲。

第三条以霍光延迟废王立论。然朝廷宿卫部队尽在霍光掌握之中，知道霍光行废王之事的大臣始终都在霍光的控制之下，昌邑群臣侍从都已被抓捕，试问何来的危险？并且霍光控制刘贺之后，须臾即行废黜之礼，并没有耽搁多长时间。

总之，学者虽疑霍光在召开群臣大会前就已控制刘贺，但其论并不能成立。就霍光而言，他一生以行事谨慎著称，就废除刘贺而言，他劳心费力、孜孜以求的就是要保证整个过程程序合法，怎么可能在群臣大会之前就将刘贺控制，从而给世人留下以下犯上的口实！当然，霍光之所以敢有恃无恐地在未控制刘贺的情况下，召集群臣议废刘贺，事前确实是做好了充分准备的，从刘贺一被控制，车骑将军张安世就率羽林骑收缚昌邑臣下二百余人看，当时负责布控工作的就是张安世。但因事属机密，详情他人无从得知。

第四章 病已龙飞：震撼千古的传奇

刘贺被废之后，霍光重新选立新君。由于广陵王刘胥及燕王刘旦诸子皆被排斥，使武帝在世的皇子皇孙之中，只有卫太子刘据的遗孙刘病已与武帝血缘最近；并且若以此人为皇帝，也有助于安抚民心；又因其势单力孤，对霍光而言，更容易把控；尤其是此人本没有资格做皇帝，而霍光却选立了他，他当会对霍光心存感激。总此诸点原因，元平元年七月（前74年），刘病已被霍光选立为新君，是为宣帝。

第一节 皇曾孙之立

刘贺被废后，霍光面临的首要任务就是再选新君，当时具备候选资格者有三家，即卫太子刘据遗孙刘病已、刘旦之子刘建等以及广陵王刘胥。据《霍光传》载，刘贺被废后，"光坐庭中，会丞相以下议定所立。广陵王已前不用，及燕刺王反诛，其子不在议中。近亲唯有卫太子孙号皇曾孙在民间，咸称述焉。"观此似乎霍光废黜刘贺后，立马便召集群臣，选立皇曾孙刘病已为新君。实则六月二十八日废黜刘贺后，霍光在立谁为新君一事上犹豫甚久，直到七月二十五日，才正式立刘病已为皇帝。

刘胥因难以掌控，刘旦的儿子们因乃父得罪霍光被逼自杀而被排除出继承人之列，都是可以理解的。但这并非如宋超所言，霍光当时"实际上已经没有其他可以选择的余地，只能拥立刘询为帝。"① 因为立刘病已为君有三不可，其一，他的祖父卫太子刘据得罪了他的曾祖父汉武帝，故他也属罪臣之后。其二，他虽是皇室后裔，但因身份是庶人而非贵族，故不具备做天子的资格。如据《外戚传》载，张安世称刘病已是"幸得以庶人衣食县官"。其三，他于昭帝为侄孙，无法过继给昭帝。而若不考虑刘病已，则新君就需在武帝的兄弟们的后人中来挑选了，而这也是符合秦汉时期选立继承人的传统的。

据《丙吉传》载，当此微妙形势下，光禄大夫、给事中丙吉率先上书霍光，驳斥了朝臣欲从诸侯宗室在位贵族中选立新君的想法，提出了拥立皇曾孙刘病已为继承人的建议。为此丙吉强调了刘病已与武帝的渊源，指出刘病已是受武帝遗诏养于掖庭的，以此显示武帝对刘病已的重视，破除他是罪人之后的看法。同时表示自己很早就开始关注刘病已，而据他了解，刘病已的各方面素质都很优秀。当然由于刘病已是庶民身份，骤然拥立为天子，可能会引起吏民惊骇，那就不妨先把他召进宫中，服侍皇太后上官氏，慢慢地做成这件事，"窃伏听于众庶，察其所言，诸侯宗室在位列者，未有所闻于民间也。而遗诏所养武帝曾孙名病已在掖庭外家者，吉前使居郡邸时见其幼少，至今十八九矣，通经术，有美材，行安而节和。愿将军详大议，参以蓍龟，岂宜褒显，先使入侍，令天下昭然知之，然后决定大策，天下幸甚！"丙吉提出建议之后，太仆、右曹、给事中杜延年也劝霍光、张安世立刘病已。霍光对此不置可否。群臣见状，纷纷跟进，这就是所谓的"凝聚共识"。对此齐召南认为首功当属丙吉，杜延年等之功皆在

---

① 宋超：《昭宣时代》，陕西人民出版社 2008 年版，第 84 页。

丙吉下，"按此时定策，吉为首功，不止从前保护曾孙有恩也。传详述其奏记云云，见杜延年等劝光立宣帝其功实在丙吉之下。"①据《杜周传》载，杜延年推举刘病已，是因为其子杜佗与刘病已"相爱善，延年知曾孙德美，劝光、安世立焉。"实则更多是出于对丙吉的支持。丙吉与杜延年的关系，史虽无明言，然杜延年"为人安和"，"行宽厚"。《丙吉传》言及丙吉，称他"为人深厚"，"吉本起狱法小吏，后学《诗》、《礼》，皆通大义。"尚宽大之政。由于他们皆为人和善，且政治理念相同，则同朝为官，关系融洽是可以想见的，发表言论之时互相配合自然也属常事。由于两人关系深厚，后来丙吉临终之际，向宣帝举荐大臣，首推杜延年。所以杜延年虽然推了宣帝，可宣帝并不买他的账，及至铲除霍氏亲族势力后，很快便借故罢免了杜延年。

却说在以丙吉为首的群臣公推刘病已的情况下，霍光经过深思熟虑之后，最终选立了刘病已，是因为立此人为君好处真是多多！

其一，在否决刘胥及刘旦的儿子们的候选资格后，若舍此人不立，皇位就将转出武帝一系。霍光受武帝遗诏顾命，若最终却把皇朝拱手送于他人，显然有负武帝的重托，日后九泉之下他如何向武帝交代！

其二，刘病已既无王府旧臣，又无强势外戚，朝中更无亲党，势单力孤，是个真正意义上的"寡人"，而这样的人是容易把控的。故林剑鸣称："询自幼在民间，后又入掖庭，与诸王不同，左右无众多心腹幕僚。当时又只有十八岁。这对于喜弄权的霍光

---

① （东汉）班固:《前汉书》卷七四《魏相丙吉传》，载《四部备要》(16)，中华书局、中国书店1989年版，第1035页。

67

来说，无疑是较为理想的皇帝。"①

其三，以此人为皇帝，有助于安抚民心。发生在征和二年（前91）的巫蛊之祸是一个大冤案，在这个冤案中，卫太子一门除刘病已外全部死于非命，这让汉朝的百姓深为痛惜。

也正因如此，昭帝始元五年（前82年），有人就在未央宫北阙上演了一出轰动一时的闹剧。当年春，有一个男子乘着一辆插有画着龟蛇图案的黄旗的黄牛车，身穿黄色长衣，头戴黄色帽子，来到未央宫北阙，自称是卫太子归来。主受章奏的公车府令将此事上奏给霍光等，霍光等下诏让公卿、将军、中二千石等高官前去辨认，长安官吏百姓听说后，前来围观者有数万之多。因担心发生非常之事，霍光等特派右将军率兵来到北阙维持秩序，而前来辨认的高官们望着自称是卫太子的人都不敢言语。及至京兆尹隽不疑赶到，才下令随从的属吏将此人逮捕。据《隽不疑传》载，经过审理，得知此人本夏阳人，姓成名方遂（一云张延年），居于湖县，以卜筮为业。此前有已故卫太子的舍人找成方遂占卜时，对成方遂说："子状貌甚似卫太子。"成方遂于是就动了冒充卫太子谋取富贵的念头。廷尉传唤乡里张宗禄等认识他的人前来作证，最终将成方遂定为诬罔不道之罪，腰斩于长安东市。

史书关于此事的叙述就这么简单，但其中的内涵却颇值得玩味。因为纵观此事的发展过程，可以使我们确信在巫蛊之祸后，"民间因出于同情他受冤而死，还有人传言卫太子还活着，流落在外。"②

例证一：公车府令将此事上奏朝廷后，国家的最高领导人居

---

① 林剑鸣：《秦汉史》，上海人民出版社2003年版，第458页。
② 陈其泰：《再建丰碑：班固和〈汉书〉》，生活·读书·新知三联书店1994年版，第162页。

68

然诏令公卿、将军、中二千石等官吏一起去辨认真假。显见对于卫太子是否还活着这事，霍光等也不清楚。而在巫蛊之祸发生时，据《霍光传》载，霍光为"奉车都尉光禄大夫，出则奉车，入侍左右"。

上官桀可能就是巫蛊之祸期间被拜为太仆。据《外戚传》载，其人初为羽林期门郎，以材力迁官未央厩令，因忠诚而为武帝赏识，"由是亲近，为侍中，稍迁至太仆。"考其为太仆的时间，当在公孙敬声有罪下狱后，"《公卿表》后元二年，太仆上官桀为左将军。其初除太仆，《表》不得其年，盖征和二年公孙敬声有罪下狱，即以桀代之也。"① 显见当时他们已是统治核心人物，故当年卫太子自杀一事他们是清楚的。可是时至今日，卫太子生死问题在他们那里竟成了疑案。

例证二：前往北阙辨认真假的高官们也没人敢表态。霍光等之所以派高官们前去了解情况，是因为巫蛊之祸距今不过九年，当年认识卫太子的大臣现多在位，然而据《隽不疑传》载，他们来后却不敢表达自己的看法，"丞相御史中二千石至者并莫敢发言"。而后来京兆尹隽不疑也不是以假冒卫太子之罪逮捕成方遂的。隽不疑叫下属逮捕成方遂时，有人劝他说："是非未可知，且安之。"隽不疑说："诸君何患于卫太子！昔蒯聩违命出奔，辄距而不纳，《春秋》是之。卫太子得罪先帝，亡不即死，今来自诣，此罪人也。"蒯聩是春秋时期卫国的太子，因违抗他的父亲卫灵公之命，逃亡国外。卫灵公死后，蒯聩的儿子蒯辄继承了君位，这时蒯聩请求回国，而蒯辄为维护卫灵公的权威拒绝了蒯聩的请求，

① （清）钱大昕著，方诗铭、周殿杰校点：《廿二史考异》卷八《汉书三》，上海古籍出版社 2004 年版，第 157 页。

孔子在《春秋》中对此给予肯定。隽不疑就是用这个典故抓捕的成方遂。

例证三：消息传出后，前来围观的长安百姓有数万之多。据《隽不疑传》载，霍光等为此特派右将军率军来到北阙下，以防不测，"长安中吏民聚观者数万人。右将军勒兵阙下，以备非常。"一个男子，只因打着卫太子的旗号，就引来了数万百姓围观，显见关于卫太子的谣言在民间传布甚广。

最高领导人、百官确定不了卫太子的生死，百姓对此事充满了好奇，由此可以推测自巫蛊之祸以来，关于卫太子，社会上一直流传着他还在人间的谣言，并且势头很盛，以至于人们普遍信以为真。也正因如此，该男子才敢冒充卫太子以期获取大利。

而这从一个侧面也反映了世人对卫太子的同情，和对以少子身份继位的昭帝的排斥。因为同情，所以不愿意接受卫太子死亡这一事实，于是就有了卫太子还活着的谣言；因为排斥，人们热衷于传播这一谣言，借以表达对昭帝政权的不满，及对卫太子重回朝廷的期盼。而数万人自发奔赴未央宫北阙去围观卫太子，从某种意义上还可视为民间对昭帝以少子身份继位的一次无声的集体抗议。

总之，巫蛊之祸中含冤而死的卫太子刘据，一直以来都是有良知的汉人心中的痛，如果现在立卫太子刘据的遗孙为皇帝，就会让人感到这是朝廷对刘据所作的补偿，而心生感动。

最后，刘病已本没有资格做皇帝，而霍光却选立了他，他必然会对霍光感恩戴德。

总此诸点，元平元年（前74年）七月，据《霍光传》载，霍光与丞相杨敞等上奏皇太后上官氏说："《礼》曰'人道亲亲故尊祖，尊祖故敬宗。'大宗亡嗣，择支子孙贤者为嗣。孝武皇帝曾孙病已，武帝时有诏掖庭养视，至今年十八，师受《诗》《论语》、

《孝经》，躬行节俭，慈仁爱人，可以嗣孝昭皇帝后，奉承祖宗庙，子万姓。臣昧死以闻。"上官氏下诏准奏。于是派遣宗正刘德到皇曾孙刘病已在尚冠里的家中，为他沐浴梳洗，穿上皇家的御服，由太仆用叫作軨猎车的轻便小车将他迎进宗正府进行斋戒。待斋戒过后，七月庚申（二十五日），刘病已被群臣引入未央宫，拜见皇太后，由于他是庶民身份，不能直接被立为天子，就先封他为阳武侯，接着霍光等群臣献上象征皇权的玺、绶，拥立他即位，继而又簇拥着他浩浩荡荡地去高庙拜谒高祖刘邦的神位。至此，刘病已，这个被朝廷冷落了十八年的皇家孤儿，因被权臣霍光相中而一飞冲天，成为汉朝的第七任君主，是为宣帝。

通过分析可知，如果不是因为机缘巧合做了皇帝，宣帝刘病已[①]留给世人的印象也就是贪玩而已，比如他喜游侠，斗鸡走马无所不为，又喜四下游走，其足迹所至，周遍三辅。人们要想在长安城再见到他，往往要等到每年春秋朝请的时候，因为在这个时候他必须随其他的汉室宗亲一起去朝见皇帝。但这也只是随便说说，长安城里有谁会在意这个几个月大小家人就死绝的倒霉孩子呢？而注意到他的人，或者说那些与他有过接触的人，多半也不过是认为这孩子颇有乃祖遗风而已。至于他对自己的身世怎么看，他是否思念他的父母，这些问题恐怕人人都想知道，但因属国家禁忌，估计很少有人敢去问他。不过看他活得如此有滋有味，他应该不会伤心吧，毕竟这些事都发生在他懂事以前，他对自己的父母并没有什么印象，也就谈不上有什么感情。而日后班固撰写《汉书》，关于他的内容大概也不过寥寥几笔而已，还是附在《武五子传》中卫太子刘据的传记后，并且名字是俗得不能再俗

---

① 汉宣帝原名"病已"，元康二年（前 64 年）为了方便百姓避讳，更名为"询"。

的"病已"而非"询"。"太子有遗孙一人，名病已，以庶人终"？或曰："太子有遗孙一人，名病已，某帝即位，复封为某王，传子至孙"云云。再没想到他一个落难王孙居然会时来运转，一下子站到了汉朝政治舞台的中心，成为举世瞩目的皇帝。

第二节　征拜眭弘子

宣帝能被立为新君，或可理解为历史偶然性的魅力。不过，站在宣帝的立场看，他更愿意相信自己能做皇帝是天意，亦即是有其必然性的。这从他一即位即征眭弘的儿子为郎官一事就可看出来。

却说元凤三年（前78年）正月，据《眭弘传》载，泰山中一座叫莱芜山的山脉的南面传出巨大的吵嚷之声，像是有数千人聚在一起发出来的，当地百姓去看时，就见有大石自动立在那里，有一丈五尺高，四十八个人手牵手才能把它合抱住。该石头入地有八尺深，有三块石头像足一样撑在下面。更让人惊讶的是，该大石自立后，不知从哪里飞来数千只白色的乌鸦聚在它的旁边。当时，昌邑社庙中一棵已经枯死倒地的树又活了过来。另外，上林苑中一棵大柳树本已断枯倒地，这时候竟然自立复活，有虫子食树叶成文字，曰"公孙病已立"。

符节令眭弘利用《春秋》公羊学对此进行了解读。眭弘认为从阴阳的分类看，石头和柳树都属阴物，象征处在下层的百姓，泰山为诸山所宗，一直是改朝换代之后天子祭天报功的地方。现在大石自立，枯柳复活，皆非人力所能为，这说明要有普通百姓成为天子。枯死的社木复生，表示以前被废的家族公孙氏要复兴了。只是这个公孙氏在哪里眭弘也说不清楚，但说到兴头上，就有点收不住了，于是继续阐发，并拉出了大儒董仲舒为自己壮胆，说自己的先师董仲舒曾讲过，即使有能够遵循其先君所创立的法度而治理国家的君主，也不妨碍圣人受命于天。汉家是尧的后代，有传国给他姓的运势。因此汉朝的皇帝应该主动求索天下贤人，禅以帝位，自己则退位到自封的百里之地，就像殷周二王之后那样，以顺承天命，"先师董仲舒有言，虽有继体守文之君，不害圣人之受命。汉家尧后，有传国之运。汉帝宜谁差天下，求索贤人，禅以帝位，而退自封百里，如殷周二王后，以承顺天命。"

刘姓是尧的后代的说法，最初见于《左传》。据《左传》载，春秋时期，晋卿范氏士会由晋国叛逃入秦国，后士会归晋，当初与他随行的家属这时或随他一起回了晋国，或是留在了秦国，留在秦国的那部分人就以刘为姓。而范氏的世系，据士会之孙范宣子在鲁襄公二十四年（前549年）称，自虞舜以上称陶唐氏，夏朝称御龙氏，商朝称豕韦氏，周朝称唐杜氏，春秋时期在晋国称为范氏："昔匄之祖，自虞以上为陶唐氏，在夏为御龙氏，在商为豕韦氏，在周为唐杜氏，晋主夏盟为范氏，其是之谓乎！"另外，鲁昭公二十九年（前513年），蔡墨说陶唐氏衰落后，他的后代刘累向豢龙氏学习养龙，以此事奉夏朝的君主孔甲，孔甲嘉奖他，赐他为御龙氏，春秋时期的范氏就是刘累的后代，这就是刘姓的由来。而所谓的陶唐氏指的就是尧，所以说刘姓是尧的后代，"其后有刘累，学扰龙于豢龙氏，以事孔甲，能饮食之。夏后嘉之，赐氏曰御龙。以更豕韦之后。龙一雌死，潜醢以食夏后。夏后飨之，既而使求之。惧而迁于鲁县，范氏其后也。"眭弘虽以《公羊》学名家，但当时学者兼通其他学问的现象也很普遍，故不能排除眭弘为使汉朝皇族与圣君尧攀上关系而采《左传》之说的可能。

眭弘把自己的推理写成奏书，然后请担任内官长的朋友赐替他奏上。霍光看后，非常反感，就把他的奏书交给廷尉处理，最终以妖言惑众、大逆不道之罪，将眭弘和赐处以极刑。

由于宣帝本名"病已"，其为卫太子之孙，故可称"公孙"，且出自民间，因此宣帝即位后，人们旧事重提，认为眭弘的预言应验。而宣帝一即位，即拜眭弘之子为郎，对眭弘的预言表示认可，考其用意，当是要告诉世人自己即位乃是天意，非因人力。

当然，就元凤三年（前78年）发生的数桩怪事而言，从今天的角度重新审视，就会发现这其实是人为造作的结果。对此顾颉刚早有所阐发，他指出："古代人最喜欢作豫言，也最肯信豫言。"并认为此事即属造作而成，"武帝之后，民穷财尽，国本动摇，谶言又得了发展的机会。例如上面提起的，昭帝时，泰山下一块卧地的大石忽然站起，上林苑的枯柳忽然重生，眭弘就说将有新天子从匹夫中突起。"[1] 吕思勉也认为"此当系事后附会之谈"[2]。至于是谁造作、附会了此谶言，顾颉刚、吕思勉皆未深究。而从当时的情况看，拥昌邑王刘贺势力与拥卫太子遗孙刘病已势力显然都脱不了干系。就昌邑集团而言，还是在武帝时，他们就觊觎大位，结果招致武帝严厉打击，丞相刘屈氂满门被诛，贰师将军李广利被迫投降匈奴，其家族被武帝诛除，而刘髆也在武帝去世前莫名其妙地死去，继立的刘贺当时不过数岁。因此在相当长的一段时间里，昌邑集团都处在元气恢复的过程之中。到了元凤年间，刘贺已十余岁，昭帝身体却一直不好，又无子嗣，在此情况下，昌邑集团不垂涎皇位是不可能的，所以他们要想做出点事情以耸动视听，一点也不稀奇。泰山大石自立事件，多半是此集团所为，

① 顾颉刚：《秦汉的方士与儒生》，上海古籍出版社2005年版，第88—89页。
② 吕思勉：《秦汉史》，上海古籍出版社1983年版，第173页。

因为一来昌邑离泰山比较近，容易搞怪；二来作为当时显赫的诸侯王，刘贺集团也具备做成此事的实力。考其用心，当是想借此暗示民众将有新的天子崛起，那么这个新的天子在哪里呢？而与此同时，昌邑又发生了枯树复活的怪事。这显然是与泰山大石相连贯的动作，意在借此将人们的视线引向昌邑王国，使世人形成昌邑王将要复兴的看法。而如果形成这样的舆论，对于也在图谋崛起的卫太子残余势力而言就不利了。

就卫太子而言，由于他长期备位储君，因而也就不可避免地形成了庞大的势力，巫蛊之祸虽对卫太子集团造成毁灭性打击，但有道是百足之虫，死而不僵。巫蛊之祸后，卫太子的残余势力一直图谋东山再起，因而不断地制造事端，意图引起社会对卫太子一案的持续关注。卫太子还在人间的谣言很可能就发自他们，并愈传愈盛。在此背景下，卫太子的残余势力又煽动起了伪卫太子事件，在长安城引起极大轰动。

此后由于卫太子之孙刘病已日渐长大，卫太子的支持者遂将精力投在了刘病已的身上。当时围绕刘病已产生了许多奇怪的传闻。据《宣帝纪》载，他的足下长有毛，所居之处多次发出光亮，他每去买饼，都会带动店家的饼大卖："身足下有毛，卧居数有光耀。每买饼，所从买家辄大雠"。但细究起来，除了其身足下有毛这件事外，其他的事情显然皆属造作的结果。即如刘病已买饼事，就当是拥护卫太子势力造作的结果。因为汉代长安的商贸活动都是在专门设置的"九市"展开，"长安市有九，各方二百六十六步。六市在道西，三市在道东。凡四里为一市。"① 据《后汉书·班

---

① 陈直：《三辅黄图校证》卷二《长安九市》，陕西人民出版社 1980 年版，第29 页。

固传》载，班固说九市开市之后，"货别隧分，人不得顾，车不得旋，阓城溢郭，旁流百廛，红尘四合，烟云相连。"此说虽颇有夸张的成分，但九市是长安百姓的活动中心却是不争的事实。正因如此，才有当年卫太子闹事时，驱使四市数万人对抗朝廷一事的发生。由于九市是人口集中之地，故当皇曾孙刘病已出现在街市买饼时，拥卫太子势力借机张皇其事，以至于卖饼家饼大售也就是自然而然的事情了。考其拥护者神化并大肆宣扬围绕刘病已发生的诸多奇事，显然是别有用心的。如陈苏镇就认为，"昭帝时出现的关于皇曾孙的这些传说，也在向世人暗示皇曾孙是真命天子。"① 但是为什么这种传说的出现就是在向世人暗示皇曾孙是真命天子，陈苏镇并没明言。不过一些学者的看法倒是给我们以启示，如周寿昌指出刘病已买饼这个典故，"与高帝从王媪、武负赊酒，每酤留饮，酒雠数倍同兆，其自怪亦与高帝自负同。"② 李澄宇称："高祖每酤留饮，酒雠数倍，而宣帝每买饼，所从买家辄大雠，亦可谓克绳祖武"。③ 杨树达也认为刘病已这个典故"与高祖事正同"④。显然造作者可能是意欲通过模仿高祖当年的征兆来引起民众的联想。

话说霍光虽然生杀在手，权势甚盛，然而当朝居然仍有人敢不避斧钺而撄其锋。据《严延年传》载，宣帝初即位，东海人侍

① 陈苏镇：《汉代政治与〈春秋〉学》，中国广播电视出版社 2001 年版，第 325 页。
② （清）周寿昌：《汉书注校补》卷四，载（清）沈钦韩等撰《汉书疏证（外二种）》（二），上海古籍出版社 2006 年版，第 440 页
③ 李澄宇：《读汉书蠡述》，载张舜徽主编《二十五史三编·第三分册·汉书之属》，岳麓书社 1994 年版，第 951 页。
④ 杨树达：《汉书窥管》卷一《高帝纪》，湖南教育出版社 2007 年版，第 1 页。

御史严延年①就上奏章弹劾霍光"擅废立，无人臣礼，不道。奏虽寝，然朝廷肃焉敬惮。"所谓"敬"，当是对未参与废黜刘贺活动的朝廷官员而言的，由于严延年冒着被杀头的危险说出了他们的心里话，因此让他们对严延年充满了敬意；所谓"惮"，当是对以霍光为首的参与废黜刘贺活动的官员们而言的，虽然他们自诩有安汉之功，但他们也清楚自己此举犯了朝廷大忌，故而对严延年甚为忌惮。严延年因此名动天下，并为历代所敬仰。

如吕祖谦称："大哉！延年之奏也。自夷、齐之后，一人而已。"②但王夫之却认为严延年此举是经过深思熟虑的，他知道自己这样说，霍光会因顾忌影响自己的声誉而不敢惩治他，宣帝会因畏惧霍光再行废立之事而欣赏他的言论，所以也不会诛戮他，严延年"既熟虑诛戮之不加，而抑为庸人之所敬惮，延年之计得矣。"王夫之将严延年这样的人称为"矫诡之士"，这种人"每翘君与大臣危疑不自信之过，言之无讳以立名，而早计不逢其祸，此所谓'言辟而辨，行伪而坚'者也。"③此真可谓诛心之论。

---

① 《汉书》有两个严延年，此严延年字次卿，为汉世酷吏，《汉书》有传。另一严延年字长孙，为昌邑王刘贺妻父。

② （南宋）吕祖谦：《东莱吕太史别集》卷一五《读汉史手笔》，载黄灵庚、吴战垒主编《吕祖谦全集》（1），浙江古籍出版社 2008 年版，第 575 页。

③ （清）王夫之：《读通鉴论》卷四《严延年劾奏霍光非能守正》，载《船山全书》（10），岳麓书社 1988 年版，第 155 页。

第五章　诏求故剑：青年天子心机重

宣帝即位后，很快便面临选立何人为皇后的抉择。当时，霍光欲其立自己的女儿霍成君为皇后，由于朝廷早已为霍光所把持，若如此，宣帝就只能如已故的昭帝一样，任由霍家摆布，故而宣帝倾向立自己的妻子许平君为皇后，但他又不敢公开与霍光对抗，因诏求微时故剑，委婉地表达了自己的意图，群臣遂建言立许平君为皇后。此事让霍光很愤怒，因让其女婿邓广汉为长乐卫尉，并拒绝封许广汉为侯。

第一节　骗婚广汉

宣帝即位后，他的妻子许平君也被迎入宫中，立为婕妤。想他夫妻二人起自穷巷，初入巍峨的宫殿，闲庭信步之时，耳鬓厮磨之际，追忆前尘往事，畅想美好人生，定会相视而笑，心中欢愉无限。

然而他们夫妻高兴没多久，一个难题就摆在了宣帝面前。当时因宣帝尚未有皇后，据《外戚传》载，公卿就想让宣帝立霍光之女为皇后，"公卿议更立皇后，皆心仪霍将军女"。而这也是霍光的意思，"光虽未言，而意诚欲其然也。"① 宣帝立还是不立？

---

① （南宋）胡寅撰，刘依平校点：《读史管见》卷二《宣帝》，岳麓书社 2011年版，第 59 页。

当时霍光小女霍成君尚待字闺中，霍光有意立其为后。汉初因吕氏之祸，继起的文帝、景帝皆不甚重外戚，然而到了武帝时，权力又渐由朝臣向外戚转移。当时哪个女子在后宫地位尊贵，则其外家必重于时。如武帝初年文帝皇后窦氏还在，因其年高位尊，故其堂侄魏其侯窦婴被任命为丞相；窦氏死后，武帝的母亲王太后地位尊重，则其弟武安侯田蚡为丞相；及卫子夫为皇后，其兄弟卫青就做了大司马大将军。显见皇帝以其最亲近的外戚佐理朝政在当时已经成为一种传统。故昭帝时，霍光与左将军上官桀起初同心辅政，关系融洽，但后来却争起权来，起因就是因为上官家的女孩儿做了皇后，上官桀父子觉得自家有椒房中宫之重，按传统掌权的应该是他们而非霍光。所以就当前情况而言，从杜绝隐患及强化自己的辅政地位考虑，霍光迫切希望立自己女儿为皇后。

霍光的夫人显也极盼立霍成君为皇后。显是霍光的第二任妻子，上官安娶的那个女子是霍光前妻东闾氏所生，从血缘上讲昭帝皇后上官氏与显并无关系。从显的角度考虑，只有自己的女儿进了宫，自己才真正称得上是皇亲国戚。昭帝时，上官家捷足先登，估计显一直耿耿于怀，而这一次，她家要抢先了。

不过，霍家虽有这种想法，却不肯自己提出来，因为这将形同交易，会为人所不齿的。据《外戚传》载，群臣虽欲讨好霍光，希望宣帝立霍成君为皇后，却"亦未有言"。因为宣帝是有妻子的人，若请他立霍成君为皇后，他只有照办，因为事情一经挑明，宣帝若推脱不立，就是不给霍光面子，宣帝怎么敢？问题是若宣帝真正想立的是自己的妻子，却被迫立了霍家的女儿，一旦日后宣帝得势，就会给提议者带来不测的祸患，所以群臣对此都缄默不语。对于这种棘手的事情，他们希望还是由宣帝自己来解决。

对宣帝而言，与霍光结亲，无疑会使他如浮萍般的根基得到巩固，但是在当时情况下，让他舍弃自己的妻子而立别人做皇后，他确实于心不忍。

说起来，宣帝这个妻子可是骗来的，以他当时的条件，若走正常渠道，是娶不到许平君的。

宣帝微时名病已，号皇曾孙，从小养在掖庭，而当时的掖庭令是张贺。据《张安世传》载，张贺原是卫太子刘据的亲信，巫蛊之祸中受卫太子牵连，本当被处死，因其弟张安世向武帝上书求请，被处以宫刑，"安世兄贺幸于卫太子，太子败，宾客皆诛，安世为贺上书，得下蚕室。"而后做了管理宫女事务的掖庭令。昭帝初，霍光等遵从武帝遗诏，把在民间生活的刘病已召回掖庭，由国家养育。张贺本就对卫太子无辜而死伤感不已，及见到太子无依无靠的幼小孤孙，自是怜惜，所以对刘病已倍加呵护。

元凤四年（前77年），刘病已十五岁，汉代女子十四五岁，男子十五六岁，就该成家了。张贺就想给刘病已娶个妻子，让他过上正常人的日子。可问题是此人乃罪人之后，以庶人的身份被养在掖庭，地位尴尬不说，并且一无所有，谁会愿意把女儿嫁给他？思来想去，张贺觉得还是把自己的孙女嫁给他算了。据《外戚传》载，当时张安世是右将军、富平侯，正与霍光一起同心辅佐刚行过冠礼的昭帝，得知张贺欲将孙女嫁与刘病已，很生气，因为昭帝是巫蛊之祸的最大获益者，刘病已则是最大受害人，两个人并不是一路人，而现在张贺想把自己的孙女嫁给刘病已，让敏感多疑的霍光知道了，会不会认为张家是想脚踏两只船？所以便愤怒地对张贺说："曾孙乃卫太子后也，幸得以庶人衣食县官，足矣，勿复言予女事。"

张安世位高权重，虽是弟，他的话张贺却不得不听，于是只好另做打算，得知掖庭暴室啬夫许广汉有一女名平君，时年十四五岁，还未嫁人，张贺不免就动了心思。

说起来，许广汉也是个命运多舛之人。他少时为昌邑王郎，有次因扈从武帝去甘泉宫时，误拿别人的马鞍使用，被发觉后，官员弹劾他从行途中盗窃他人财物，罪当处死。时武帝下诏招募死囚为宦官，许广汉因应募，被处以宫刑，进宫做了宦官，后来做到了宦者丞。宦者是少府下属的一个部门，武帝太初元年（前104年），将其增置七丞，故宦者丞属中下级职位。昭帝时上官桀反谋败露后，霍光对其进行抓捕，当时许广汉的任务是部署人员到上官桀办公的地方搜索罪证，然而却一无所获。可是换了官员再搜，竟然搜出一箱子绳索，有数千枚之多，每枚长数尺，据推测这应该是上官桀发动宫廷政变时用来捆人的，这下许广汉又犯了罪，被判为服劳役的鬼薪，在掖庭服刑，刑满后就留在掖庭，做了暴室啬夫。暴室是宫中晾晒布匹的地方，暴室啬夫就是从事晾晒布匹等杂务的工作人员。

据《外戚传》载，张贺听说许广汉家有一女未嫁，就想让他把女儿嫁给刘病已，便设宴款待许广汉，酒酣之际，张贺对许广汉说刘病已与当今皇上的血缘关系很近，纵然他才能低劣，日后起码也是关内侯，因此建议许广汉把女儿嫁给他，"曾孙体近，下人，乃关内侯，可妻也。"据《史记·建元以来侯者年表》载，许广汉在掖庭与刘病已住在同一官舍，两人平素"出入相通"，关系非常好。又因有卜相者言刘病已日后当大贵，想着将来或许能沾刘病已点光，故对刘病已"施恩甚厚"。也就是说许广汉是一个真心喜欢刘病已且又藏了点私心的人。虽然如此，但还没到甘愿将自己女儿的命运押到刘病已身上的地步。无奈许广汉那时已喝得醉眼迷离，见张贺如此说，一高兴，就答应了。回家睡了一晚上，次日酒一醒，就知道上了张贺的当，而他妻子知道后，更是大怒。该女子当时正一门心思等着跟闺女享受荣华富贵呢。本来许平君就要嫁人了，男方是宦官内者令欧侯氏的儿子，谁成想许平君就要过门的时候，欧侯氏的儿子却死了，把许广汉的妻子快气死了，怎么这么倒霉呢？忙带了许平君去找卜相者占问吉凶，而据卜相者说这闺女有大贵之相，许广汉的妻子于是愁容尽展，"其母将行卜相，言当大贵，母独喜。"再想不到许广汉未经她同意就把闺女许给了刘病已这个倒霉孩子，她能不气愤！而许广汉想着已经答应了张贺，怎能说话不算数！所以最终还是顶着压力把许平君嫁给了刘病已。

刘病已婚后，虽然和许平君在一起生活也就一年多的时间，这却是他有生以来第一次真正过上正常人的日子，许广汉的妻子此前很不满意他，但结亲之后，成了一家人，就把他当作自己人看待了，对他照顾得非常周到。当然她对刘病已如何好，史书并无明言，但据《宣帝纪》载，刘病已结婚后，甚为依赖许家，"曾孙因依倚广汉兄弟及祖母家史氏。"如果许家对他不好，他怎么可能依靠他们！所以说他与许家人的感情是比较深的。并且婚后许平君很快又给刘病已生了个儿子，这自然会让他更是欢喜。

所以让刘病已一即位，就舍弃许平君，而另立霍家小女为皇后，致使发妻向隅而泣，郁郁寡欢，他应该会有点于心不忍。且据《宣帝纪》载，刘病已微时"喜游侠"。而游侠的特点是轻生重义，勇于为人排忧解难。他人有难，尚要相助，更何况是自己妻子，他能袖手旁观？尤为重要的是，以霍家势力之强大，若立霍成君为皇后，他很可能会成为第二个昭帝，而这是他绝对无法接受的。

第二节　芒刺在背

在某些学者看来，霍光其实对宣帝一直很不错。学术界有一种看法，认为霍光是以卫氏外戚集团成员的身份被武帝委以重任的。如秦学颀就认为，虽然武帝为了避免外戚对皇权构成威胁而对其打击、杀戮，"但是，由于外戚与皇帝的特殊关系，已经使他们在集权专制的政权结构中占据了重要的地位。因此，汉武帝在临终前还是作出了以外戚霍光辅佐昭帝的遗诏。"[1] 萧平汉指出武帝临死，在为其少子挑选辅政大臣时，首选霍光，"尽管武帝想避免外戚专权，但却一个外戚也不用，毕竟也不放心。"[2] 庄春波认为卫氏集团蒙冤被除，卫霍家族幸存者唯霍光一人，武帝将死，深悔卫太子蒙冤而死，而霍光又甚可信任，因而对霍光格外亲重，"外戚政治是刘汉皇权体制必然的伴生物，刘彻为身后避免外戚专权，重用霍光，维持皇权过渡的稳定，于情于理不难理解。"[3] 这就难免会让学者产生联想，认为霍光在内心深处是向着刘病已的。如崔建华认为："霍光与卫氏家族的关系也使他根本无法彻底无视卫太子之孙的存在……种种迹象表明，霍光一直对汉宣帝抱有同情之心，并且对他的成长保持着关注。"[4]

应该说霍光出身外戚属客观事实，但认为霍光是因此被武帝

---

[1]　秦学颀：《汉武帝与外戚政治》，《西南师范大学学报》（哲学社会科学版）1993 年第 3 期。

[2]　萧平汉：《论西汉的三次外戚专权及其历史地位》，《大连大学学报》2001 年第 3 期。

[3]　庄春波：《汉武帝评传》，南京大学出版社 2001 年版，第 415 页。

[4]　崔建华：《汉宣帝"武帝正统"的树立与戾太子案之昭雪》，《唐都学刊》2010 年第 3 期。

委以重任，就未免有点机械了。事实上，霍光虽出身外戚，但他能受到武帝的重视，主要还是靠着自身的努力。王夫之敏锐地注意到了这一点："武帝拔霍光于下僚，与降胡厩史等，非缘后族也"①。并且从霍光的行事看，他也确实不以卫氏外戚自视。据《戾太子传》载，霍光当政之后，为卫太子所做的事情仅是为其"起位在湖"而已。对太子遗孙刘病已则相当冷淡，在他执政的十几年间，刘病已的地位没有发生任何改变。然而崔建华却认为始元元年（前86年），刘病已六七岁时，霍光在益封燕王、广陵王、盖主的同时，"趁便恢复宣帝的宗室身份，不显山不露水，很是巧妙。"由于对此史无明文，故崔建华不得不说自己这种论述"有些臆测"②。然据《外戚传》载，当张安世反对张贺将孙女嫁给刘病已时，明确指出"曾孙乃卫太子后也，幸得以庶人衣食县官"。显见此时刘病已的身份还是"庶人"，则何来的恢复宗室身份之说！并且从张安世的言谈中，也可看出霍光对刘病已甚为疑忌，"《外戚传》言曾孙数有征怪，贺闻之，为安世道之，称其材美，安世辄绝止，以为少主在上，不宜称述曾孙，光之忌曾孙可知。"③

可以说宣帝未称帝前，由于霍光对他一直是冷漠以待，使他与霍光隔膜甚深，故而虽然他被霍光立为新君，却对霍光充满畏惧，这从他登极当天的表现就可以看出来。

宣帝被立为皇帝的当天，就被百官簇拥着去高庙拜谒高祖刘邦的神位，从而使拥立宣帝的活动达到了最高潮。

---

① （清）王夫之:《读通鉴论》卷五《元后以柔道亡汉》，载《船山全书》（10），岳麓书社1988年版，第185页。

② 崔建华:《汉宣帝"武帝正统"的树立与戾太子案之昭雪》，《唐都学刊》2010年第3期。

③ 吕思勉:《秦汉史》，上海古籍出版社1983年版，第155页。

汉代天子出行车驾仪仗有三种，即大驾、法驾与小驾。法驾已如前述，大驾则是由公卿乘车在前导引，天子所乘之车由大将军陪乘，太仆驾车，侍从车辆八十一乘，然后在千骑万乘的簇拥下行进，"大驾则公卿奉引，大将军参乘，太仆御，属车八十一乘，作三行，尚书御史乘之。备千乘万骑出长安"①。小驾最简单，由太仆侍奉皇帝，侍御史管理车骑的行进，"小驾，太仆奉驾，侍御史整车骑。"②

一般而言，大驾只在举行最隆重的礼节如祭天时才用，像去高庙谒见高祖的神位，按规定应该用小驾。但是由于这是新君即位，特地去向高祖的神灵报告，不同于一般祭祀，故用大驾。

按说在霍光的陪同下，被文武百官、千乘万骑簇拥着浩浩荡荡地向高庙进发，备受礼敬的宣帝当高兴才是。然而据《霍光传》载，旁观者却发现宣帝坐立不安，恍如芒刺在背。后改由张安世陪乘，宣帝才显得从容安然。究其原因，人们认为这是由于宣帝内心极其畏惧霍光所致，"宣帝始立，谒见高庙，大将军光从骖乘，上内严惮之，若有芒刺在背。后车骑将军张安世代光骖乘，天子从容肆体，甚安近焉。"张栻和王夫之对此进行分析，都认为这并非是霍光要刻意震慑宣帝，而是霍光长期形成的骄纵心态的自然流露而为宣帝所感知，以至于无所适从。如张栻指出："光之所建立者，负于其身，横于其心，而不能以弭忘。惟其不能以弭忘，故其气焰不可掩，威势日以盛。权利之途，人争趋之，非惟家人子弟、门生故吏驯习骄纵而不可戢，光之身

① 何清谷：《三辅黄图校释》卷六《杂录》，中华书局 2005 年版，第 380 页。
② （东汉）王隆撰，（东汉）胡广注，（清）孙星衍辑：《汉官解诂》，载（清）孙星衍等辑，周天游点校《汉官六种》，中华书局 1990 年版，第 23 页。

亦不自知其安且肆矣。"① 王夫之认为霍光"立震世之功名，以社稷为己任，恃其气以行其志，志气动而猝无以持，非必骄而神已溢"②。

第三节　诏求故剑

很显然站在宣帝的角度看，由于朝廷早已为霍光所把持，如果再立霍成君为皇后，加上上官皇太后，后宫就会彻底被霍家所控制，则宣帝就只能如已故的昭帝一样，任由霍家摆布。而如果立许平君为皇后，宣帝可通过让许平君行使皇后权力，在后宫与上官氏形成分庭抗礼之势；并可根据传统，封许平君的父亲许广汉为侯，使许氏外戚成为朝廷新贵，作为自己的得力助手。所以在立皇后这件事上，宣帝倾向于立自己的妻子许平君。

只是宣帝想立自己发妻为皇后，决定权却在霍光手里，并且谁都知道霍光想让自己小女做皇后。因此宣帝若明确表达自己的心意，就是公然违背霍光的意愿，由此带来的后果，很可能是他所无法承受的。但顺从霍光的心愿，宣帝又心有不甘。犹豫良久之后，宣帝决定赌一把。

于是就在群臣翘首企盼宣帝做出决断的时候，据《外戚传》载，宣帝却"诏求微时故剑"。对此可以做出两种解读。其一，宣帝就是要找一柄其未发迹时遗失的剑而已；其二，通过宣帝诏求故剑一事，可知宣帝是个恋旧的人，一柄故剑尚且珍惜，更

---

①　（南宋）张栻撰，邓洪波校点：《南轩先生文集》卷一六《霍光得失，班固所论之外，尚有可议否》，载《张栻集》，岳麓书社 2017 年版，第 641 页。

②　（清）王夫之：《读通鉴论》卷四《霍光祸萌骖乘》，载《船山全书》（10），岳麓书社 1988 年版，第 161 页。

何况是结发妻子，他这是意在告诉群臣他想立自己的妻子。不过，无论怎样解读，都是别人的事，对于宣帝而言，该表达的意思他都表达了，但他好像什么也没有说。这就使宣帝在选立皇后一事上，变得进退自如。因为无论群臣建言立谁为皇后，他都没意见，他听大家的。由于霍光年事已高，考虑到霍家后继乏人，其死后，宣帝很可能要执掌朝政，群臣为自己的前途着想，觉得既然一定要有所取舍，与其让宣帝不满，不如让霍光难受，因请求立许平君为皇后，据《外戚传》称："大臣知指，白立许倢伃为皇后。"冯琦论及此事，认为宣帝谋略甚高明，"宣帝求微时故剑，既不忘故旧之情，又不紊后先之序，又只微示意旨，不露君臣之嫌，驾驭群臣之略，即此可占矣。"[1]而通过这件事，也可以看出自宣帝即位起，权力便呈现出自权臣向君主转移的态势，群臣由于敏锐地注意到了这一状况，因而不惜得罪霍光，也要跟上时代的步伐。

第四节　霍光之怒

就霍光而言，他虽然有意让自己的女儿做皇后，但事情发展到这个地步，他纵然不满，也只能认了。但愤怒是肯定有的，并且他也宣泄了自己的愤怒。

据《宣帝纪》载，元平元年（前74年）十一月壬子（十九日），许平君被立为皇后，上官皇太后归长乐宫居住，"十一月壬子，立皇后许氏。……皇太后归长乐宫。初置屯卫。"

自上官皇太后在元平元年（前74年）六月驾临未央宫，废

---

[1]　（明）冯琦：《宗伯集》卷三七《日讲〈通鉴〉直解》，明万历刻本。

黜昌邑王刘贺后，便一直居于未央宫主持朝政。及至许平君被立为皇后的当日，上官皇太后即归长乐宫，这意味着太后主政的结束。李源澄认为此举"与霍光之意相违。故霍光之归政，宣帝与霍氏之隙之启。"①张小锋沿此进行阐发，指出"'归长乐宫'即意味着太后'省政'的结束。显然，太后归长乐宫实由'政令一出于宣帝'所导致，这意味着霍光的权力受到严重威胁"，认为这让霍光不能忍受，后来"以'归政'之举来表明自己的不满"。②实则双方的嫌隙自宣帝即位的当天就已产生。就上官氏归长乐宫一事而言，若将此事与此前因霍光任用私人蔡义为丞相而为时议所讥结合起来考察，霍光此举实是意在平息舆论不满、安抚民心。

当年八月己巳（初五），丞相杨敞薨，九月戊戌（初四），霍光即以故吏御史大夫蔡义为丞相。据《蔡义传》载，蔡义时已八十余岁，貌似老妪，行步俯偻，常两吏扶夹乃能行，因此"议者或言光置宰相不选贤，苟用可专制者。"霍光听说后，感到很尴尬，对侍中左右及官属曰："以为人主师当为宰相，何谓云云？此语不可使天下闻也。"但众口悠悠，岂是可以封堵的！及至许平君被立为皇后，未央宫有了新的女主人，且此时政局已趋平稳，若上官氏仍不交权，势必会激起舆论新一轮的抨击。因此趁立皇后之机，让上官氏归长乐宫，表面上移权于宣帝，对霍光是有利的。

当然，霍光还是借此表达了对宣帝的不满。因为上官氏回长乐宫后，霍光又在长乐宫"初置屯卫。"周寿昌云："《高后纪》'斩长乐卫尉吕更始'，《武五子传》'庆太子发长乐宫卫'，是长乐在

① 李源澄：《霍光辅政与霍氏族诛考实》，《文史杂志》1942年第2卷第9、10期。
② 张小锋：《西汉中后期政局演变探微》，天津古籍出版社2007年版，第77页。

汉初已置卫矣。惟案《百官表》云'不常置'。疑置而旋废，至是又置之，故云初置也。"[①] 霍光在上官氏归长乐宫后，为其特置屯卫，同时担任长乐卫尉者为其女婿邓广汉，则其震慑宣帝之意甚明。

同时又拒绝封许广汉为侯。一般来说，皇后被立后，为示尊崇，其父是要封侯的。如文帝窦皇后被立时，其父已死，因追封其亡父为安成侯。昭帝即位后，立上官氏为皇后，上官安以后父封桑乐侯。现在许氏被立为皇后，就应该按照传统封她的父亲为侯。然而据《外戚传》载，霍光却以"刑人不宜君国"为借口不肯封许广汉。宋超认为霍光此举与汉朝传统相符，故宣帝无法抗争，"查《汉书》侯表，刑人封侯者仅吕氏称制时大谒者建陵侯张释一人。且吕氏所封王侯，违背高祖盟誓，所以吕氏死后，所封王侯或诛或免，无一幸存，不足为例。因此霍光以此为由阻许氏封侯，宣帝无法与之抗争。"[②] 实则并非如此，昭帝时，其外祖父就被追尊为顺成侯，而昭帝的外祖父就是宦官，并且主持追尊之事者就是霍光本人。故陈绛称："岂光心有不平许后之憾，于是而泄者耶？"[③] 易佩绅更是直接指出："宣帝之求微时故剑也，厚矣哉。霍光以后父'刑人不宜君国'，盖以其女不得入为后而憾之也，岂真能持大义哉！"[④] 接下来一直拖了年余，方才给许广汉封了个爵位低于侯的昌成君。霍光这样做，其意既是为了限制许广汉参与政事，又要以此警告群臣不得与许氏外戚有深入接触。但其如

---

① （清）周寿昌：《汉书注校补》卷四，载（清）沈钦韩等撰《汉书疏证（外二种）》（二），上海古籍出版社 2006 年版，第 440 页。

② 宋超：《"霍氏之祸，萌于骖乘"发微——宣帝与霍氏家族关系探讨》，《史学月刊》2000 年第 5 期。

③ （明）陈绛：《金罍子》中篇卷四，明万历三十四年陈昱刻本。

④ （清）易佩绅：《通鉴触绪》卷八，清光绪刻本。

此羞辱许广汉，自是难免招致其怨恨。并且由于宣帝曾入狱数年，霍光此语实际上也犯了宣帝的忌讳，不能不让宣帝对他心生厌恶之情，"光谓'广汉刑人，不可君国'，独不念皇曾孙之尝坐郡邸狱为罪人耶？不忌如此，宣帝内不能善，岂一日之积哉？"① 故易佩绅云："许后之弑，霍氏之灭，皆基于此矣。"② 可谓至言。

考元平元年（前74年）霍光之行事，可知该年既是霍光权力最盛之年，同时也是其由盛转衰之年。因为在这一年，霍光为了维护自己的利益，可谓无所不用其极，从而将其独断专行、为所欲为、唯利是图的权臣面目暴露无遗，以至于群臣反感、宗室愤怒、舆论嘲讽，就是被他选立的宣帝对他也充满了畏惧与厌恶。可谓体面尽失，声名扫地。

---

① （南宋）胡寅撰，刘依平校点：《读史管见》卷二《宣帝》，岳麓书社2011年版，第59页。

② （清）易佩绅：《通鉴触绪》卷八，清光绪刻本。

第六章　君臣角力，霍家终得位

宣帝即位至霍光去世的数年间，汉代朝政呈现出二元政治态势。由于宣帝与霍光彼此有求于对方，因此二者在一定程度上能够相互配合，共同推行一系列有助于稳定时局的政策、措施。同时由于双方有着不同的利益诉求，因而暗中斗争颇为激烈，从而对皇朝的稳定造成了相当严重的消极影响。

第一节　宣帝与霍光的良性互动

从汉宣帝即位至地节二年（前68年）三月霍光去世这数年间，关于宣帝与霍光之间的关系，西嶋定生认为"尚为安稳"①，又称"两者之关系平安无事地渡过"②。实则并非如此。如姚秀彦指出宣帝即位之初，对主政的霍光"谨慎谦让，虚己以听"，但是"遇有大事，仍能坚持己意"。③ 相比而言，李源澄、宋超的认识更为深刻。如李源澄认为宣帝"即位之初，亦几蹈昌邑王覆辙，虽史

---

① ［日］西嶋定生著：《武帝之死》，李开元译，载刘俊文主编，黄金山、孔繁敏等译《日本学者研究中国史论著选译》（第三卷），中华书局1993年版，第615页。

② ［日］西嶋定生著：《白话秦汉史（秦汉帝国的兴衰）》，黄耀能译，（台北）文史哲出版社1983年版，第227页。

③ 姚秀彦：《秦汉史》，（台北）三民书局1983年版，第208页。

无明文，而可以参验以明之。"① 宋超指出宣帝"在君臣表面上和睦相处的背后，则是对霍光细致入微的提防。"②

霍光在昭帝在位期间摧燕王，仆上官，昭帝去世后，旬月之间废立两帝，权势之盛，震古烁今。因此宣帝初登大宝，就被他身上散发出来的肃杀的严威震慑得手足无措。宣帝深知要想坐稳皇位，就一定不能冒犯霍光。虽然如此，但还是在立后一事上，触怒了霍光。

当时，为缓和与霍光的矛盾，宣帝通过各种方式反复强调，他不是一个忘恩负义之人，自己能有今天，都是拜霍光之赐，霍光的权威在新朝不会发生任何改变。如本始元年（前73年）春，霍光向宣帝提出归政养老。据《霍光传》载，宣帝没有答应，并特地交代大臣奏事，要先向霍光报告，"及上即位，乃归政。上谦让不受，诸事皆先关白光，然后奏御天子。"并下诏褒美霍光："宿卫忠正，宣德明恩，守节秉谊，以安宗庙。"益封霍光食邑一万七千户，与以前的食邑合起来共二万户。前后赏赐霍光黄金七千斤，钱六千万，杂缯三万匹，奴婢一百七十人，马两千匹，甲第一区。对于霍家自昭帝以来形成的"党亲连体，根据于朝廷"的局面不做任何改变。霍光每朝见宣帝，宣帝都对他表现出极度的尊敬，俨然如臣子之待君父，"光每朝见，上虚己敛容，礼下之已甚。"

在尊崇霍光的同时，宣帝又对霍光严加防范，行事小心谨慎，竭力避免冒犯霍光。

虽然权倾天下，但此时霍光的人生已进入暮年，日后要想保

① 李源澄：《霍光辅政与霍氏族诛考实》，《文史杂志》1942年第2卷第9、10期。
② 宋超：《"霍氏之祸，萌于骖乘"发微——宣帝与霍氏家族关系探讨》，《史学月刊》2000年第5期。

持其家族的荣华富贵，多少还要靠宣帝的支持；并且他自铲除上官桀等反霍集团以来的所作所为，已为时论所不容，这让霍光颇为忌惮；同时在维护社会稳定方面，宣帝与霍光的利益具有一致性，因此霍光对宣帝也表现得颇为尊重。这使宣帝初年的朝政呈现出君臣相得、一团和睦的气象。

当时，霍光为表示自己不专断国事，比较注重及时补充官位空缺，并有意识地选用贤才。如霍光特提拔曾被自己逮捕入狱的魏相任职朝廷。魏相，昭帝时为茂陵令，迁官河南太守，治郡有声。时丞相田千秋子为洛阳武库令，田千秋死后，其子见魏相治郡严厉，恐岁久获罪，遂自免归长安。霍光误以为这是魏相见田千秋去世，就为难其子，缺乏大局观，因借人状告魏相贼杀不辜一事，将魏相逮系廷尉狱，关押很久。霍光虽惩治魏相，但颇欣赏他的才干，后魏相遇赦出狱，霍光又让他守茂陵令，迁扬州刺史，征为谏大夫，复为河南太守。本始二年（前72年）以魏相入为大司农，本始三年（前71年）五月御史大夫、祁连将军田广明因罪被诛，六月己丑（十一日），丞相蔡义薨，六月甲辰（二十六日），霍光在提拔自己亲信长信少府韦贤为丞相的同时，又提拔魏相为御史大夫，以显示自己用人之公正。

霍光虽掌控着人事变更之权，但在具体施政方面，也给予宣帝一定的权力。如龚遂的任用就是如此。据《龚遂传》载，宣帝即位后，渤海郡乱，选能治者，"丞相御史举遂可用，上以为渤海太守。时遂年七十余，召见，形貌短小，宣帝望见，不副所闻，心内轻焉"。史称宣帝极重郡国守相人选，然丞相、御史一奏举，宣帝马上便任命龚遂为渤海太守，可知用人权在霍光而非宣帝，"《汉书》中没有说龚遂被任命为太守的时间，但称他数岁后因为政绩卓著而被汉宣帝任命为水衡都尉，这一时间为地节四年（公元前 66 年），那么上推数岁，当在霍光去世之前出任太守。霍光在世时的丞相无论是蔡义还是韦贤都只是霍氏的傀儡，所以龚遂的真正举荐人是霍光。"① 而据《龚遂传》载，龚遂得便宜从事的特权却是宣帝给予的，"遂曰：'臣闻治乱民犹治乱绳，不可急也；唯缓之，然后可治。臣愿丞相御史且无拘臣以文法，得一切便宜从事。'上许焉，加赐黄金，赠遣乘传。"

宣帝在即位之后，也能够主动维护霍光的利益。

如本始元年（前 73 年）春，以拥戴之功，封赏霍光等二十五位重臣。益封霍光、张安世、杨忠、蔡义、范明友、韩增、杜延年、苏昌、王谭、魏圣、屠耆堂等十一位列侯及关内侯夏侯胜。赐田广明、赵充国、田延年、史乐成、王迁等五人为列侯。赐周德、苏武、李光、刘德、韦贤、宋畸、丙吉、赵广汉等八人为关内侯，其中周德、苏武食邑。

本始二年（前 72 年）五月，诏令群臣议武帝庙乐，动议当是出自宣帝。对此，张小锋认为："宣帝修'武帝故事'，本身就表明了自己对君权衰弱、霍光秉政现状的不满。而他对霍光秉政的'不满'，也就是他颇修'武帝故事'的深层用意。"② 事实上，宣帝此举的意蕴虽甚为丰富，却无借此来表达其对霍光不满之意，相反，宣帝这样做，正是为了尊崇霍光。因为霍光之权为武帝所授予，宣帝尊崇武帝，其意就在于肯定霍光掌权的正当性、合法性。不过，由于霍光在昭帝时举行的盐铁会议上，为打击御史大夫桑弘羊，曾支持贤良文学抨击武帝之政，霍光的亲信夏侯胜可能误认为宣帝此举意在与霍光相异，因而在朝堂上公然批评诏书

---

① 吴涛：《"术"、"学"纷争背景下的西汉《春秋》学——以〈谷梁传〉与〈公羊传〉的升降为例》，中国社会科学出版社 2011 年版，第 146 页。

② 张小锋：《西汉中后期政局演变探微》，天津古籍出版社 2007 年版，第 88 页。

之不当。但宣帝由于意不在挑战霍光的权威，因此仍然要求群臣执行诏令，并于当年六月尊武帝为世宗。据《郊祀志》载，在尊立武帝的过程中，发生许多神异之事，"宣帝即位，由武帝正统兴，故立三年，尊孝武庙为世宗，行所巡狩郡国皆立庙。告祠世宗庙日，有白鹤集后庭。以立世宗庙告祠孝昭寝，有雁五色集殿前。西河筑世宗庙，神光兴于殿旁，有鸟如白鹤，前赤后青。神光又兴于房中，如烛状。广川国世宗庙殿上有钟音，门户大开，夜有光，殿上尽明。上乃下诏赦天下。"这意味着武帝与昭帝对宣帝此举表示满意，并对霍光立宣帝之举表示认可，故宣帝此举既是在尊崇先帝，也是在向霍光致敬。

宣帝还多次及时化解了霍光遇到的尴尬局面。本始元年（前73年）四月、本始四年（前70年）四月，先后两次发生地震，其中后一次尤其严重，郡国四十九地震，或山崩水出。北海、琅琊所建祖宗庙的城郭受损，死亡六千余人。关于地震，据《史记·周本纪》载，西周晚期人伯阳甫认为是阴迫阳伏所致，"阳伏而不能出，阴迫而不能蒸，于是有地震。"由于君为阳，臣为阴，故此又可解读为臣迫君之象。如据《张敞传》载，张敞称霍光专权期间，"感动天地，侵迫阴阳，月眺日蚀，昼冥宵光，地大震裂，火生地中，天文失度，祅祥变怪，不可胜记，皆阴类盛长，臣下专制之所生也。"当时为了让霍光免于尴尬，宣帝主动承担了责任。据《宣帝纪》载，本始四年（前70年）四月地震后，宣帝下罪己诏，要求群臣奏陈自己的过失，令三辅、太常、内郡国举荐贤良方正之士，并推行德政，素服避正殿以思过，"诏曰：'盖灾异者，天地之戒也。朕承洪业，奉宗庙，托于士民之上，未能和群生。乃者地震北海、琅琊，坏祖宗庙，朕甚惧焉。丞相、御史其与列侯、中二千石博问经学之士，有以应变，辅朕之不逮，

毋有所讳。令三辅、太常、内郡国举贤良方正各一人。律令有可
蠲除以安百姓，条奏。被地震坏败甚者，勿收租赋。'大赦天下。
上以宗庙堕，素服，避正殿五日。"所谓"内郡"，指除三辅、太
常所辖陵县、缘边诸郡之外的郡，"中国为内郡，缘边有夷狄障塞
者为外郡。"宣帝还利用祥瑞来营造政通人和的气氛。两次地震之
后的次月，地方都有祥瑞出现，如本始元年（前73年）五月，凤
凰集胶东、千乘。本始四年（前70年）五月，凤凰集北海安丘、
淳于。这两次祥瑞出现的时间点都很微妙，当与臣下造作不无关
系。但因史有阙略，难以窥知是哪一方的运作。不过宣帝的应对
颇为积极。如本始元年（前73年）五月，借祥瑞事，大行德政，
"赦天下。赐吏二千石、诸侯相、下至中都官、宦吏、六百石爵，
各有差，自左更至五大夫。赐天下人爵各一级，孝者二级，女子
百户牛酒。租税勿收。"其意显然也是和本始四年（前70年）下
罪己诏一样，欲抵消因地震给霍光带来的消极影响。

第二节　宣帝对权力空间的拓展

宣帝即位后，他与霍光的关系看似颇为和睦，但这只是表象
而已，事实上，双方暗中围绕权力展开的博弈非常激烈。

就宣帝而言，为了摆脱霍氏集团对他的控制，可谓费尽心
机。张小锋对此颇有揭示："为了培植起一股能掣肘霍光大权的亲
己势力，宣帝便借助昭雪事件大做文章，极力拔擢微故旧恩，并
委以重任。"[1] 其实宣帝所为并不仅限于此，为了发展自己的核心
势力，宣帝无所不为。

---

① 张小锋：《西汉中后期政局演变探微》，天津古籍出版社2007年版，第21页。

其一，拉拢霍光的亲信。车骑将军、光禄勋张安世之兄张贺于宣帝有大恩，然而令人遗憾的是，张贺在给宣帝娶亲成家后没多久就死了。宣帝即位后，追念旧恩，不断地向张家施以恩惠，由于张贺无后，宣帝对张贺的报答事实上都落在了张安世父子身上。如宣帝以定策功益封张安世的食邑，将张安世的三个儿子张千秋、张延寿、张彭祖都任命为中郎将、侍中，同时由于张彭祖被过继给张贺，少时曾与宣帝同席读书，关系甚密，故宣帝即位之后，通过张彭祖向张安世致意，是可以想见的。

张安世行事一贯小心谨慎，这恐怕是吸取了他父亲因过于张扬而遭人暗算的教训。但小心谨慎并非胆小怕事，而是希望通过缜密的筹谋，使自己能始终立于不败之地。所以当年张安世确信跟随霍光可以飞黄腾达后，便一门心思辅佐霍光，在诛除反霍集团、立废刘贺、尊立宣帝的过程中，张安世都是积极的参与者。而当历史进入宣帝时代，眼见霍光垂垂老矣，而霍氏却后继乏人，宣帝掌权已是迟早的事，在此情况下，张安世从自身安危考虑，脱离霍光集团，效忠羽翼日渐丰满的宣帝，自然就成了其最佳选择，因此张安世渐渐地就与宣帝结下了君臣之谊。故《张安世传》称宣帝"内亲安世，心密于光焉"。

宣帝虽不知光禄大夫、给事中丙吉在郡邸狱时的抚育之恩，但仅从其率先推举自己的行为，就知道其是一个可以信任的人。而丙吉作为中朝议臣，时常侍奉在宣帝左右，故宣帝一定会着力强化与丙吉的关系是可以想见的。

宣帝在掖庭时，太仆杜延年中子杜佗与宣帝关系亲密，杜延年又建言拥立宣帝，故据《杜延年传》载，宣帝即位后，很快也与杜延年建立了稳定的关系，给予了他高度的信任，"上任信之，出即奉驾，入给事中"，并对他赏赐甚厚。

金安上，是金日磾弟弟金伦之子，据《金日磾传》载，金安上时为侍中，惇笃有智，宣帝对他非常宠信，"少为侍中，惇笃有智，宣帝爱之。"后金安上参与揭发楚王刘廷寿谋反一事，宣帝借此赐金安上爵关内侯，食邑三百户。

据《杨恽传》载，杨敞之子杨恽以其兄杨忠"任为郎，补常侍骑"。颜师古称："为骑郎而常侍，故谓之常侍骑也。"其人"好交英俊诸儒，名显朝廷，擢为左曹。"

夏侯胜本始二年（前72年）五月，因阻挠宣帝褒崇武帝下狱，本始四年（前70年）赦出后，为谏大夫、给事中。据《夏侯胜传》载，宣帝主动向夏侯胜示好，朝廷每有大议，宣帝都让他不要因为此前因言获罪一事心存顾忌，尽管畅所欲言，"朝廷每有大议，上知胜素直，谓曰：'先生通正言，无惩前事。'"

其二，着力发展外戚势力。宣帝要求朝廷为其父祖恢复名誉，就含有想借此将史、王两家外戚引入朝廷，作为依靠的意图。

想当初，受巫蛊之祸牵连，宣帝刘病已刚出生数月就被抓进了长安郡邸狱，该狱本是为惩治地方郡国来朝廷汇报工作者的不法行为而设，及巫蛊案起，被逮捕的人许多都被关押在了这里，刘病已就是其中之一。

刘病已在郡邸狱一直被羁押了五年，方才遇赦。遇赦本应是好事，却给当时主管郡邸狱事的治狱使者丙吉出了个不小的难题。因为刘病已的直系亲属都已被诛，若把他赦免出去，他只能流浪街头。然而让他一直呆在监狱肯定也不是办法，因为巫蛊案经武帝大赦已经结束，丙吉处理完善后事宜，很快也要离开这里，这样就无法再照顾刘病已了。所以在离开郡邸狱之前，丙吉希望能给刘病已找个比较合适的归宿。据《外戚传》载，当时他首先想到的是把刘病已交给京兆尹来照顾，但京兆尹却不肯接受。丙吉只好再想办法，及至打听到刘病已祖母史良娣的娘家的地址，就把刘病已送过去，交给了史良娣的兄长史恭，"治狱使者丙吉怜皇曾孙无所归，载以付史恭。"

由于史家是刘病已祖母的娘家，与刘病已的血缘关系已不甚密切，因此不能不使人对丙吉的动机产生怀疑：他究竟是真正为刘病已着想还是在推卸责任？对此我们有必要看一下古人对姻亲关系的看法。

就秦汉而言，其时新出上古，因而带有浓厚先代遗习，对婚姻关系的重视就是这方面的一个重要表现。当时婚姻之家往往以兄弟相称，《尔雅·释亲》称："父之党为宗族，母与妻之党为兄弟。妇之父母、婿之父母，相谓为婚姻。"又"妇之党为婚兄弟，婿之党为姻兄弟。"因此《何武传》有"不宜令异姓大臣持权"之语，颜师古释曰："异姓谓非宗室及外戚。"这显见是把姻亲与宗族同等看待。据《翼奉传》载，元帝时，翼奉把姻亲之家视为"非异姓"，"同姓亲而易进，异姓疏而难通，故同姓一，异姓五，乃为平均。今左右亡同姓，独以舅后之家为亲，异姓之臣又疏。"这种关系尤其注重有实质的内容，即夫妇双方育下子嗣，那就是骨肉相连的至亲了。如霍光的女儿是宣帝的皇后，但由于没有生下孩子，时人就认为霍家与宣帝的关系不如许、史两家是很正常的，据《霍光传》载，任宣就曾直白地对大司马霍禹说："许、史自天子骨肉"。因此虽然刘病已是史家闺女的孙子，但在时人眼中与史家的孩子并无太大差别。所以丙吉这样做是妥当的。据《外戚传》载，刘病已被送到史家后，得到了悉心照顾："恭母贞君年老，见孙孤，甚哀之，自养视焉。"

刘病已在史家生活一段时间后，又被朝廷召回掖庭，由国家养育，这期间没少得到史家的照顾是可以想见的。后来刘病已长大后娶了许广汉的女儿，掖庭自是不再住了，就更是经常去史家。

正是由于和史家关系深厚，史家也就成了除许家之外，宣帝最为信赖的外戚，置身险恶环境，宣帝迫切需要得到他们的保护。

史家之外，还有宣帝母亲的娘家王家。宣帝母亲姓王，名翁须，涿郡人，武帝太始年间以歌女身份进入太子宫，并得幸于史皇孙刘进。虽然如此，但其仍然不过是太子深宫中一个普通宫女而已，因此卫太子一家满门被诛后，留存世间的关于王翁须的信息非常少，就是已故的太子家吏张贺以及史良娣的母亲贞君、兄长史恭等，对她的情况也不甚清楚。故而不仅当年丙吉找不到王家，就是宣帝也不知道王家在哪里。因此，宣帝要想依靠王家，就必须先找到王家。

只是，无论是提拔史家，还是寻找王家，宣帝都要先使他们获得外戚身份，否则一切都无从谈起。而要想达到这一目的，就必须重提其父祖的冤案。

以宣帝的本意，他希望有人能主动上奏章来论说此事，这样他就可因势而为，达成心愿。人皆为父母所生，都有孝敬感恩之心。父母在世时，为人子的要极尽孝养之事，父母去世则需岁时祭奠，寄托哀思，此实人之常情。汉世重孝道，人人皆欲为孝子贤孙，故尤重敬事父祖。因此很难想象当皇家孤儿刘病已被立为天子后，天下吏民尤其是朝中重臣，会没人注意到新天子的父祖连个正经的祠祭地方都没有这一事实。然而他即位已近一年了，仍不见有人提及此事。宣帝情急之下，干脆亲自出马，要求朝廷对此事拿出意见。

据《宣帝纪》载，本始元年（前73年）六月，宣帝下诏说前皇太子葬在京兆的湖县，还没有谥号和一年四季用来祭祀的祠庙，有关方面应该尽快解决这一问题："故皇太子在湖，未有号谥。

岁时祠，其议谥，置园邑。"从而亲自揭开了尘封近二十年的惨痛往事。

关于谥，《逸周书·谥法解》云："谥者，行之迹也"。大致而言，是指人死后，后人根据其生前行为评定的带有褒贬意义的称号，有点盖棺定论的意思，所以古人对此非常重视。就宣帝的父祖而言，要想给他们立祠祭祀，就必须对他们生前的行为给出一个评价，然后国家才能据此评定出他们应享受的礼遇。宣帝首提给他祖父议谥号，其实就是要求朝廷给他的祖父下一个定评。但这个评语很难下。因为虽然卫太子含冤而死，但此事却有五不可提：

一、若官方正式为卫太子恢复名誉，则会对已故的武帝产生不利影响。武帝虽然通过一系列活动，将太子冤死一事推在了江充和刘屈氂头上，但他却始终无法抹去自己误信谗言的失察之过。可他为了维护自己的权威，一直不肯承认自己的过错。现在正式为卫太子昭雪，这就形同批评武帝，这既是对武帝的大不敬，也有损武帝的神圣形象，由此而产生的消极影响是汉统治者所不愿承受的。

二、卫太子在此次事件中并非没有过错。人们同情卫太子遭江充陷害的不幸，但不能原谅他的一错再错。如果说他愤而诛杀江充是情有可原的话，接下来发兵攻打丞相府就不应该了。尤其不可原谅的是他又矫制赦免中都官囚犯，发放武库中的兵器，并让属下驱长安城中的百姓与丞相大战于长乐宫西阙下，导致死者数万。这难道说是为人臣、为人子者所当做的吗？因此，刘据固然有冤，其错也不小。胡寅就指出："既不忍忿忿，斩充炙胡，犹可身之甘泉，庶几见察，方且发中厩车载战士，出武库兵，发长乐卫卒，是将何为？少傅不之谏，皇后不之止，拒丞相军，合战

101

五日，于不得已中得已而不已，是真反矣。至此罪不可贷，则亡而经死，非不幸也。"[1] 因此若为卫太子平反，就等同认可了其行为的正当性，这也就意味着今后为臣、为子者，若自认为君主、父亲对己不公，就可以起来抗争，如果是这样，现有的社会秩序就会受到极大的挑战，所以这样的恶例是开不得的。

三、若给卫太子平反，许多巫蛊之狱涉案家庭可能会因此提出自己的利益诉求，从而引起社会动荡。要知道此案牵涉之广，遍及全国。就此案的规模而论，可称得上是西汉开国以来的第一大案，当时死亡数万不说，嗣后武帝又广事株连，案件从长安扩大到地方，许多人因此被逮捕入狱，并且案子连年不决，不知有多少人因此而家破人亡，所以处理起来非常麻烦。

四、若给卫太子平反，怎样界定宣帝与他父祖的关系？若不认可他与他父祖的父子、祖孙关系，他必然会不高兴，若认可了他与他父祖的关系，就等于是否定了他与昭帝的承继关系，则霍光必然会不高兴，尤为严重的是这将使宣帝的母家、祖母家成为正宗的皇亲，则朝廷接下来就须对这些皇亲进行封赏，这样一来，必将进一步威胁到霍光的地位，对此，霍光当然不会答应。

五、朝臣皆知霍光因宣帝强立其妻为皇后，而对宣帝心生芥蒂，不愿张罗他的好事，既然大将军都不肯专美于前，谁又敢出来说三道四呢？

总此诸点原因，虽然天下吏民都知道卫太子冤死一事是宣帝的心病，可是宣帝做皇帝都快一年了，也没人肯站出来论说此事。而宣帝认为要求为他含冤而死的家人昭雪平反属于他的正当诉求，

---

① （南宋）胡寅撰，刘依平校点：《读史管见》卷二《宣帝》，岳麓书社 2011 年版，第 54 页。

为什么不能提？遂亲自出马，要求朝廷给个明确的说法。由于知道此事敏感复杂，所以他没有直接要求朝廷为其父祖恢复名誉，只是委婉地要求群臣议一议，但不管怎样探讨都必须给其父祖定谥、置园以及守陵户，这是不容商量的。

就霍光而言，他虽然知道宣帝之意并不仅仅在于为其父祖议谥，但既然宣帝亲自提了出来，且此事早晚都要议，倒不如现在就议一议，看看大家怎么说，因此霍光就没有阻拦。

官员们见躲不过去，只好在丞相韦贤的主持下，对此事展开深入探讨。经过商议权衡，最终的处理办法是，把宣帝的父亲史皇孙刘进从巫蛊事件中剥离出来，谥曰："悼"。《逸周书·谥法解》称"年中早夭曰悼。"① 意为伤感刘进英年早逝，这是一个不错的谥号。不过，由于宣帝是以昭帝继承人的身份入继大统，虽刘进是其本生父，但从礼法上讲他已不是刘进的儿子，因此无法追尊为天子，只能以诸侯之礼为刘进置园邑。

对卫太子刘据，谥为"戾"。《逸周书·谥法解》称："不悔前过曰戾"。据《王商传》载，成帝时制诏御史，罢免丞相王商，诏书中历数王商之过失，称"今或言商不以自悔而反怨怼"云云。王商免相三日，发病呕血而薨，谥曰"戾侯"。此显见其"戾"字所用之义正与《谥法解》相合。

后人论及卫太子被谥为"戾"之事，看法颇异。据《宣帝纪》颜师古注称，韦昭认为"以违戾擅发兵，故谥曰戾。"此解是合乎

---

① 《逸周书》又名《汲冢周书》，在西汉本称《周书》。《汉书·艺文志》:"《周书》七十一篇。"小注："周史记。"颜师古曰："刘向云：'周时诰誓号令也，盖孔子所论百篇之余也。'今之存者四十五篇矣。"黄怀信通过考证，认为该书"在汉世出现必不晚于司马迁所处之武帝时代"（黄怀信：《〈逸周书〉时代略考》，《西北大学学报》1990 年第 1 期。）故官方为宣帝父祖定谥时，参据该书是可能的。

谥法之义的。而臣瓒则认为"戾"字属恶谥，然而以理推之，卫太子不当得恶谥，因此认为此字当取自董仲舒所释之义："太子诛江充以除谗贼，而事不见明。后武帝觉寤，遂族充家，宣帝不得以加恶谥也。董仲舒曰'有其功无其意谓之戾，无其功有其意谓之罪'。"对此两说，颜师古支持臣瓒："瓒说是也。"由于时人认为戾太子无行巫蛊之事，则其被谥为"戾"，实因其虽被冤抗争，但其一错再错，有不可原谅之处。故臣瓒、颜师古所持的看法是不正确的，但因韦昭阐释过简，后人难以认同其说也情有可原，及至南宋时得胡寅之解，此事方得大明。

周寿昌为证成"戾"非恶谥，别取《说文》之训释称："《说文》，戾，曲也。从犬出户下。戾者，身曲也。《字林》同。汉宣断不忍以暴戾、乖戾、罪戾等恶谥加其祖。训戾为曲，与当时情事相合，言身受曲戾不能自伸也。"[1] 王先谦在《汉书补注》征引其说，但似认为"戾"为恶谥。如臣瓒云："宣帝不得以加恶谥也"。王先谦认为"'不得以'，犹不得已也。"[2] 吴恂继而对此予以辨析，在历数卫太子的过失之后，指出："其怙非不悛，岂容讳饰？谥之为戾，不亦宜乎！"[3] 卫太子之谥为"戾"之原因至此亦辨明，略无余义。

总之，"戾"应该是一个恶谥。但相对于丑、刺、幽、厉、荒、纣等谥号而言，戾的贬义应该是比较轻的，并且也只能这样了。如果给刘据美谥，则意味着给他正式平反，由此将会带来一

① （清）周寿昌：《汉书注校补》卷四，载（清）沈钦韩等撰《汉书疏证（外二种）》（二），上海古籍出版社 2006 年版，第 439 页。
② （东汉）班固撰，（清）王先谦补注，上海师范大学古籍整理研究所整理：《汉书补注》卷八《宣帝纪》，上海古籍出版社 2008 年版，第 333 页。
③ 吴恂：《汉书注商》，上海古籍出版社 1983 年版，第 33 页。

系列消极影响。想来关于这方面的利害关系，官员们在正式形成文件之前是给宣帝谈过的。历史太沉重，一味地纠结于往日的恩怨，是会拖慢汉朝前进的步伐的，当前应该做的是尽量放下包袱，团结一致向前看。

因此，据《戾太子传》载，官吏奏请宣帝批准时是这样说的："礼'为人后者，为之子也'，故降其父母不得祭，尊祖之义也。陛下为孝昭帝后，承祖宗之祀，制礼不踰闲。谨行视孝昭帝所为故皇太子起位在湖，史良娣冢在博望苑北，亲史皇孙位在广明郭北。谥法曰'谥者，行之迹也'，愚以为亲谥宜曰悼，母曰悼后，比诸侯王园，置奉邑三百家。故皇太子谥曰戾，置奉邑二百家。史良娣曰戾夫人，置守冢三十家。园置长丞，周卫奉守如法。"

正因为官方给宣帝的父祖做出了评价，使宣帝有了处置相关事宜的借口，遂在湖县阌乡邪里聚其祖父的葬地设戾园，长安县白亭以东其祖母史良娣的葬地设戾夫人园，其父母刘进、王夫人的葬地广明苑的成乡设悼园，并对他的亲人们都建陵改葬。大概与此同时，又将葬在长安城南一个叫桐柏的地方的卫皇后迁葬在长安杜门外的大道东侧，追谥其为思后，为其配置采地三百家，诏令长、丞等依制对之进行供奉守护，还让上千倡优杂伎在其园内歌舞奏乐，因号千人聚。总之，这一系列动作做下来，宣帝总算对父祖有了个交代。

他的母家及祖母家因此也获得了外戚的身份，尽管仅是诸侯王外戚的身份，但宣帝凭此已可以将他们引入政坛，安排一些相应的职务，让他们来辅助自己了。只是令宣帝遗憾的是，他母家虽然恢复了外戚身份，可是却没人知道这家人现在何处，这让宣帝非常挂念。为了找到王家，宣帝多次派遣使者去民间寻访，无奈却始终没有找到。

其三，笼络宗室贵族。本始元年（前73年）五月，立燕刺王刘旦太子刘建为广阳王。七月，封广陵王刘胥的儿子刘圣、刘曾、刘昌等分别为朝阳侯、平曲侯、南利侯。十月，封刘胥最喜爱的少子刘弘为高密王，封燕刺王刘旦子刘贤为安定侯。本始二年（前72年）四月，封广川缪王刘齐的儿子刘宽为东襄侯。本始三年（前71年）六月，封中山康王刘昆侈的儿子刘章为宣处侯。本始四年（前70年）四月，封清河刚王刘义的儿子刘寅、刘成、刘豹、刘福、刘弘等分别为修市侯、东昌侯、新乡侯、修故侯、东阳侯。五月，封燕刺王刘旦子刘庆为新昌侯。地节元年（前69年）六月，宣帝下诏声称自己要效法圣君尧通过团结宗族使万国和睦的遗风，善待宗室。因此，决定给那些本当隶属于宗室属籍①却因罪被取消了的宗室成员改过自新的机会，若他们中有具有贤才，并且能改掉恶行努力向善的人，可恢复其宗室属籍。宣帝这样做，意在笼络宗室贵族。由于这些封拜的时间都是在尊崇、礼敬霍光的同时或之后，所以都得到了实施。

当时，宣帝还将在民间时结识的一些朋友等引入政坛，以为己助。如王奉光的先祖在高祖时有功赐爵关内侯，自沛徙至长陵，传爵至王奉光。王奉光年轻时好斗鸡，宣帝在民间时多次与他在一起玩耍。王奉光有一女年十余岁，本当出嫁，可谁要娶她谁死，竟剩在了家里，及宣帝即位，遂将其召入后宫，进而封为婕妤。

据《陈遂传》载，宣帝在民间时有一赌友名陈遂，宣帝多次欠

---

① 宗室属籍：秦汉户籍中身份等级最高的是皇族成员的宗室属籍。无论是居于京师的皇族，还是散居各郡国的宗室成员的户籍都归宗正掌管，各地要按时上报宗室户籍，是为上计制度的重要内容。并非所有皇族及后裔都具有宗室属籍，谋反者及其家属、毋节行者、五服之外者不具备宗室属籍。（刘敏：《秦汉户籍中的"宗室属籍"》，《河北学刊》2007年第6期。）

下陈遂赌资。宣帝即位后，陈遂受到重用，后迁官至太原太守。宣帝曾赐陈遂玺书说："制诏太原太守：官尊禄厚，可以偿博进矣。妻君宁时在旁，知状。"陈遂于是上书谢罪，并开玩笑说："事在元平元年赦令前。"元平元年（前74年）只颁布过一次赦令，在宣帝即位后的九月，其意是说自己这些过错都是发生在元平元年（前74年）赦令颁布以前，已经被宣帝赦免，宣帝可不能再惩罚自己了。元帝时，征陈遂为京兆尹，迁官至廷尉。

宣帝故人又有戴长乐，也受到重用。

第三节　霍氏集团对宣帝的反制

针对宣帝的诸般举措，为避免其日渐坐大，对自己构成严重威胁，以霍光为首的霍氏集团竭力对宣帝予以反制。

如宣帝要求朝廷为其父祖议谥，但在霍光亲信蔡义的主导下，官员们将卫太子谥为"戾"，意味朝廷并没有给卫太子平反；并且群臣再次强调了宣帝与昭帝间的承继关系，明确否定了宣帝与其父刘进在宗法意义上的父子关系；还让宣帝的母家、祖母家仅获得诸侯王外戚身份，使他们难以名正言顺地进入政坛。

此外，由于找到宣帝的母家，等同于壮大宣帝的实力，故在霍光主政的情况下，官员们为避免得罪霍光，敷衍塞责，不肯尽力寻找也属常事。所以宣帝虽大力寻找其母家，却始终找不到。有学者敏锐地注意到了一问题，指出这"说明霍光在时没人把汉宣帝的命令当回事"[1]。

---

① 吴涛：《"术"、"学"纷争背景下的西汉《春秋》学——以〈谷梁传〉与〈公羊传〉的升降为例》，中国社会科学出版社2011年版，第145页。

当时，针对宣帝种种作为，霍氏集团还借天象异常警告他不得背叛霍家。据《天文志》载，本始元年（前73年）四月壬戌（初二）初更时分，即二十一时左右，原本错行、互不相见的辰星与参星同时提前出现在西方。官方对此所做的占辞曰："大臣诛。"

本始三年（前71年）正月，霍光的夫人显又伺机除掉了许平君。据《外戚传》载，该月许皇后要临产时生了病，召女医淳于衍入宫诊治。淳于衍与霍家关系亲密，当时淳于衍的丈夫赏做着掖庭户卫，见淳于衍要进宫，就让她顺便去霍家走一遭，替自己讨要个好的差事。显见到淳于衍，得知她要进宫为皇后治病，当时就动了邪念。屏退左右，以字称淳于衍说："少夫幸报我以事，我亦欲报少夫，可乎？"淳于衍说："夫人所言，何等不可者！"显说："将军素爱小女成君，欲奇贵之，愿以累少夫。"淳于衍不明所以，显就解释道："妇人免乳大故，十死一生。今皇后当免身，可因投毒药去也，成君即得为皇后矣。如蒙力事成，富贵与少夫共之。"由于为许皇后治病的药是由众医生共同配制成的，制好后许皇后服用前，还要先让人尝验，故淳于衍感到很为难："药杂治，当先尝，安可？"显说："在少夫为之耳。将军领天下，谁敢言者？缓急相护，但恐少夫无意耳！"淳于衍沉思良久，最后答应尽力而为。于是便将附子捣成末，带进了许皇后所居的长定宫。许皇后生产之后，她就取出附子末掺和在太医制做的药丸中，服侍着许皇后吃了下去，许皇后遂被毒害而死："皇后免身后，衍取附子并合大医大丸以饮皇后。有顷曰：'我头岑岑也，药中得无有毒？'对曰：'无有。'遂加烦懑，崩。"时为正月癸亥（十三日）。

关于此事，自班固将它写在《汉书》上后，千百年来没有人提出任何异议。但是到了二十世纪，吕思勉却认为这是"莫须有之事。附子非能杀人，尤不能杀人于俄顷间。宣帝非愚骏者，即视后死不能救，又宁待魏相、许伯而后知之乎？"① 宋超点评道："吕先生的评议自有道理"②。实则并非如此。

附子的母根为毛茛科植物乌头，乌头为多年生草本植物，又名乌喙，先秦时期，人们便熟知此类植物有毒。据《史记·苏秦列传》载，战国时，苏秦游说齐王，称人们饿了也不食乌喙，是因为知道乌喙有毒，吃了要被毒死，与饿死一样："臣闻饥人所以饥而不食乌喙者，为其愈充腹而与饿死同患也。"《淮南子·谬称训》亦云："天雄乌喙，药之凶毒也"。自先秦以来，乌头作为一种毒药被人们广泛使用③。具体到附子，该药为乌头的侧根，"气味辛甘，腌者大咸，性大热，阳中之阳也。有毒。"有起死回生之效，但是"惟孕忌服，下胎甚速。"④ 现代临床研究也显示，附子内服用量一般以不超过 15 克为宜，过此就会有危险，并且这指的还是煎服经过多道程序炮制之后药性稍减的熟附子。因为附子中含有剧毒物质乌头碱，服用乌头碱达到 2 毫克，即可致人死命。从史书记载可知，淳于衍在侍医过程中，从事了最后一道程序，即服侍许后将药服下，因此她也有施毒的机会。亦即淳于衍是有能力用附子把许皇后害死的。

许皇后死后，淳于衍去霍家邀功，显本来想好好报答淳于衍，又怕给淳于衍东西过多，传扬出去，人们会起疑心，就象征

---

① 吕思勉：《秦汉史》，上海古籍出版社 1983 年版，第 157 页。
② 宋超：《"霍氏之祸，萌于骖乘"发微——宣帝与霍氏家族关系探讨》，《史学月刊》2000 年第 5 期。
③ 李建民：《女医杀人——西汉许平君皇后谋杀案新考证》，《古今论衡》2007 年 12 月第 17 期。
④ 张介宾编著，李秀满等主校，吴金荣等校注：《景岳全书》卷四八《附子》，载李志庸主编《张景岳医学全书》，中国中医药出版社 1999 年版，第 1552 页。

性地给了淳于衍一些东西，把她打发走了。而此事发生之后，官吏很快便把侍疾的医生都给抓了起来，并劾奏淳于衍侍疾时，所犯之罪不可言状，不道。遂将其下狱。紧接着宣帝又不断地遣人追问淳于衍许后暴崩的缘由。显知道后，就慌了，因为事情发展到这个地步，她已经无法控制了，无奈之下，只好把实情告诉了霍光。据《霍光传》载，霍光的反应是："光大惊，欲自发举，不忍，犹与。会奏上，因署衍勿论。"胡寅因此怀疑霍光在许平君被立为皇后以后，仍有心让自己的女儿为后："顾且犹豫于发觉，无乃本心欲婿宣帝已久耶！"① 胡寅的怀疑是有道理的，许平君被立后，霍光将小女送进宫去的念头应该一直没有打消，但让霍成君入宫做婕妤，形同为人之妾，又是他所无法接受的，因而此后数年让其小女一直待字闺中。显之所以敢自作主张让淳于衍害死许平君，其一贯行事张狂强势是其一。其内心一直对宣帝意存轻蔑是其二。如据《霍光传》载，霍光去世之后，其子霍禹论及宣帝，仍以恩主自居，声称"县官非我家将军不得至是"。此语虽出自霍禹之口，但反映的却是霍氏家族对宣帝的态度。而显揣摩到了霍光的心机则是其三。如黄恩彤就明确指出："许后之立，本非光意，光未尝不欲贵其少女也。显之邪谋，盖亦微窥光意而为之耳。"② 而宣帝见霍光如此处置，就不敢再深究，只好放了淳于衍。遂谥许皇后为恭哀皇后，葬杜南，是为杜陵南园。

淳于衍由于有大功于霍家，据说显后对其回报虽甚厚，其犹不知足："霍光妻遗淳于衍蒲桃锦二十四匹、散花绫二十五匹。绫出钜鹿陈宝光家，宝光妻传其法。霍显召入其第，使作之。机用

---

① （南宋）胡寅撰，刘依平校点：《读史管见》卷二《宣帝》，岳麓书社 2011 年版，第 61 页。

② （清）黄恩彤：《鉴评别录》卷六《汉纪四》，光绪三十一年家塾刻本。

一百二十镒。六十日成一匹，匹直万钱。又与走珠一琲。绿绫百端，钱百万，黄金百两，为起第宅，奴婢不可胜数。衍犹怨曰：'吾为尔成何功，而报我若是哉！'"[1]

就在宣帝突遭变故，宫廷纷扰不已的情况下，当年正月戊辰（十八日），汉朝又应乌孙之请发大军远征匈奴。

乌孙是西域的游牧大国。武帝时，为联合乌孙，对抗匈奴，先后将宗室女细君、解忧以公主的身份嫁与乌孙昆弥即君主为妻。其中解忧先嫁乌孙君主岑陬。岑陬死后，又改嫁给新君岑陬的堂兄弟翁归靡，翁归靡号称肥王，与解忧生下三男两女。

昭帝时，匈奴派兵在车师屯田，与车师联合，侵扰乌孙。解忧上书昭帝，请求朝廷派兵救援，但因昭帝病重，被搁置下来。宣帝即位后，解忧公主与翁归靡皆上书，称匈奴连年发兵侵犯乌孙，派使者逼乌孙交出解忧公主，与汉朝断绝联系。所以请求天子救公主、昆弥。同时表示，如果汉朝发兵，昆弥愿发国半精兵，也就是五万骑兵，与汉一道尽力攻击匈奴。本始二年（前72年）秋，据《匈奴传》载，汉朝开始大规模征发关东地区的轻车士兵，挑选各郡国秩禄在三百石身体强健擅长骑射的吏员，让他们全部从军。同时征发骑士，让他们分别朝西河、张掖、云中、酒泉、五原等五处集结，"汉大发关东轻锐士，选郡国吏三百石伉健习骑射者，皆从军。遣御史大夫田广明为祁连将军，四万余骑，出西河；度辽将军范明友三万余骑，出张掖；前将军韩增三万余骑，出云中；后将军赵充国为蒲类将军，三万余骑，出酒泉；云中太守田顺为虎牙将军，三万余骑，出五原：凡五将军，兵十余万骑，出

① （东晋）葛洪：《西京杂记》卷一"霍显为淳于衍起第赠金"条，中华书局1985年版，第4页。

塞各二千余里。"

考霍光为人行事，一贯小心谨慎，且此时其人生已进入持禄保位的暮年，故纵使匈奴有惩戒之必要，但何以要对其大动干戈？因为此举动作甚大，一旦施行，必将天下骚动，而当时汉朝刚刚从武帝晚年衰败的形势中走出来，实经不起大的折腾。并且一旦战事失利或劳而无功，势必会大损汉之国威。然检索史书却不见有任何人对此提出异议。事实上，当时的朝廷可谓人才济济，如张安世、杜延年皆精于政务，赵充国更是老兵宿将，明悉边疆形势，然皆无异言。尤其是赵充国，老成谋国，据《匈奴传》载，元凤三年（前78年），霍光不过是想发兵二万邀击匈奴，且胜算甚大，他便不赞成："乌桓间数犯塞，今匈奴击之，于汉便。又匈奴希寇盗，北边幸无事。蛮夷自相攻击，而发兵要之，招寇生事，非计也。"现在霍光要大发兵，身为后将军的赵充国却不出一言。合理的解释只能是霍光要借此给宣帝出难题，事涉权力博弈，他人皆不敢置喙。因为当时虽然霍光仍专擅朝政，但在表面上，霍光已归政养老，当国理事、发号施令的是宣帝。故征伐匈奴的决策虽是霍光定的，各项工作的具体落实却要由宣帝来完成，这势必给宣帝带来极大的麻烦，并且一旦战事不利，宣帝还要承担责任。事实上此次征伐的效果也确实很不理想。

是役历时数月，至当年五月方结束，这不仅加重了百姓的兵役负担，且耗费资财甚众。汉世发兵，士卒每月需食2.67斛谷，且不说随军战马消耗的粮草，单是这十多万军卒，保守估计耗费的粮食也当在二百余万斛。并且由于汉朝动作甚大，其征伐匈奴的消息早就被匈奴得知，故当其出师之际，匈奴人早已远遁，因此所获甚少。如据《匈奴传》云："匈奴闻汉兵大出，老弱奔走，驱畜产远遁逃，是以五将少所得。"具体而言，度辽将军范明友出塞一千二百余里，斩首捕虏七百余级，掳获马、牛、羊万余。前将军韩增出塞一千二百余里，斩首捕虏百余级，掳获马、牛、羊两千余。蒲类将军赵充国出塞一千八百余里，斩首捕虏三百余级，掳获马、牛、羊七千余。"闻虏已引去，皆不至期还。"祁连将军田广明出塞一千六百里，斩首捕虏十九级，掳获牛、马、羊百余。"逢汉使匈奴还者冉弘等，言鸡秩山西有虏众，祁连即戒弘，使言无虏，欲还兵。御史属公孙益寿谏，以为不可，祁连不听，遂引兵还。"虎牙将军田顺出塞八百余里，至丹余吾水上，"即止兵不进，斩首捕虏千九百余级，卤马、牛、羊七万余，引兵还。"显见五将军不仅所获甚少，且皆有过失，但若都加惩治，势必得罪霍光，因为五将军中范明友是霍光的女婿。但若不惩治，又有失国体，估计这会让宣帝感到很为难。而最终的处置结果是，对于范明友、韩增、赵充国等，以其罪责较轻，"天子薄其过，宽而不罪。"田广明、田顺罪责较重，予以重惩："上以虎牙将军不至期，诈增卤获，而祁连知虏在前，逗留不进，皆下吏自杀。"

倾举国之力，准备近半年，发师十余万，征讨数月，结果却近乎一无所获，这无疑将宣帝置于极尴尬的境地。不过汉虽无功，但与汉联合征伐匈奴的乌孙却取得重大胜利。是役乌孙俘获匈奴三万九千人，得马、牛、驴、骡等五万余匹，羊六十余万头。由于当时宣帝派校尉常惠率十余随从，持节监护乌孙兵攻打匈奴，为挽回颜面，虽然从征的常惠无功且有罪而返，宣帝却欲将功劳归于常惠，封其为侯。据《常惠传》载，虽然乌孙兵斩获颇丰，但其功却是昆弥自将军所得，常惠并没参与其事，并且是役常惠在随昆弥还师途中，其印、绶、节等物还被乌孙人窃去，显见乌孙人甚轻常惠等。由于为官者凭信被盗，属重大失职行为，所以常惠返回汉朝，"自以当诛"，然而宣帝不仅不计其过，还将乌孙的战功归于常惠，特封其为侯："天子以惠奉使克获，遂封惠为长罗侯。"《西域传》称常惠封侯在本始三年（前71年）："还，封惠为长罗侯。是岁，本始三年也。"然而《景武昭宣元成功臣表》明确书其封侯时间为"本始四年四月癸巳"。徐松认为："传因叙用兵事并言之"[1]。此论甚是。显见本始三年五月用兵失利后，宣帝意欲通过封常惠为侯，来摆脱困境，但并未成功。究其原因，当与霍氏家族关系紧张有关。并且常惠返回汉朝后，朝廷又派其出使乌孙，由于昭帝时，龟兹国曾擅杀汉校尉赖丹，据《常惠传》载，常惠"请便道击之，宣帝不许。大将军霍光风惠以便宜从事。"亦即霍光公开否决了宣帝的主张，这让主政的宣帝情何以堪！

当时霍家还继续借天象异常向宣帝发出警告。据《天文志》载，本始二年（前72年）七月，发生天象异常事件："其二年七月辛亥夕，辰星与翼出，皆为蚤。"但据刘次沅分析，此事当发生在本始三年（前71年）七月："二年七月无辛亥，三年七月辛亥夕（前71.8.16），水星出西方，在轸8度，近翼。其后18天火星犯房之钩钤（前后各十几年，火不犯钩钤）。古人计算有偏差，以为水星出现得太早不正常。'二年'当为'三年'。"[2] 而据《天文志》载，官方占辞曰："大臣诛。"后来火星留守在房宿北方二星钩星、钤星所在星区。钩、钤二星是天帝的车驾，象征为天子之御者。时杜延年为太仆，霍光侄孙霍山为奉车都尉、侍中，邻胡越兵。据《霍光传》载，霍光女婿赵平的宾客石夏通晓星文，对赵平说："荧惑守御星，御星，太仆奉车都尉也，不黜则死。"而赵平的反应是"内忧山等"。赵平不认为此兆应在杜延年，而暗中担忧霍山等的

① （清）徐松著，朱玉麒整理：《汉书西域传补注》卷下，载《西域水道记（外二种）》，中华书局2005年版，第462页。
② 刘次沅：《诸史天象记录考证》，中华书局2015年版，第14—15页。

命运，可知霍家与宣帝的关系并不和睦。而据《天文志》载，官方占辞曰："不太仆，则奉车，不黜即死也。"其意当是警告宣帝不得随意更换处置身边的高级侍从。

霍氏家族的步步进逼，无疑会给宣帝造成极大压力，当此情势下，宣帝要想摆脱被动的局面，稳住自己的皇位，就必须投其所好，最大限度地满足其私欲，而当时霍家最大的心愿就是让其小女霍成君入宫为皇后。却是许皇后一死，霍显便开始为其小女置办嫁妆，准备入宫用品，并劝霍光将霍成君送入宫中，显见是志在必得。因此，宣帝虽不情愿，但为自己安危考虑，还是在次年三月乙卯（十一日），立了霍家小女霍成君为皇后。由于顺遂了霍家的心愿，遂有当年四月封常惠为侯事，亦即霍光同意了宣帝借常惠遮羞的想法，但这无疑使宣帝倚重许氏外戚的谋划受到重挫。不过，霍成君入宫，似乎也意味着霍家与宣帝终于理顺了彼此的关系，从此将君臣一体，再无嫌隙。①

据乐府诗《日出东南隅行》称，汉代美男子的标准是"为

---

① 论及霍光妻显毒害许后一事，吴裕垂称："博陆一身所行，皆伊尹周公之事。……博陆有伊尹之志，而不克学伊尹之术，遂有妻显毒后之诬，惜哉。曷诬乎，曰尔时功名之士，鲜不欲以取天下之术，谋诸博陆，潜诸昭宣者。然历事三朝，终莫敢干以邪谋，必其忠厚之德，有以型于寡妻，实示人无可窥伺之端，故诈上变书，孝昭亦不待辨而自明也。一自昌邑废，奸雄欲因以藉口，而小心谨慎，不失臣节，欲加之罪，终患无辞。于是进毒许后，俾立霍后，以伏霍氏之罪案，以为欲立其女，而先弑其后也。夫博陆大节不可夺，妻宜知之素矣。既不敢谋于未弑之前，独敢言于既弑之后乎。既弑而敢言，不且未弑而同谋乎。一妻不能制，而能处天下之大变，决天下之大计，行天下之大权乎。且既闻妻弑后，而即听其纳女为后，倘又闻妻弑帝，亦将听其立子为帝乎。博陆断不若是之奸，亦断不若是之愚，麟故曰：许后之弑，霍后之立，皆小人之反间，而史臣之失实也。"此可备一说。见（清）洪亮吉编，（清）吴裕垂著，（清）纪晓岚等订，杜道生、蜀人点校《历朝史案·霍博陆侯光》，巴蜀书社1992年版，第116—117页。

人洁白皙，鬤鬤颇有须。"① 霍光面容白皙，眉目疏朗，须髯雅致，除了身高 1.70 米左右，稍低一些外，与此标准基本吻合。其夫人显属霍光府中侍女上位，姿色自也不差，故两人生下的锦衣玉食的小女霍成君相貌当也不丑，又兼青春妙龄，则该女自有其可人之处。因此年方二十二岁的宣帝与其新婚燕尔，同床共枕，自有其难以言表的欢乐，可惜的是这种温馨的情调始终无法遮蔽住这桩婚姻冷酷的政治底色，他清楚地知道他与霍成君的结合，就是一桩赤裸裸的政治交易，在这桩交易中，他交出了皇后之位，使霍家成了正牌的皇亲国戚，只是他得到了什么呢？霍家的支持与信任吗，不一定！据《外戚传》载，许皇后在时，五日一赴长乐宫朝见上官皇太后，并亲自为上官氏奉案布席，以妇道奉养上官氏，可谓其乐融融；霍成君入宫后，也效法许皇后，侍奉上官氏，因霍皇后是上官氏母亲的妹妹，故上官氏每当霍后朝见时，就表现得深为不安，对霍后敬而礼之。许皇后时出行，随从官员、车驾、服饰都非常节俭；霍皇后出行，扈从车驾、侍从数量甚盛，又挥金如土，单是对官属的赏赐就以千万计。整个做派与许平君大异。"初，许后起微贱，登至尊日浅，从官车服甚节俭，五日一朝皇太后于长乐宫，亲奉案上食，以妇道共养。及霍后立，亦修许后故事。而皇太后亲霍后之姊子，故常竦体，敬而礼之。皇后輦驾侍从甚盛，赏赐官属以千万计，与许后时县绝矣。"并且随着霍成君入宫为皇后，霍家对宣帝的控制不仅没有放松，反而更加严厉起来。当时霍光借天象异常现象频频警告宣帝。

据《天文志》载，本始四年（前 70 年）七月甲辰（初二），

---

① 吴冠文、谈蓓芳、章培恒汇校：《玉台新咏汇校》卷一《日出东南隅行》，上海古籍出版社 2014 年版，第 61 页。

辰星行至翼宿，受到月亮侵犯。占辞为："兵起，上卿死将相也。"当天，火星进入鬼宿天质星星区。占辞为："大臣有诛者，名曰天贼在大人之侧。"地节元年（前69年）正月戊午（十九日）二更时分，火星在角宿、亢宿，被月亮遮掩。占辞为："忧在宫中，非贼而盗也。有内乱，谗臣在旁。"辛酉（二十二日），火星进入氐宿中部。氐宿，象征天子的宫廷，"荧惑入之，有贼臣。"六月戊戌（初二）初更时分，有彗星又处在左右角星之间，彗尾指向东南，长约二尺，白色。占辞为："有奸人在宫廷间。"到丙寅（三十日），又有彗星出现在贯索星的东北，朝南方运行，至七月癸酉（初七）夜进入天市垣，星光明亮，彗尾指向东南，白色。占候者说："有戮卿。"所谓的天贼、奸人、谗臣等意指的就是宣帝身边的外戚故旧等亲信。太常属官太史令出这样的占辞，其意当是霍氏家族警告宣帝不得对自己有二心，暗中发展势力。而所出的大臣将被诛杀的占辞，当是霍氏家族借此表达对宣帝的不信任，认为宣帝意欲诛除霍氏家族。

显然霍成君一进宫，宣帝便受到了她的严密监视，遂使宣帝的大量隐私为霍家所掌握，因此霍家频频借天象异常警告宣帝不得轻举妄动。

这势必会让宣帝更加怀念自己的发妻许平君，本来经过数年经营，许氏已经在宫中打下一定的根基，没想到一次生产，竟然要了她的性命。而从当时各方的反应看，许氏死得很蹊跷，宣帝要查，人都抓到监狱了，却被霍光所阻止，为什么？宣帝不敢想。一个铁的事实是，霍家想让他们的小女做皇后，他们的小女就做了皇后。这等于是在警告宣帝：对于他们霍家而言，只有他们想不到的事，没有他们做不成的事。无论什么事，只要他们想做，任是皇帝也阻拦不了！而频频利用天象敲打他，更是在告诫他最好态度放老实点，否则甭怪霍家对他不客气。

严峻的形势，让宣帝不寒而栗。但他只能在焦虑中隐忍，在隐忍中等待，等待着那个属于他的时刻的到来。在此之前，他要做的就是加倍讨好对其家人言听计从的霍成君，如《外戚传》所言，让她享受专房之宠，任由她在后宫为所欲为，"上亦宠之，颛房燕。"只是宣帝能等到那个时候吗？

第七章　宣帝亲政，政坛波涛汹涌

宣帝即位后，虽然表面上与霍光相处颇为和睦，但暗中双方的权力博弈却一直相当激烈。好在宣帝扩权的手段绵密而细致，又对霍氏家族严加防范，使霍氏家族在对其心生疑忌之时，又意存希冀。当此之时，张安世、杜延年、丙吉等人应当"调和其间"，此史无明文，然"可以想象而知"。①故而双方虽然矛盾重重，但勉强保持住了斗而不破的局面，从而为宣帝掌权争得了时间。

地节二年（前68年），专擅皇权长达二十年之久的权臣霍光，终于走到了他人生的尽头。据《霍光传》载，这年春，霍光病重，宣帝亲赴霍府探视，并为之涕泣。霍光自知时日无多，遂上书向宣帝谢恩说："愿分国邑三千户，以封兄孙奉车都尉山为列侯，奉兄票骑将军去病祀。"观此似乎霍光直到生命的最后一刻还在为自己家族谋取利益，但其在临终前特意提到霍去病，是否暗含有提醒宣帝自己本是卫氏外戚的成员，希望宣帝顾念及此，在自己病故后，善待霍氏家族的意思呢？而宣帝收到奏书，即将此事交给丞相韦贤、御史大夫魏相处理，当天便拜霍光的儿子霍禹为右将军。三月庚午（初八），大司马大将军霍光薨。

霍光去世后，宣帝与皇太后上官氏都亲临霍光的灵堂吊唁，让太中大夫任宣和五个侍御史拿着符节操办霍光的丧事，中二千

---

① 李源澄:《霍光辅政与霍氏族诛考实》,《文史杂志》1942年第2卷第9、10期。

石大臣在墓地设幕府具体处置相关事宜。赐给霍家金钱、缯絮、绣花被子百条，衣服五十箱，金镂玉衣一件；皇帝用的梓木做的棺材、象征帝王生前起居玩乐的便房、帝王所用的覆盖棺椁的柏木材料黄肠题凑各一具，随葬的外藏枞木椁十五具；少府东园官署所制做的温明秘器，都如同皇帝的规格。送葬时，用辒辌车载着霍光的灵柩，车上用黄缎覆盖，辕左插着羽饰大旗，征发材官、轻车、北军五校士兵沿途列队直到茂陵。定霍光谥号为宣成侯。征发河东、河南、河内三郡的士卒来挖掘霍光的墓穴，建起祠堂，设置园邑三百户，有关官员依法守护陵园。整个过程可谓是极尽哀荣。然而与此同时，打掉霍氏集团的计划其实也被宣帝提上了日程。

第一节　励精图治开创新局

却说霍光一死，宣帝亲政，很快便变更了年号。据传世文献记载，宣帝即位后，行用的第一个年号是"本始"，四年之后改用"地节"。但二十世纪以来所出土的敦煌汉简、居延汉简、悬泉汉简以及汉代钱范等却显示本始年号一直行用了六年。如敦煌汉简一件文牍书："本始六年三月。癸亥朔。丁丑尽辛卯十五日。乙酉到官。"[1] 辛德勇通过细致推考，指出："霍光操纵昭帝，每隔六年改换一次年号。宣帝继位之后，本始年号依旧延续使用到第六个年头，这意味着霍光意欲借以表明从昭帝到宣帝，运数连贯，并没有变化，同样都是霍家的天下。也正因为如此，宣帝为转换运数，甫一亲政，当即将本始年号更换为地节，并且向前追改，定

---

① 罗振玉、王国维编著：《流沙坠简》，中华书局 1993 年版，第 28 页。

当年为地节二年，改本始五年为地节元年"[1]。

关于"地节"年号之寓意，《宣帝纪》颜师古注引述应劭的观点予以解释。在应劭看来，这是由于本始四年（前70年）四月曾发生大地震的缘故："以先者地震，山崩水出，于是改年曰地节，欲令地得其节。"实则如前所述，当年地震发生后，宣帝即下罪己诏，并采取对应措施，结果到了五月，凤凰便集于北海郡的安丘、淳于二县。这意味着宣帝已得到了上天的原谅，则其何必数年之后又旧事重提，自讨无趣？而考其真实原因，当是如张敞所言，地震属臣迫君之象，宣帝以"地节"为年号，既是在昭告天下其要一新政治的决心，也是在警告强臣自此不得再恣意妄为，同时还意在暗示反霍势力：他们报复霍家的机会已经来了。

由于所谋甚大，所虑甚深，故宣帝一亲政，即全面布局，数管齐下，力推新政。

霍光主政期间，治国崇尚严厉，据《路温舒传》载，至宣帝时尚且还是"死人之血流离于市，被刑之徒比肩而立，大辟之计岁以万数"。宣帝亲政后颇有志于反霍光之政，放宽刑狱以苏民困，因此在地节二年（前68年）四月、地节三年（前67年）四月，先后两次大赦天下。但因头绪纷繁，接下来如何将这项活动推向深入，他其实颇为迷茫。恰在此时，一个叫路温舒的司法官员给他上了一个奏疏，向他详细讲述了冤案生成的经过。路温舒在奏疏中指出就人情而言，生活安逸了，就热爱生命，活得痛苦，则会想到死亡。严刑拷打，常常让人痛苦得生不如死，在这样的情况下，什么样的供词得不到呢？所以被囚受审的人，因难以忍受严刑拷打之苦，只好承认了自己的罪过。但问题是他根本就没有

---

① 辛德勇：《汉宣帝地节改元事发微》，《文史》2012年第3辑。

犯罪，故而供词之中不免漏洞百出，这就需要官员们去旁敲侧击地指点引导，让他明白他犯了什么罪，应该怎样说。到了将案件上报的时候，因怕被退回重审，官员们还要反复修改要上奏的文书，尽可能使之没有破绽。经过这一系列的运作之后，奏书上所定的罪名只要已成，由于经过多次细致的雕琢，根据法律条文罗致的罪名自然明白无误。在这种情况下，就是让古代善于处理刑狱的皋陶来复核这样的文书，也会认为犯人死有余辜。因此路温舒痛心地说："故天下之患，莫深于狱；败法乱正，离亲塞道，莫甚乎治狱之吏。"而考其用心，亦在于建言宣帝"反霍氏之政"①。

宣帝久处民间，对当时刑罚严酷的情况，是有所了解的。但犯法者如何被判刑，他其实不甚清楚，及至看过路温舒的奏疏，才知道所谓的铁案原来都是靠严刑逼供罗致罪名得来的。这让宣帝认识到维护司法的公平与正义是何等的重要，接下来便以重建司法的公正性为突破口，采取措施宽缓刑狱。

据《刑法志》载，地节三年（前67年）十二月，宣帝下诏批评官吏用法时舞文弄墨，愈益深刻严峻，由于官员们对案件的处理不当，使得有罪者更兴邪恶之心，无辜者反遭杀戮，为保证司法公平公正，宣帝诏称自己决定在国家的司法机构廷尉设置廷尉平，负责审核案件："间者吏用法，巧文浸深，是朕之不德也。夫决狱不当，使有罪兴邪，不辜蒙戮，父子悲恨，朕甚伤之。今遣廷史与郡鞫狱，任轻禄薄，其为置廷平，秩六百石，员四人。其务平之，以称朕意。"

霍光主政期间，对贫民扶助力度有限，宣帝亲政后，则有

---

① （清）何焯著，崔高维点校：《义门读书记》卷一七《前汉书 列传》，中华书局1987年版，第284页。

意识强化这方面的工作。据《宣帝纪》载，地节三年（前67年）三月，宣帝下诏说："其加赐鳏寡孤独高年帛。二千石严教吏谨视遇，毋令失职。"十月因地震，诏令把久不使用的皇家池苑，租借给无地的贫民耕种。各郡国不再修建行宫馆舍。对于还乡的流民，要假借给他们公田，贷给他种子和粮食。同时免去他们的租税、人头税和劳役等："池籞未御幸者，假与贫民。郡国宫馆，勿复修治。流民还归者，假公田，贷种、食，且勿算事。"

霍光主政期间，曾大发兵攻打匈奴，宣帝主政后，虽然继续与匈奴展开博弈，但尽量做到不烦扰百姓。

霍光主政期间，经常优先提拔自己的亲信，委以要职，宣帝亲政后，力求做到任人唯贤，论功行赏。

汉代课计年度为当年十月至次年九月："秦以十月为岁首，至武帝太初元年（前104年）改历，乃改以元月为一年之始。然课计之年度不随改历而变，终两汉之世，课计年度始于十月初一，终于次年之九月尾日（晦日）。"考课的重点是地方郡国，考课内容为地方郡国一个课计年度的行政事务完成情况。地方郡国之行政事务范围甚广，"举凡户口、垦田、赋税、司法、兵役、徭役、漕运、水土工程等，皆为地方长吏管理之事项，亦皆考课之科目。"[1] 考课常在秋冬时节。首先是县级部门对属吏的考课，然后郡国守相对县级部门进行考核。各郡国汇集属县考课结果，年终由郡国上计吏携带计簿赴朝汇报工作："汉制，岁尽，遣上计掾史各一人，条上郡内众事，谓之计偕簿。"[2] 朝廷考核郡国的时间

---

[1] 廖伯源：《汉代考课制度杂考》，载《秦汉史论丛》，（台北）五南图书出版股份有限公司2003年版，第136—138页。

[2] （唐）杜佑撰，王文锦等点校：《通典》卷三三《职官·郡太守》，中华书局1988年版，第904页。

一般在正月。卫宏《汉旧仪》引《朝会上计律》云："常以正月旦，受群臣朝贺，天下郡国奉计最奉献。"① 班固《东都赋》云："春王三朝，会同汉京。是日也，天子受四海之图籍。"李善注："'三朝'，岁首朔日也。《汉书》谷永上书曰：'今年正月朔，日有蚀之于三朝之会。'"②

宣帝亲政后，根据考课成绩对地方长吏进行褒赏并予以提拔。胶东相王成由于治郡有方，在地节元年（前69年）十月至地节二年（前68年）九月的考课年度里，吸引了八万多流民自愿落籍胶东，成为国家的编户齐民。据《宣帝纪》载，在地节三年（前67年）三月，宣帝下诏褒奖王成说："盖闻有功不赏，有罪不诛，虽唐虞犹不能以化天下。今胶东相成劳来不怠，流民自占八万余口，治有异等。其秩成中二千石，赐爵关内侯。"中二千石是朝廷九卿的秩级，关内侯虽不及列侯，也是非有特殊贡献不封，所以宣帝对王成的封赏不可谓不重。

朱邑做庐江郡舒县桐乡啬夫时，即以热衷于为民谋利而闻名，后被任命为北海太守，治郡甚有方略。渤海太守龚遂是在盗贼并起、郡守束手的情况下，被宣帝派往渤海郡的。龚遂认为渤海郡乱在百姓饥寒交迫，而官员又不加体恤，到任之后，即开仓放粮救济贫民。见渤海风俗奢侈，喜好工商业，而轻视农耕，就亲自带头厉行节俭，劝导百姓从事农桑之业，下令百姓每人种一株榆树、百棵薤、五十棵葱、一畦韭，每家养两头母猪，五只鸡。如果发现百姓有带刀佩剑的，就让他们卖剑买牛，卖刀买犊。春

---

① （南宋）王应麟纂：《玉海》（5）卷一八五《汉上计律》，江苏古籍出版社、上海书店1978年版，第3386页。

② （东汉）班固：《东都赋》，载（南朝·梁）萧统编，（唐）李善注《文选》卷一，中华书局1977年版，第33页。

夏劝百姓到田野耕作，秋冬督促他们去收割庄稼，还让他们多储备果实、菱、芡之类的食物。由于龚遂的巡视劝勉，郡中各处官仓里都有蓄积，官吏和百姓都富足殷实，诉讼案件因此大为减少。在地节二年（前68年）十月至地节三年（前67年）九月的考课年度里，朱邑、龚遂皆得佳评。据《朱邑传》载，因被评为"治行第一"，地节四年（前66年），朱邑被宣帝提拔为九卿之一的大司农。龚遂也被征入京，被任命为官职亲近的水衡都尉。据《宣帝纪》载，朱邑死后，神爵元年（前61年），"秋，赐故大司农朱邑子黄金百斤，以奉祭祀。"

宣帝褒赏地方官员的措施，极大地调动了官员们施政的积极性，使汉朝在他统治期间涌现出一批优秀官员。不过由于他亲政之初，急于求成，难免会出现一些瑕疵。如据《王成传》载，王成因政绩突出，宣帝欲征用其至朝廷为官，惜乎王成因病卒于任上。后有人反映王成为了获得赏赐而弄虚作假："后诏使丞相御史问郡国上计长吏守丞以政令得失，或对言前胶东相成伪自增加，以蒙显赏"。此显然是宣帝表彰错了，但是可能由于表彰的决定出自宣帝，宣帝出于维护自己权威考虑，未予以改正："宣帝最轻于责大臣者，至是无一语诘之，岂非前日核实之赏，其帝之自为乎！"[1]据《王成传》载，此事给当时的统治造成了相当消极的影响："是后俗吏多为虚名云"。然易佩绅认为："王成虽或有伪，而宣帝求治之心切矣。然一切铺张之具、传闻之词可伪，而户口之数非可伪也。汉计口出赋，果伪也，口谁任之？赋谁供之？虚悬于官，官必有稽核者，溢取于民，民必有告讦者，又岂待日久始

---

① （南宋）陈亮著，邓广铭点校：《陈亮集（增订本）》卷二一《宣帝朝》，中华书局1987年版，第227页。

有言哉！史称'或言'，固无征之言，抑安知非媚忌诬谤之言！"①
故王成或有伪自增加之问题，但其消极性不易高估。

霍光主政期间，疏于教化建设，宣帝亲政后，对此非常重视。因为论及秦亡，汉人普遍认为亡在刑罚暴酷，不行仁义，世风败坏。汉继秦而兴，在一定程度上也继承其不讲礼义廉耻的陋俗，习俗薄恶，人民嚣顽。武帝以来随着社会经济的繁荣，奢侈之风大盛，人们追逐财利，崇尚享乐，不讲礼义，礼制混乱，上下僭差，而习以为常。又由于国家措置失当，使无义而有财者、欺谩而善书者、悖逆而勇猛者贵显于时，更使人们的价值观受到强烈的扭曲。孝悌、礼义为人所摒弃，父母活着时不赡养，及至其去世，为沽名钓誉，则予以厚葬；发财、做官成为人们追求的目标，人的行为虽如同猪狗一般，但只要有钱有势，就被人视为贤人。人们称居官而置富者为雄杰，处奸而得利者为壮士，兄长劝说弟弟，父亲勉励儿子，要他们向这些人学习。风俗可谓严重败坏。以至于民心离散，人情淡漠，盗贼频兴，杀戮迭起。这种局面直到宣帝时仍没有发生大的改变，这不免让宣帝忧心不已。亲政以后，针对风俗凉薄的现实，为了凝聚人心，维护社会稳定，宣帝非常注重道德教化建设，连续下诏，予以应对。

由于家庭是社会的细胞，家庭关系的和谐与否，直接关乎社会的稳定。大量的历史事实和长期的实践经验，使统治者认识到，如果百姓父慈子孝，家庭和睦，则人们就不会做违法越礼之事，国家就易于治理。故汉自立国起，即注重弘扬孝道。然自武帝以来，由于风俗败坏，使家庭伦理秩序受到极大冲击，导致家庭关系持续紧张，家庭成员之间矛盾重重，冲突不断。这使宣帝认识

---

① （清）易佩绅：《通鉴触绪》卷九，清光绪刻本。

126

到固本培元已成当务之急，因此在加强道德教化建设的过程中，注意将构建稳定的家庭伦理道德秩序作为着力点，围绕"孝"字大做文章。

宣帝首先率先垂范，自一即位，便采取很多措施，善待自己的亲人。如他作为武帝的曾孙，尊武帝为世宗。作为昭帝的继承人，对昭帝的皇后上官氏极尽孝道。为自己已故的家人议定谥号，设置园邑，重新安葬。为了体现对自己已故母亲的孝敬，历时数年，在全国范围内寻找他母亲的外家，找到之后，又给其母家以极高的礼遇。他的叔祖燕刺王刘旦昭帝时以谋反被逼自杀，其太子刘建被废为庶人，他即位后，不计前嫌，封刘旦诸子或为侯或为王。对于他的另一叔祖刘胥的儿子们，也是封以侯王。刘胥后来虽反谋暴露，宣帝对他也不予追究，并前后赏赐他黄金五千斤，此外还有很多其他财物，可谓仁至义尽。地节二年（前68年）四月至地节四年（前66年）二月，又封宗室贵族十一人为侯。推而广之，念及亲情，宣帝对犯法当死的宗室贵族往往法外施恩，赦其死罪，废徙远方。

在垂范天下的同时，宣帝采取一系列措施，鼓励民间行孝悌之礼。

据《宣帝纪》载，地节三年（前67年）十一月，诏令地方郡国各推举以孝顺父母、友爱兄弟、品质高尚而闻名乡里的人士各一人："朕既不逮，导民不明，反侧晨兴，念虑万方，不忘元元。唯恐羞先帝圣德，故并举贤良方正以亲万姓，历载臻兹，然而俗化阙焉。传曰：'孝弟也者，其为仁之本与！'其令郡国举孝弟、有行义闻于乡里者各一人。"地节四年（前66年）二月，诏令家有丧事者可不承担徭役："导民以孝，是天下顺。今百姓或遭衰绖凶灾，而吏徭事，使不得葬，伤孝子之心，朕甚怜之。自今诸有大父母、父母丧者勿徭事，使得收敛送终，尽其子道。"五月，诏令今后对亲人之间相互隐瞒罪行的行为不治罪或减轻惩罚："父子之亲，夫妇之道，天性也。虽有患祸，犹蒙死而存之。诚爱结于心，仁厚之至也，岂能违之哉！自今子首匿父母，妻匿夫，孙匿大父母，皆勿坐。其父母匿子，夫匿妻，大父母匿孙，罪殊死，皆上请廷尉以闻。"

宣帝还注重节俭。地节三年（前67年）十月，因地震要求郡国不再修建行宫馆舍。并且自即位以来，宣帝从没有出巡过。

在推行新政的过程中，宣帝还一改霍光专断的作风，鼓励吏民积极上书言事。据《宣帝纪》载，宣帝亲政后，在地节三年（前67年）三月，"令内郡国举贤良方正可亲民者。"当年十月因地震下诏求言说："乃者九月壬申地震，朕甚惧焉。有能箴朕过失，及贤良方正直言极谏之士以匡朕之不逮，毋讳有司。"在宣帝的鼓励下，吏民上书言事者甚众。

宣帝亲政后，德政频出，不仅很快便稳定住了时局，确立了自己的权威，同时由于他不遗余力地变更霍光的政策，拨乱反正，让人们认识到，所谓的于汉世有再造之功的功臣实际上不过是专擅朝政、不恤民生的权臣而已，从而使霍光的声誉严重受损，由此导致生活在其余荫下的霍氏家族日渐为世人所唾弃。

第二节　打击分化霍氏集团

宣帝在纠偏霍光之政的同时，又数管齐下，剑指霍氏家族。

霍光下葬之后，宣帝遵从霍光的遗愿，封霍山为乐平侯，但是其封邑不是从霍光的食邑中分割而来，而是由国家提供的，显得甚有情义。但同时又出人意料地让霍山以奉车都尉的身份领尚书事，也就是让霍山而不是霍禹接替霍光主持国事。霍禹作为霍光的儿子，且已被皇帝任命为最高武官之一右将军，并继承了霍光博陆侯的爵位，本应名正言顺地领尚书事，哪知最终却竹篮打水一场空，而霍山不过是一个掌管皇帝车马的中级武官，且为霍光兄长的孙子，却被宣帝委以领尚书事，这势必会引起霍氏内部的猜忌，同时以霍山领尚书事，由于其人微言轻，所以驾驭起来也就轻松多了。如据《霍光传》载，原来吏民奏事需先告知尚书，及霍山领尚书事后，宣帝下令吏民再上书奏事时，奏书不需关白尚书，直接呈送给他，从而变相剥夺了霍山的权力："时霍山自若领尚书，上令吏民得奏封事，不关尚书"。

地节三年（前67年）正月，时年七八十岁的霍光亲信丞相韦贤以老病请求致仕，宣帝遂赐其黄金百两，罢归，加赐府第一区。史称汉代丞相退休是从韦贤开始的。而据《史记·建元以来侯者年表》中褚少孙讲，韦贤辞相，是因魏相"潜毁"所致。

地节三年（前67年）四月戊申（二十二日），宣帝册立已故许皇后所生的儿子刘奭为皇太子。据《外戚传》载，显闻讯，愤懑得吃不下饭不说，还呕血，因为这意味着日后霍皇后纵使生了儿子，也只能做王，这分明是不把皇后放在眼里，而稍往深处想一点，这更是对霍氏家族的蔑视："显怒恚不食，呕血，曰：'此乃民间时子，安得立？即后有子，反为王邪！'"为了反制宣帝，显让霍皇后毒害太子，无奈宣帝早有防备，霍皇后每有赐食，随侍太子的人员都要先尝一下，霍皇后竟找不到下毒的机会："复教皇后令毒太子。皇后数召太子赐食，保阿辄先尝之，后挟毒不得行。"

立太子后，宣帝很快又取消副封制度，由自己直接处理吏民所上封事，于是许多人上书告发霍氏的不法行为。此前许皇后被害一事也渐渐被揭发出来。起初宣帝由于还未知其虚实，乃徙霍

129

光女婿度辽将军、未央卫尉、平陵侯范明友为光禄勋，次婿诸吏、中郎将、羽林监任胜调任安定太守。随着案情调查的深入，数月后，又调任霍光姊婿给事中、光禄大夫张朔为蜀郡太守，孙女婿中郎将王汉为武威太守。继而，又徙霍光长女婿长乐卫尉邓广汉为长信少府。据《霍光传》载，当年十月，又让霍禹任大司马，只戴小帽子，无印章，撤销他的右将军称号及所统辖的士卒，只是让他的官名与霍光一样："更以禹为大司马，冠小冠，亡印绶，罢其右将军屯兵官属，特使禹官名与光俱大司马者。"又收范明友度辽将军印绶，只做光禄勋。收走霍光的中女婿赵平的骑都尉印绶，只做散骑、光禄大夫。所有统领胡越骑兵、羽林军以及两宫卫队的职位，全部改由宣帝所亲信的许、史两家子弟担任。

对于原属霍氏集团的一些重要成员，宣帝则委以重任。如对于张安世，地节二年（前68年）四月戊申（十七日），"以安世为大司马、车骑将军，领尚书事。"① 地节三年（前67年）四月二十二日，立皇太子，以丙吉为太子太傅，六月十六日，又将丙吉迁官御史大夫。太仆杜延年、侍中金安上、右曹杨恽等也大受重用。如据《霍光传》载，金安上当时"径出入省中"。据《宣帝纪》载，当年十月②，宣帝借地震下诏将张安世和霍禹所统领的军队都罢除："朕既不德，不能附远，是以边境屯戍未息。今复饬兵重屯，久劳百姓，非所以绥天下也。其罢车骑将军、右将军屯兵。"然而据《张安世传》载，霍禹所统军队被撤销后再没给他统兵的权力，张安世的权力反而更大了："更为卫将军，两宫卫尉，城门、北军

---

① （北宋）司马光：《资治通鉴》卷二五 "地节二年"，中华书局1956年版，第805页。

② 《资治通鉴》书张安世为卫将军在地节三年（前67年）十月戊戌，王益之《西汉年纪》从之，然据陈垣《二十史朔闰表》，十月癸丑朔，无戊戌。

兵属焉。”

霍氏集团中的一些成员通过疏远或挑衅霍氏家族的方式，也得到了宣帝的赏识。据《金日磾传》载，名臣金日磾之子、霍光的女婿金赏见宣帝要向霍家发难，为了避免受到牵连，就上书请求休掉自己的妻子，宣帝对其表示谅解：“宣帝即位，赏为太仆，霍氏有事萌牙，上书去妻。上亦自哀之，独得不坐。”需要指出的是金赏当时的身份是侍中而非太仆：《公卿表》宣帝甘露四年，秺侯金赏为侍中、太仆，距霍氏之亡，已十六年矣。霍氏有事之始，赏祇为侍中，未任太仆也。”①

据《赵广汉传》载，京兆尹赵广汉，霍光秉政时，他唯霍光之令是从，霍光一死，他就亲自带领属官，径直闯入博陆侯霍禹的府第，将霍禹家的酿酒作坊砸了个稀烂，然后扬长而去。霍皇后听说后，哭着向宣帝告赵广汉的状，而宣帝内心却对赵广汉此举甚感满意，特地将赵广汉召入宫中询问详情，这就等于认可了他的行为，赵广汉从此就成了侵犯霍氏权贵的急先锋：“初，大将军霍光秉政，广汉事光。及光薨后，广汉心知微指，发长安吏自将，与俱至光子博陆侯禹第，直突入其门，廋索私屠酤，椎破卢罂，斧斩其门关而去。时光女为皇后，闻之，对帝涕泣。帝心善之，以召问广汉。广汉由是侵犯贵戚大臣。”

第三节　组建新的统治团队

宣帝亲政后，为除掉霍氏集团，加紧提拔外戚势力，让宦官

---

① （清）钱大昕著，方诗铭、周殿杰校点：《廿二史考异》卷八《汉书三》，上海古籍出版社 2004 年版，第 158 页。

协助自己处理政务，重用反霍官员，努力组建新的统治团队。

首先，加紧提拔外戚势力。最显著的表现就是地节三年（前67年）四月二十二日，在册立皇太子的同日，封太子外祖父许广汉为平恩侯，位特进，让他出入宫禁，参与军国重事。

地节四年（前66年）二月，宣帝又封其舅王无故为平昌侯、王武为乐昌侯。宣帝的外祖母王媪一家是在地节三年（前67年）找到的。其方式是通过一系列当事人及证人的证言证辞，最终确认王媪的女儿王翁须在太始年间进了太子宫中，宣帝母名王翁须，则王媪自然就是正牌的皇亲了。

宣帝即位后，多次遣使寻找其母亲的娘家，因时间久远，多似是而非。后来又找到了王媪，宣帝即令太中大夫任宣与丞相府、御史大夫府的官员们一起按验真伪。任宣等询问乡里认识该女子的人，都说她叫"王妪"。妪与媪意同，都是指老年女子。

据《外戚传》载，王媪自称名妄人，本是涿郡蠡吾县平乡人，十四岁那年嫁给同乡王更得为妻。更得死后，又嫁与广望县王乃始为妻。生下了儿子王无故、王武以及女儿王翁须。王翁须长到八九岁时，将她寄养在了广望节侯的儿子刘仲卿家里学习歌舞。四五年后被刘仲卿送给邯郸一个叫贾长儿的人，王媪夫妇曾追至中山卢奴，在那里王媪看到王翁须和另外的歌舞女子一共五人在一起，当晚王媪与王翁须同住，后失联。而据贾长儿的妻子贞和跟随王翁须等的歌舞教师遂说："往二十岁，太子舍人侯明从长安来求歌舞者，请翁须等五人。长儿使遂送至长安，皆入太子家。"对于王媪、贞等的证辞，任宣等又向广望县的三老更始、刘仲卿妻其等45位知情人进行了核验，证明王媪等所说属实。

据此任宣上奏说王媪确实是悼后王翁须的母亲。宣帝于是召见王媪母子，赐王无故、王武为关内侯，接下来很短时间内，赏赐他们资产以巨万计。不久，便封王媪为博平君，把博平、蠡吾两县共一万一千户人家作为她的封邑，封舅王无故为平昌侯、王武为乐昌侯，食邑各六千户。王翁须的父亲王乃始早在本始四年（前70年）已病死，追谥为思成侯，诏令涿郡为他修建坟墓，设置陵邑四百家，让长丞按法度奉守。

其次，重用宦官。宦官是古代在宫中侍奉皇帝及其家族成员的被阉割过的男人，他们在宫中执洒扫之役，供驱使之任，份属皇家奴仆，地位下贱；同时又因其上辱其先，中伤自身，下绝其后，与儒家所宣扬的伦理道德相背离，因而为士人所不齿。不过，由于他们幽处深宫，与外朝大臣无甚联系，故从皇帝的角度看，还是颇可信任的。因此武帝时游宴后庭，颇用宦者助其处理政务。宣帝亲政后，为对付霍氏集团，也有意识地利用宦官参与机要。原来处理吏民奏章的秘书机构是由士人组成的尚书，而霍山领尚书事。为排斥霍山，宣帝很快取消副封制度，将原来由尚书处理的奏章交由宫中由宦官组成的秘书机构中书处理。据《霍光传》载，是后吏民上书，"尽奏封事，辄下中书令出取之，不关尚书"。何焯指出"自此浸任宦竖矣"[1]。其中弘恭、石显尤其受到重用。据《佞幸传》载，宣帝以弘恭为中书令，石显为中书仆射，协助自己处理国事："石显字君房，济南人；弘恭，沛人也。皆少坐法腐刑，为中黄门，以选为中尚书。宣帝时任中书官，恭明习法令故事，善为请奏，能称其职。恭为令，显为仆射。"

最后，重用反霍官员。地节二年（前68年）春，霍光一去世，据《魏相传》载，曾与霍光有矛盾的御史大夫魏相立马倒向了宣

<hr />

① （清）何焯著，崔高维点校：《义门读书记》卷一八《前汉书 列传》，中华书局1987年版，第310页。

帝，他通过平恩侯许广汉向宣帝上奏章，要求限制霍氏的权力。指出《春秋》讥讽世为卿相的人，憎恶宋国三代君主都内娶大夫之女为妻，以及鲁国季孙氏的专权。就汉朝而言，自武帝后元年间以来，国家大政一直由大臣所掌握。现在霍光死了，其后人擅权跋扈，危害国家，从维护国家利益考虑，必须采取措施对他们进行制约："《春秋》讥世卿，恶宋三世为大夫，及鲁季孙之专权，皆危乱国家。自后元以来，禄去王室，政由冢宰。今光死，子复为大将军，兄子秉枢机，昆弟诸婿据权势，在兵官。光夫人显及诸女皆通籍长信宫，或夜诏门出入，骄奢放纵，恐浸不制。宜有以损夺其权，破散阴谋，以固万世之基，全功臣之世。"魏相奏章中提到的宋国的事情，是说春秋时期宋国的宋襄公、宋成公、宋昭公等三代都内娶本国大夫之女，结果造成大夫专权，为害国中。奏章中提到的鲁国季孙氏，属春秋时期鲁国的三家专权大夫三桓之一。三桓指孟孙、叔孙、季孙三家，因出于鲁桓公的三个儿子庆父、叔牙、季友，故名。其中季孙氏最强。鲁成公时季孙氏操纵政权，鲁襄公十一年（前562年），扩军三军，三桓各领一军，三分公室。鲁昭公五年(前537年)，四分公室，三军改二军，分为四份，季孙氏独得两份并执掌大权，叔、孟各一，季孙氏私属甲士达到七千人。国君费用靠三家和一些旧贵族纳贡维持，国家的大权和国君的废立基本上由三桓操纵。

据《魏相传》载，魏相又通过许广汉请求宣帝除去副封。宣帝本就对魏相有好感，现在见魏相处处为自己考虑，很高兴，因下诏以魏相为给事中，让他成为中朝近臣，并将他的建议全部采纳。"宣帝善之，诏相给事中，皆从其议。"

地节三年（前67年）六月壬辰（初七），拜魏相为丞相，封高平侯，食邑八百户。魏相为相后，专力对付霍氏，深为霍氏忌惮。据《霍光传》载，霍山曾充满怨恨地说魏相在宣帝的支持下，大量变易霍光当政时所推行的法令，把国家的公田交给贫民耕种，显扬霍光的过失："今丞相用事，县官信之，尽变易大将军时法令，以公田赋与贫民，发扬大将军过失。"

萧望之字长倩，东海兰陵人，初以经术而闻名京师。当时，霍光秉政，丙吉向霍光推荐萧望之、王仲翁等数名儒生，并受到霍光接见。此前，霍光刚诛杀过上官桀等权贵，因担心他们的残余势力伺机报复，霍光出入都加强了防备，需要接见吏民时，被接见者都要先被脱衣搜身，去除兵器，然后由两个官员挟持着来见自己。萧望之他们来见霍光时，侍卫人员也依例对他们进行搜查挟持，据《萧望之传》载，对此，王仲翁他们都没说什么，可是轮到萧望之时，因认为这种形同对待罪犯的行为是对他人格的侮辱，便不肯让搜身挟持，自己从一个小门退了出来说："不愿见。"而负责引见的官吏见他闹情绪，在大将军府撒野，也生气，气势汹汹地拉着他不让走，双方就在庭院里吵了起来。霍光听说后，让官吏不要挟持萧望之，引他来见自己。萧望之来到霍光面前，毫不客气地把霍光批评了一顿："将军以功德辅幼主，将以流大化，致于洽平，是以天下之士延颈企踵，争愿自效，以辅高明。今士见者皆先露索挟持，恐非周公相成王躬吐握之礼，致白屋之意。"对于萧望之的当面指责，霍光当时没说什么，内心却很不满。因此被接见的其他几个人后来都被安排了官职，唯独萧望之被摒除不用。接下来，三年之中，王仲翁就官至光禄大夫、给事中，而此时萧望之还只是一个负责守卫宫门的郎官。有一次，王仲翁被侍从们簇拥着从萧望之身边经过，不无得意地嘲讽萧望之说："不肯录录，反抱关为。"萧望之说："各从其志。"此后过了数年，萧望之又因弟弟犯法而受到株连，被免职回郡做了郡吏。魏相任御史大夫后，提拔他做了自己的属官，继而将他提升为大行治礼丞。霍光去世后的次年夏，长安下冰雹，萧望之因此上疏，请求宣帝给他一个机会，让他能够当面向宣帝陈述出现天灾异象的原因。萧望之因曾当面指斥霍光而沉沦多年，但也因此而名声大著，宣帝在民间的时候就知道有这么个人，因此一见萧望之的奏书，就说："此东海萧生邪？下少府宋畸问状，无有所讳。"萧望之于是通过宋畸向宣帝表达了自己的看法，萧望之指出据《春秋》记载，鲁昭公三年（前539年）发生大降冰雹事件，当时季氏专权，最终驱逐了鲁昭公。假如当时鲁昭公察觉天灾所透露出来的信息，早为防范，这种事情应该就不会发生了。现在宣帝以圣明之德而居于天子之位，思虑政事，征求贤人，这是尧、舜等圣君治理天下的用心。然而祥瑞的征兆却还没有出现，阴阳不和，这是由于大臣执政，一姓专权所导致的。树木的分枝过大就会伤害树干，大臣的权势过盛就会危及朝廷。只有圣明的君主亲理国事，选拔同姓，举荐贤才，将他们作为心腹之人，参与朝政，命令公卿大臣朝见君主汇报工作，明白地陈述他们的职责，来考察他们的功劳才能，"如是，则庶事理，公道立，奸邪塞，私权废矣。"宋畸将萧望之的奏言报告给宣帝后，宣帝遂拜萧望之为谒者。当时有很多人上书陈述利国利民的建议，其中相当一部分是抨击霍氏的。据《霍光传》载，霍山就曾说："又诸儒生多窭人子，远客饥寒，喜妄说狂言，不避忌讳，大将军常仇之，今陛下好与诸儒生语，人人自使书对事，多言我家者。尝有上书言大将军时主弱臣强，专制擅权，今其子孙用事，昆弟益骄恣，恐危宗庙，灾异数见，尽为是也。"而每遇到这种情况，宣帝就交由萧望之来处理，由此使许多反对霍家的人进入统治机构，从而壮大了朝廷的力量。萧望之也因为处事得体，在被任命为谒者后，很快便被提拔为谏大夫，继而又迁官丞相司直，经过三次迁官，数月之间就成了二千石的高官。

第四节　故意纵容霍氏家族

为顺利除掉霍氏家族，宣帝在狠招迭出的同时，还故意尊宠霍家，大做表面文章。据《宣帝纪》载，地节二年（前68年）三月初八，霍光崩，宣帝即日下诏历数霍光的丰功伟绩，免去他的后代的徭役，要求世世代代都不准改变赐给他的爵位食邑，让他享受与相国萧何一样的待遇："大司马大将军博陆侯宿卫孝武皇帝三十余年，辅孝昭皇帝十有余年，遭大难，躬秉义，率三公、诸侯、九卿、大夫定万世策，以安宗庙。天下蒸庶，咸以康宁，功德茂盛，朕甚嘉之。复其后世，畴其爵邑，世世毋有所与。功如萧相国。"为报答霍光的恩情，还特地让乐山侯霍光领尚书事，主政。地节三年（前67年）四月二十二日，在封许广汉为平恩侯的同时，又封霍光兄长霍去病的孙子霍云为冠阳侯，据《霍光传》载，诏书中说："宣成侯光宿卫忠正，勤劳国家。善善及后世，其封光兄孙中郎将云为冠阳侯。"

宣帝还纵容霍家人为所欲为。霍光死后，其家人因少了约束，遂以霍光妻子显为首竞为豪奢不法之举。太夫人显改变霍光生前亲自为自己设计的墓地规制，将其加以扩大，建起三个出口的门阙，修筑长长的神道，大肆装饰祠堂，将辇车所用的通道直修到墓穴的永巷之中，又幽禁平民、奴婢、侍妾来看守。显还大建住宅，制造豪华的辇车，奢靡享乐其中，并与家奴冯子都淫乱。霍禹、霍山等也缮治住宅，并常走马驰逐于上林禁苑的平乐馆中。霍云每当朝会时，屡屡称病委派奴仆代己上朝谒见，而他本人却带着众多宾客，跑到黄山苑中张围打猎，大臣们虽明知他这样做不对，却没有人敢谴责他。上官皇太后居于长信宫，该宫位于长乐宫中，当时显与她的几个女儿，不分昼夜地随意出入长信宫，毫无节制。发展到后来，霍氏家奴与御史大夫魏相的家奴争道，竟跑到御史府，要踢坏府上的大门，吓得御史直向他们叩头谢罪，霍氏家奴这才悻悻离去。而对于霍家的种种作为，宣帝都不予理会。

宣帝的这种行为让社会上许多不明就里的人看了，还以为他对霍家真的挺有情义："天下翕然以为孝宣无负于霍氏矣"[①]。茂陵有一读书人徐福就会错了意，担心宣帝如此纵容霍家，会让霍家因过于兴盛而骄傲自满，不知收敛，犯下侮上不道之罪，导致家族覆灭。据《霍光传》载，徐福上书说："霍氏泰盛，陛下即爱厚之，宜以时抑制，无使至亡。"这封奏书先后奏上了三次，可每次答复都是说皇帝知道了。徐福只好作罢。霍氏被灭族后，告发霍氏的都受了封赏，唯有颇有先见之明的徐福一无所获，有知情者为此特上书为徐福鸣不平。奏书中先讲了一个故事，大意是说有客人去拜访主人，见主人家炉灶的烟囱是直的，旁边还堆有柴草，客人就劝告主人将烟囱改造成弯曲的，并将柴草移远一点，否则将会发生火灾，主人听了却嘿然不应。不久主人家果然失火，邻里都来救助，侥幸将火扑灭。事后为酬谢乡邻，主人杀牛置酒，宴请救火者，将被烧伤的人请到上座，其余的人则根据功劳的大小依次入座，可是却没有请那个让他将烟囱改造成弯曲形状的人。于是有人对主人说："乡使听客之言，不费牛酒，终亡火患。今论

① （北宋）张耒撰，李逸安、孙通海、傅信点校：《张耒集》卷三九《汉文帝论》，中华书局1990年版，第634页。

功而请宾，曲突徙薪亡恩泽，焦头烂额为上客耶？"主人这才省悟过来，忙去把那位客人请到了酒席上。然后指出徐福多次上书提醒霍氏将有变故，应该加以防范杜绝。假使当初徐福的建议得到采纳，那么国家就不会有裂土封爵这样的花费，大臣就不会有反叛诛灭的祸败。以前的事已经结束，该封赏的都已被封赏，唯有徐福却有功未赏。因此希望宣帝能明察事理，重视那个提出搬走柴草将直烟囱改为弯曲烟囱的良策的人，使其功居于因救火而导致身体毛发被烧烂的人之上："今茂陵徐福数上书言霍氏且有变，宜防绝之。乡使福说得行，则国亡裂土出爵之费，臣亡逆乱诛灭之败。往事既已，而福独不蒙其功，唯陛下察之，贵徙薪曲突之策，使居焦发灼烂之右。"书奏上去后，宣帝赏了徐福十匹帛，后来又想起了这事，就让徐福做了郎官。

估计宣帝这样做，徐福以及他的同情者，无论如何是不会满意的。因为在他们看来，徐福的奏疏若早被采纳，哪会闹出这波天大的事故来，所以这篇奏疏的意义极其重大，徐福之功不在那些被封侯的人之下。却不知宣帝本意就是必欲置霍氏家族于死地而后快，因此这篇奏疏于他而言没有丝毫意义。故李源澄指出："此岂知当时情势耶？宣帝既不能明言其故，同薄赏之而已。"①而这也显见宣帝褒崇霍氏的表面文章做得非常到位，使他在与霍氏的斗争中，能够始终立于道义的制高点上，而免受舆论的谴责。因为在这样一种氛围中诛灭霍氏家族，他可以说自己对霍氏家族已经仁至义尽，而他们却倒行逆施，这是他们自取灭亡，怪不得自己的。

---

① 李源澄：《霍光辅政与霍氏族诛考实》，《文史杂志》1942年第2卷第9、10期。

第八章　清算霍氏，党羽忧惧

在做好充分准备之后，地节四年（前66年）秋，霍氏家族被宣帝诛除。而没有被清洗的霍氏集团成员，或遭到排斥，或自知大势已去，纷纷明哲保身，尽量靠边站，不与新贵争宠。意气风发的宣帝接下来在杜东原上选定茔地，开始营建自己的陵墓，又改"地节"年号为"元康"，抬升自己家人的地位，称其父亲刘进为"皇考"，以天子之礼祭祀，从而否定了此前霍光等将其过继给昭帝的安排，而重回其本生父一系。

第一节　铲除霍氏

却说显及霍禹、霍山、霍云等眼看着自家权势日削，却又束手无策，难为得多次聚在一起，相对哭泣，发牢骚。据《霍光传》载，霍山一则怨宣帝听信丞相魏相的话，变易霍光的政策；再则不满宣帝信用儒生，任由他们胡言乱语，诋毁霍家；又说宣帝不相信他，把他处理吏民上书的权力收回；还说："又闻民间谨言霍氏毒杀许皇后，宁有是邪？"显恐急之下，具以实告，霍山等大惊说："如是，何不早告禹等！县官离散斥逐诸婿，用是故也。此大事，诛罚不小，奈何？"眼见与宣帝已势同水火，为了活命，霍氏诸人开始动起邪念。

然而还没等他们动手，就有长安男子张章告发他们要谋逆。

据《史记·建元以来侯者年表》载，张章原为长安亭长，因故失官，遂赴长安打算诣阙上书，当时寄宿在霍家养马的房舍中，卧于马槽间，夜间听到养马奴们言谈中，说到霍氏子孙要谋反的事："夜闻养马奴相与语，言诸霍氏子孙谋反状"。而《霍光传》载，少府属下东织室令史张赦与霍云的舅舅李竟关系不错，见霍氏家族岌岌可危，就给李竟出主意，让太夫人显告诉上官皇太后，先把当权的丞相魏相与平恩侯许广汉杀掉，然后罢黜宣帝："今丞相与平恩侯用事，可令太夫人言太后，先诛此两人。移徙陛下，在太后耳。"张章从霍家出来后，就把霍氏要谋反的消息告诉了自己的朋友期门董忠，董忠报告给了左曹、中郎杨恽，杨恽报告给了侍中、中郎将金安上，金安上又上奏给了宣帝，宣帝于是召见杨恽了解情况，接着张章又上书详细叙述了事情的经过。侍中史高与金安上建议宣帝处置此事，建言宣帝禁止霍氏进入宫廷。宣帝就把此事交给廷尉处置，廷尉因派执金吾去抓捕张赦等人。然而没过多久，宣帝又下令把张赦等放了。但霍家人分析后，认为宣帝不会就此罢手，惊恐之下，遂令诸女各自回夫家通风报信，要他们有所准备："山等愈恐，相谓曰：'此县官重太后，故不竟也。然恶端已见，又有弑许后事，陛下虽宽仁，恐左右不听，久之犹发，发即族矣，不如先也。'遂令诸女各归报其夫，皆曰：'安所相避？'"

据《霍光传》载，事实正如霍氏的推测，宣帝是不会对他们收手的。那边放了他们，这边接着就以与诸侯王勾结罪，把李竟抓了，李竟为自保，便在供词中把霍氏牵扯了进来，宣帝因此下诏将原在宫中宿卫的霍云、霍山免官就第。诏书中同时还对霍光的几个女儿对太后无礼，霍氏家奴冯子都多次犯法之事，一并加以责问，霍山等人感到更加害怕："会李竟坐与诸侯王交通，辞语及霍氏，有诏云、山不宜宿卫，免就第。光诸女遇太后无礼，冯子都数犯法，上并以为让，山、禹等甚恐。"

霍家人由于精神高度紧张，不免就闹腾出一连串稀奇古怪之事。据《霍光传》载，显连做噩梦，先是梦见宅中的井水溢出流到庭堂下，做饭用的炉灶被放在树上；继而又梦见霍光对她说："知捕儿不？亟下捕之。"宅中的老鼠又莫名其妙地突然多了起来，在院中来回奔跑，以至与人相撞，还用尾巴在地上乱画。鸮多次在殿前树上鸣叫，住宅的门也无缘无故地毁坏了。不仅显的宅院里如此，霍云在尚冠里住宅中的门居然也令人诧异地坏了。在街巷口的人还都看见有人坐在霍云家屋顶上，揭下瓦片朝地上扔，人们到跟前看时，却什么也没有。霍禹也在梦中听到车马喧嚣地来逮捕他。这分明是大难将至的征兆，霍家人不免更加忧愁。

眼见宣帝把霍家折腾得上蹿下跳，六神无主，许多大臣如张安世、丙吉等原为霍光所亲信的人却都作壁上观，倒是当初因得罪霍光而被其赶出长安、如今在山阳做太守的张敞，见霍家落难，甚是同情。张敞初以郡吏步入仕途，后官至太仆丞，曾以谏诤昌邑王刘贺知名。宣帝即位后，先以其为豫州刺史，后征为太中大夫，与于定国并平尚书事。因为守正不阿，违忤大将军霍光意，而使其主持节俭出兵用度事务，复出为函谷关都尉。后宣帝因忌惮废帝刘贺，因以张敞为山阳太守，就近监视刘贺起居。

据《张敞传》载，张敞见宣帝对霍家步步进逼，因上疏指出霍光主持国政，二十年间，独断专权，威行天下，以至于混淆了君臣的界限，但同时也应该看到霍光毕竟是有大功于宣帝的，当昭帝去世，新君难产之际，正是霍光的决定才使宣帝由民间骤登大位，使天下重获安定，因此请求宣帝看在霍光于朝廷有大功的分上，在罢黜霍云、霍山归第后，停止惩处霍家，让他们的爵位能够传承下去，世世代代不让他们遭受祸患痛苦，以示宣帝不忘记霍光的功德。同时也提醒宣帝，他正在处置的是一个势力庞大的家族，所以不要把霍家朝绝路上逼，否则是会发生不测之事的，"今两侯以出，人情不相远，以臣心度之，大司马及其枝属必有畏惧之心。夫近臣自危，非完计也"。但宣帝哪肯听他的。

据《霍光传》载，霍家眼看自己就要被诛灭满门，遂谋划让上官皇太后为宣帝外祖母博平君置酒，以此为借口召魏相、许广汉等赴宴，让范明友、邓广汉等斩之，废黜宣帝，立霍禹为皇帝："谋令太后为博平君置酒，召丞相、平恩侯以下，使范明友、邓广汉承太后制引斩之，因废天子而立禹。"此前，据史载，昭帝时，上官桀父子与霍光争权，上官安等阴谋除掉霍光后，诱骗燕王来京然后把他杀掉，继而废除昭帝立上官桀为皇帝。王益之认为："此必无之事，殆当时文致之辞也。"论及霍氏家族的阴谋，王益之称："是亦诛燕王立桀之类也。"① 吕思勉论及此事，也说："霍氏诚有取祸之道，然谓禹谋自立，则与上官桀欲杀燕王而自立，同一无稽。"②

考之史事，但凡当权者有大诛戮，必是被诛者有大罪过，因为不如此当权者便不能居于道义的制高点，得到舆论的支持，亦即文致之功是少不了的。但若说霍氏欲废宣帝立霍禹事属无稽之谈，恐怕也未必。因为就霍氏而言，由于与宣帝已交恶，则他们要想活命，就只有夺权，把宣帝废了，但若如此，由于霍氏已被孤立，新天子就只能从他们自己人中选立。也就是说，霍家的想法虽然有点匪夷所思，但还是合乎逻辑的。只是真正实行起来，

---

① （南宋）王益之撰，王根林点校：《西汉年纪》卷一八，中华书局2018年版，第369—370页。

① （南宋）王益之撰，王根林点校：《西汉年纪》卷一八，中华书局2018年版，第369—370页。

② 吕思勉：《秦汉史》，上海古籍出版社1983年版，第157页。

又有几成胜算呢？

因为上官皇太后早在元平元年（前74年）十一月就已经交权，故她此时若行权，缺乏合法性，许广汉、魏相等是不会接受的。并且他们也有不接受的本钱，因为上官氏若宴请博平君，一定是在她居住的长信宫，而长信宫就在长乐宫中，当时霍氏亲党兵权尽失，包括长乐卫尉在内的宫中宿卫要职已尽被许、史子弟所掌控，上官氏不过是傀儡而已。当然，按照计划，范明友、邓广汉是会执行其命令的，但长信少府邓广汉并不统兵；范明友虽改任光禄勋，职司宿卫，有号令宫中郎吏之权，但由于当时宫中宿卫力量已尽为许、史子弟所统领，他其实已被架空。当然，范明友、邓广汉可以指挥自己事先安排好的亲信行事，问题是由于长乐卫尉已由许、史子弟担任，纵使霍氏想在宴席间埋下伏兵，却无法布局，范明友、许广汉只能孤身而进。故而纵使范明友、邓广汉强行执行上官氏的命令，也不会有人听从。当然发生这样的事情，首先要征得博平君的配合。宣帝外祖母王媪地节四年（前66年）二月被封博平君，据《外戚传》载，"岁余，博平君薨"。显见王媪当时已老迈不堪，若她称病不赴宴，上官氏也奈何不得。事实上，上官氏与霍家关系也并不融洽，霍成君为皇后，上官氏虽为皇太后却见之竦体，敬而礼之，不亲密。据《霍光传》载，霍光的其他女儿对上官氏也不尊重："光诸女自以于上官太后为姨母，遇之无礼。"史言显与诸女出入上官氏所居的长信宫无节制，由于她们对上官氏无礼，很难想象上官氏会为了让她们羞辱自己而常邀请她们入宫，可她们还是不分昼夜出入长信宫，这多半应是她们自己主动去的，考其目的，应是为了借长信宫与霍皇后交往，因为霍皇后与宣帝同居未央宫，她们不方便去。而上官氏与宣帝并无嫌隙。许皇后在世时，宣帝夫妇就与上官氏关系甚睦。

及至张章告发霍氏谋反事，宣帝先是抓捕张赦等人，继而又放了。霍家人分析后认为由于此事牵扯到了上官氏，而宣帝因敬重上官氏，为照顾上官氏的体面，故不愿穷究。继而宣帝又批评霍光诸女对待上官氏无礼，考其意，一是意在说明自己已查明霍家谋反事与上官氏无关；二是委婉地告知上官氏，自己并没有把她视为霍氏家族的人，日后纵使问罪霍家，她也不会受到牵连。故霍家虽危在旦夕，上官氏却无性命之忧。则当霍家权力尽失、形同困兽之际，上官氏何必要受不尊重自己的霍氏的驱使，将自己置于危险的境地？所以说霍家的设想虽甚大胆，却不具可行性。但大难临头，总不能坐以待毙吧！结果慌乱之下，昏招迭出。所以说，这一切都是被逼的，很可怜！

却说霍氏的计策还没付诸实施，据《霍光传》载，霍云便被拜为玄菟太守，太中大夫任宣也被任命为代郡太守。霍山又因私自抄写宫禁秘书而犯法，连忙上书献城西宅第，入马千匹，以赎霍山之罪。宣帝只是回复知道了。恰此时他们合谋反叛的阴谋又被揭发出来，霍氏遂被诛灭："云、山、明友自杀，显、禹、广汉等捕得。禹要斩，显及诸女昆弟皆弃市。唯独霍后废处昭台宫，与霍氏相连坐诛灭者数千家。"正所谓："灭九族诛戮了髻龀，斩全家抄估了事产。可怜见二十年公干，墓顶上滗滗土未干。"[1]《资治通鉴》云与霍氏相连坐诛灭者"数十家"[2]，未知何据。

考宣帝抓捕霍氏家族当在地节四年（前66年）七月壬辰（十四日），据《百官公卿表》载，地节三年（前67年），"七月壬辰，

---

① （元）杨梓：《古杭新刊关目霍光鬼谏》，载徐沁君校点《新校元刊杂剧三十种》，中华书局1980年版，第582页。

② （北宋）司马光：《资治通鉴》卷二五"地节四年"，中华书局1956年版，第819页。

145

大司马禹下狱要斩。"王念孙指出："此十二字，当在四年下，'七月'二字，与上文相复，则其为四年之七月可知。《宣纪》《外戚表》《五行志》及《汉纪》《通鉴》载诛霍禹事，皆在四年。"[1] 当是。地节四年（前66年）七月己卯朔，壬辰为十四日。由于霍禹被处以腰斩之刑，是知他是被朝廷视为霍氏家族的首领，故若抓捕霍氏家族成员，霍禹一定是首批被抓者，故抓捕行动当在是日开始。

霍氏诛灭后，宣帝诏封诛灭霍氏家族过程中立了大功的张章、董忠、杨恽、金安上、史高等五位功臣，分别为博成侯、高昌侯、平通侯、都成侯、乐陵侯。而据《景武昭宣元成功臣表》，时在八月乙丑（十七日）。据《霍光传》载，诏云："诸为霍氏所诖误，事在丙申前，未发觉在吏者，皆赦除之。"显见丙申是霍氏谋反案中的一个重要日子，而据陈垣《二十史朔闰表》，地节四年（前66年）八月己酉朔，无丙申。七月有丙申，为十八日。考诏书之意，当是说所有受到霍氏牵连，事情发生在丙申日前，又没有被抓捕在官的人，皆予以赦免。据此可知抓捕行动当结束于七月十八日。

霍成君被废于八月己酉（初一），据《外戚传》载，废后策曰："皇后荧惑失道，怀不德，挟毒与母博陆宣成侯夫人显谋欲危太子，无人母之恩，不宜奉宗庙衣服，不可以承天命。呜呼伤哉！其退避宫，上玺绶有司。"霍后废处上林苑中的昭台宫，五凤四年（前54年），又被徙居云林馆，遂自杀，葬于京兆尹辖下的蓝田县昆吾亭东，"后十二岁，徙云林馆，乃自杀，葬昆吾亭东。"

---

① （清）王念孙：《读书杂志》志四之三《汉书第三》，江苏古籍出版社1985年版，第207—208页。

地节四年（前 66 年）八月，霍氏余党图谋行刺宣帝，然未能得逞。据《儒林传》云："会八月饮酎，行祠孝昭庙，先驱旄头剑挺堕墜，首垂泥中，刃乡乘舆车，马惊。于是召贺筮之，有兵谋，不吉。上还，使有司侍祠。是时霍氏外孙代郡太守任宣坐谋反诛，宣子章为公车丞，亡在渭城界中，夜玄服入庙，居郎间，执戟立庙门，待上至，欲为逆。发觉，伏诛。"关于任宣，颜师古称："《霍光传》云任宣霍氏之婿，此云外孙，误也。"对此，洪颐煊指出《霍光传》并未言任宣为"霍氏之婿"。由于霍光的次婿名任胜，洪颐煊怀疑"宣或是胜之子"[①]。杨树达认为《汉书》中有自注之例，后人在传写过程中往往将正文与插注相混，以致文义不通。即如关于任宣的这句话应当是："'是时霍氏外孙代郡太守任宣子章为公车丞。'坐谋反诛四字，乃自注之文。下宣字乃后人不得其解而妄增者。求诸他传，类例颇多。"[②]此论甚是。这段话的大意是说地节四年（前 66 年）八月，宣帝依例出宫祭祀昭帝庙，行"饮酎"礼，先驱骑兵旄头的剑自然脱出落地，剑首插入泥中，剑刃朝向宣帝所乘的车驾，马惊。宣帝召明于占筮的郎官梁丘贺占问吉凶，梁丘贺认为有武力计谋，不吉。宣帝于是还宫，让官吏代自己侍奉祠祭。时霍氏外孙公车丞任章在宣帝诛除霍家时逃脱，藏匿在右扶风辖下的渭城县界中，而昭帝平陵与渭城县相邻，任章知道宣帝要去平陵昭帝庙祭祀，并且知道宣帝常于夜间入庙，便身穿黑色衣服在夜间潜入昭帝庙，混在郎官队伍中，执戟立于庙门，意欲等宣帝来时，行刺宣帝，但由于先有凶兆发生，官方在昭帝庙加强了警戒，结果任章被发觉，伏诛。

---

① （清）洪颐煊：《读书丛录》卷五"霍氏外孙"条，《丛书集成初编》本，中华书局 1985 年版，第 86 页。
② 杨树达：《汉书窥管》卷九，湖南师范大学出版社 2018 年版，第 529 页。

据《宣帝纪》载，元康四年（前62年），"二月，河东霍征史等谋反，诛。"何焯认为霍征史等"盖必光之族人，亦任章之流也。"[1]

第二节　是非论析

据《宣帝纪》载，在诛灭霍氏集团之后，宣帝下了一道诏令，告诉天下自己为什么要这样做："乃者，东织室令史张赦使魏郡豪李竟报冠阳侯霍云谋为大逆，朕以大将军故，抑而不扬，冀其自新。今大司马博陆侯禹与母宣成侯夫人显及从昆弟冠阳侯云、乐平侯山、诸姊妹婿度辽将军范明友、长信少府邓广汉、中郎将任胜、骑都尉赵平、长安男子冯殷等谋为大逆。显前又使女侍医淳于衍进药杀共哀后，谋毒太子，欲危宗庙。逆乱不道，咸伏其辜。""从昆弟"，颜师古曰："据《霍光传》，云、山皆去病之孙，则于禹为子行也。今此纪言从昆弟，盖转写者脱子字耳。当言从昆弟子也。"洪颐煊指出："《霍光传》载此诏，本作'及从昆弟子冠阳侯云、乐平侯山'，《恩泽侯表》乐平侯山'以从祖祖父大将军光功封'。冠阳侯云，'山弟'。《外戚孝宣霍皇后传》'宣帝以光故，封去病孙山、山弟云皆为列侯。'皆与《霍光传》同。唯《魏相传》《萧望之传》言霍光兄子山为异。"[2]颜师古认为此皆误，如《萧望之传》注称："霍山，去病之孙。今云兄子者，转写误尔。"《宣帝纪》将此诏系于地节四年（前66年）七月。然考《霍光传》

---

① （清）何焯著，崔高维点校：《义门读书记》卷一八《前汉书　列传》，中华书局1987年版，第311页。

② （清）洪颐煊：《读书丛录》卷三"霍山去病孙"条，《丛书集成初编》本，中华书局1985年版，第42页。

所载封功臣诏，可知这是一事分说，故此诏当颁布于八月十七日。

虽然宣帝讲得冠冕堂皇，但民间对此事却有自己的解读。据《霍光传》载，时论认为即使霍氏不阴谋反叛，宣帝掌权之后也定会将他们诛灭。因为杀机早已萌动在宣帝即位之初，由霍光陪着宣帝去谒见高庙的路上："威震主者不畜，霍氏之祸萌于骖乘。"

不过，班固《霍光传》赞语认为霍光有大功于汉室，如果霍光明白事理，不隐瞒妻子的奸邪阴谋及立自己的女儿为皇后，不沉湎于无止境的欲望之中，也就不至于死后才三年，宗族就被诛灭："然光不学亡术，闇于大理，阴妻邪谋，立女为后，湛溺盈溢之欲，以增颠覆之祸，死财三年，宗族诛夷，哀哉！"

而到了北宋，司马光对此事也给出了自己的评论。司马光先是自问："霍光之辅汉室，可谓忠矣；然卒不能庇其宗，何也？"然后又自答说威福是人君之器，为人臣者长期执之而不归还君主，很少有不招致祸患的。以昭帝十四岁就已能够识破上官桀的奸诈看，当时他就可以亲政了。况且宣帝正式即位时，已经十九岁，聪明刚毅，知民疾苦，然而霍光久专大权，不知避退，多置私党，充塞于朝廷，使君主蓄愤于上，吏民积怨于下，切齿侧目，伺机发难，霍光能在生前没遭到诛灭已是够幸运了，更何况他的子孙又骄奢淫逸促使祸患发生！虽然如此，但是假使当初宣帝亲政后，不让霍光的子孙再参与政事，专以禄秩赏赐他们，使他们食邑大县，奉朝请，也足以报答霍光的大德了；可是却又任命霍光的后人主持政事，掌管兵权，等到事情出来之后，又加以制裁，结果霍氏对他既怨恨又畏惧，以至于生出邪谋来，这岂仅是霍氏自取灭亡？宣帝也是脱不了干系的。春秋时期，子文的后人斗椒作乱于楚，楚庄王灭其族而赦免箴尹克黄，以为若使子文无后，就无法劝人为善。就霍氏之诛而言，以显、霍禹、霍云、霍山的罪行，

149

"虽应夷灭，而光之忠勋不可不祀；遂使家无噍类，孝宣亦少恩哉！"①

观此，司马光显是对霍光与宣帝各打五十大板：霍光错在不早交权，宣帝错在放纵霍家。看似颇为公正，但新意并不多。因为批评霍光不早交权是班固在先，认为宣帝放纵霍家是徐福的"高论"，司马光只是将二者综合在了一起而已。

然而责怪宣帝纵容霍家，实属皮相之论。霍家作为当事方，都没有感觉到宣帝厚待自己，不知道旁观者为什么普遍不满宣帝骄纵霍家？而责怪霍光不肯交权，也非平情之论。因为要让霍光交权，首先要使他有安全感，但问题是多年宦海浮沉，长期独持国秉，使他在朝中积怨甚深，故他若交出大权，谁敢保证他的那些政敌不会复仇！对此王夫之的剖析尤为深刻，王夫之指出霍光刚立宣帝为帝，宣帝就已对霍光动了杀机，这且不提。假定霍光真的交了权，也难保有人会疑心他对宣帝意存欺骗，而谗言随之而起，同朝大臣与其离心离德，他的子弟又行事不谨慎，则谁能保证霍光能安然度过余年："霍光之祸，萌于骖乘。司马温公曰：'光久专大柄，不知避去。'固也。虽然，骖乘于初谒高庙之时，非归政之日也，而祸已伏。虽避去，且有疑其谖者。而谗贼间起，同朝离贰，子弟不谨，窦融所以不免，而奚救于祸？"②

总之，自霍光开始执掌汉室大权起，致仕对他而言早已只是一个美好的愿望，或者说是一种奢望，在权力的巅峰鞠躬尽瘁，死而后已，自古以来就是霍光一类权臣的人生宿命，正所谓是人

---

① （北宋）司马光：《资治通鉴》卷二五"地节四年"，中华书局1956年版，第821页。

② （清）王夫之：《读通鉴论》卷四《霍光祸萌骖乘》，《船山全书》（10），岳麓书社1988年版，第160页。

在江湖，身不由己！

霍光不愿也不能交权，宣帝又渴盼掌权，矛盾于是产生，双方你来我往地交锋，最终势成水火。结果霍光一死，宣帝很快便将霍氏诛除无遗类。由于霍氏过于跋扈，司马光对宣帝除掉霍家也表示了理解，让司马光觉得难以接受的是宣帝做得太绝，把霍光的后人全数诛杀，使霍光连个供奉灵位的人也没有。不过考虑到宣帝在霍光主政期间所受的屈辱与惊吓，他这样做也是可以理解的。后来到了成帝时，朝廷追念旧勋，又为霍光置守冢百家，吏卒依制供奉祠祭。平帝元始二年（2年），封霍光从父昆弟曾孙霍阳为博陆侯，食邑千户。

第三节　霍党之忧

却说宣帝通过铲除霍氏的活动，将霍氏集团从统治核心中清除出去，而没有被清洗的霍氏集团成员，或遭到排斥，或自知大势已去，纷纷明哲保身，尽量靠边站，不与新贵争宠。

霍氏被诛之后，宣帝以太仆杜延年为霍光的亲信，想贬退他，但一时之间却又找不到合适的借口。丞相魏相认为杜延年长期参与朝政，贪赃枉法的事一定不少，建议宣帝对他进行审查，然后以罪除之。然而据《杜延年传》载，官方调查的结果却仅仅得到了苑马多死和官奴婢缺乏衣食等小过失："上以延年霍氏旧人，欲退之，而丞相魏相奏延年素贵用事，官职多奸。遣吏考案，但得苑马多死，官奴婢乏衣食"。估计宣帝和魏相都感到难以置信，但事实确实如此。杜延年是名臣之后，家富于财，又精通汉世律法，熟知规避之术，兼之其为人谨慎，所以宣帝想挑他的毛病还真难。

但不管怎么说，苑马多死和官奴婢缺乏衣食毕竟也算个问题，元康元年（前65年），宣帝以此为借口，免了杜延年的官，并削其食邑二千户。不过杜延年好歹也算举荐过宣帝，并且宣帝未发迹时与杜延年的儿子杜佗关系甚好，又加之杜延年确实甚有才能，闲置不用，未免可惜，所以数月后，又召拜杜延年为北地太守。而杜延年自知为霍氏故人，为宣帝所疑忌，以曾经的九卿重臣身份被派到边疆做太守，形同流放，故治郡不敢有所作为，政绩颇差："延年以故九卿，外为边吏，治郡不进。治郡不进者，以霍氏旧人，自托于无能也。"[1]宣帝闻讯给他发了一封盖有玺印的书信批评他不思进取，他才选用良吏，捕击豪强，郡中立马为之清静。说实在的，对于久参朝政的杜延年而言，治郡不过是小菜一碟而已。

张安世也是霍光的亲信，并且在宣帝未发迹时曾得罪过宣帝。据《张安世传》载，宣帝微时，多次出现怪异的征兆，张贺听说后，"为安世道之，称其材美。安世辄绝止，以为少主在上，不宜称述曾孙。"宣帝即位时，张贺已死。有次宣帝对张安世说："掖庭令平生称我，将军止之，是也。"此话看似是表扬，实则意味深长。因为当时宣帝落难民间，不过是一介平民，对当权者能有什么威胁！而张安世却视宣帝如大敌，好话不让说，姑娘不让嫁，更别说指望他稍施恩惠，改变一下自己的人生窘况了。所以说宣帝这句话与其说是表扬，不如说是讥讽更恰当。故宋超称这显示宣帝内心对张安世"不无怨恨"[2]。

所以后来张安世见霍氏被宣帝以谋反之罪夷灭宗族，就担心

---

[1]　（清）何焯著，崔高维点校：《义门读书记》卷十八《前汉书　列传》，中华书局1987年版，第298页。

[2]　宋超：《昭宣时代》，陕西人民出版社2008年版，第152页。

宣帝借机除掉自己。当然前已论及当时宣帝为了孤立霍家，对张安世频施恩惠，着意拉拢，但这是宣帝出自真心实意想让他辅佐自己，还是一种策略，谁也不知道。就张安世而言，他当时所知道的是他的嫁给霍氏亲戚的孙女张敬，在诛灭霍氏的过程中，受到牵连，可能被处死，而宣帝对此却恍若不知，这让他有一种不祥的预感，以至于终日如坐针毡。他清楚如果宣帝这个时候想处置他，这就是一个非常合适的借口，即由张敬株连到他，名正言顺地将他治罪。正因如此，武帝时他不过是尚书令、光禄大夫这样一个中级官员，就敢斗胆为他的兄长张贺请命，然而到了现在已贵为大司马、卫将军，俨然当朝最有权势的官员，却只能眼睁睁地看着自己的孙女将因连坐之罪被朝廷处死，而不敢请求宣帝赦免她。

事实上，张安世的担忧确非杞人忧天，宣帝因为对张安世怀恨在心，还真的对他动了杀机。据《赵充国传》载，后将军、营平侯赵充国之子赵卬私下与人讲，宣帝曾欲除掉张安世，赖其父从中调解，方才放过了他："车骑将军张安世始尝不快上，上欲诛之，卬家将军以为安世本持橐簪笔事孝武帝数十年，见谓忠谨，宜全度之。安世用是得免。"而推考宣帝想处死张安世的时间，很可能就是在宣帝除掉霍氏家族后，张安世忧心不已的这个时候。当然宣帝最终饶了张安世，赵充国的劝说是一个重要原因，此外还有一个不可忽视的因素那就是张贺的缘故。虽然宣帝讨厌张安世，但他毕竟是于己有大恩的张贺的弟弟。另外，张安世的少子张彭祖和宣帝是好朋友，这也会让宣帝难以下手。由于宣帝与张家的关系剪不断理还乱，最终还是饶了张安世。

当然张安世对此并不知情，不免神情忧郁，寝食不安，以至于身体很快便消瘦下来，宣帝见了，故作惊讶地向身边的侍从询问缘由，侍从认为这是因为张安世的孙女张敬受到霍家株连的缘故，宣帝听后，顺势赦免了张敬。张安世由于不知宣帝已对他放下了屠刀，不免把这理解为是宣帝对他施行的欲擒故纵之计，所以更加恐惧。为了避免招致宣帝的疑忌，当时每定下大政后，张安世马上便称病回家，及听到诏令下达，就故作吃惊地派人去丞相府询问详情，以此来向宣帝表示自己不居功，不邀誉。由于张安世把这事做得极其周密，就是丞相、御史大夫等大臣都不知道张安世参与了朝廷的决策，以至于谏大夫盖宽饶上章弹劾张安世居位无补。张安世曾经举荐过一位官员，该官员为此向张安世表示感谢，但这在张安世看来，分明是在给他招祸，因为这有结党的嫌疑，就与此人断绝了来往。据《张安世传》载，有一位郎官认为自己功高，请求张安世给自己升职，张安世批评他说："君之功高，明主所知。人臣执事，何长短而自言乎！"直接拒绝了该郎官的请求，然而过后不久该郎官就升迁了。他的幕府长史迁任他职，向他辞行时，他向长史询问自己的过失之处，长史说："将军为明主股肱，而士无所进，论者以为讥。"张安世听后说："明主在上，贤不肖较然，臣下自修而已，何知士而荐之？"班固在讲完这些小典故后，在张安世的传记中做了一个总评说："其欲匿名迹远权势如此"。

第四节　宣帝之乐

　　铲除霍氏家族后，意气风发的宣帝在元康元年（前65年）做了几件高兴事。当年春，宣帝在长安东南数十里处的杜东原上选定茔地，开始营建自己的陵墓。更名杜县为杜陵。徙丞相、将军、列侯、吏二千石、资产百万者于杜陵。

关于西汉帝陵，刘庆柱等指出其形成与昭穆制度关系甚大。昭穆制度就是按父子辈分排列，父昭子穆，西汉十一帝，居于昭位者有高祖、景帝、昭帝、宣帝、成帝；据于穆位者有惠帝、文帝、武帝、元帝、哀帝、平帝。西汉十一帝中有九帝就是按照昭穆制度葬在咸阳原陵区，只有文帝、宣帝因情况特殊，葬在了长安城东南陵区。具体到宣帝，是因为根据昭穆制度，"辈份不同，隔辈继位者，由于其昭穆序位相同，死后也不能葬在同一陵区。如汉宣帝为昭帝堂孙，均为昭位，刘询继昭帝之位后，就不能在咸阳原上预建寿陵，只好在长安城东南的杜东原上营建初陵。"①实则并非如此。本始元年（前 73 年）六月，据《戾太子传》载，朝廷对宣帝与昭帝的关系进行明确规定："礼'为人后者，为之子也'，故降其父母不得祭，尊祖之义也。陛下为孝昭帝后，承祖宗之祀，制礼不踰闲。"亦即宣帝是以昭帝继子身份继承皇位的。《外戚传》云："宣帝即位，为太皇太后。"此似是说上官氏为宣帝的祖母。然《宣帝纪》言及上官氏皆称"皇太后"，及黄龙元年十二月宣帝崩，"癸巳，尊皇太后曰太皇太后。"又《元帝纪》亦云："黄龙元年十二月，宣帝崩。癸巳，太子即皇帝位，谒高庙。尊皇太后曰太皇太后，皇后曰皇太后。"显见《外戚传》属误书。据《外戚传》载，宣帝的许皇后、霍皇后也是以"妇道"即儿媳的身份侍奉上官氏的："初许后起微贱，登至尊日浅，从官车服甚节俭，五日一朝皇太后于长乐宫，亲奉案上食，以妇道共养。及霍后立，亦修许后故事。"

故就昭帝、宣帝二人的昭穆序位而言，昭帝属昭位，宣帝当属穆位，据此，宣帝寿陵是可以营建于咸阳原的。但是宣帝还是

① 刘庆柱、李毓芳：《西汉十一陵》，陕西人民出版社 1987 年版，第 147 页。

将自己的寿陵建在了杜东原上，原因是宣帝对由霍光主导将他确定为昭帝继子的决定并不认可。据《汉旧仪》称："天子即位，明年，将作大匠营陵地"[①]。据《晋书·索綝列传》载，晋人索綝也说："汉天子即位一年而为陵"。是知汉代君主营建自己寿陵的时间甚早，然而宣帝却在其正式即位的第九年方才营初陵，原因是若他一即位便建寿陵，由于当时政局由霍光主导，则霍光为强调他与昭帝的承继关系，一定会按照昭穆制度，将他的寿陵置于咸阳原陵区穆位上，而这是宣帝不愿接受的。并且若霍光在世时便建宣帝的寿陵，由于霍光有大恩于宣帝，则很有可能霍光死后，为示尊宠，宣帝不得不将他葬在杜陵，如据《张安世传》载，张安世薨后，宣帝"赐茔杜东，将作穿复土，起冢祠堂。"而以宣帝对霍光之厌恶，他肯定不愿意这样做的。

总之，由于以上原因，宣帝遂不循旧制，将自己的寿陵建在了京兆杜县的杜东原上，其地宽阔高畅，风景宜人："南望终南名山如屏，北眺京师宫观似锦；东临浐水白鹿原，西傍宜春下苑。"[②]数百年后李白来到这里，还诗兴大发："南登杜陵上，北望五陵间。秋水明落日，流光灭远山。"[③]据《宣帝纪》载，宣帝年轻时最喜在此处游玩："尤乐杜、鄠之间，率常在下杜。"即位后又将其定为自己的埋骨之所，真是想想都高兴。

而上天也来助兴，据说当年春，凤凰聚集在泰山、陈留，甘露降于未央宫，可谓祥瑞并兴。据《宣帝纪》载，当年三月，宣

①　（东汉）卫宏撰，（清）孙星衍辑：《汉旧仪补遗》卷下，载孙星衍等辑，周天游点校《汉官六种》，中华书局1990年版，第62页。

②　刘庆柱、李毓芳：《西汉十一陵》，陕西人民出版社1987年版，第80页。

③　（唐）李白著，（清）王琦注：《李太白全集》卷二一《杜陵绝句》，中华书局1977年版，第974页。

帝将此诏告天下，施恩吏民，让大家一起分享他的快乐："乃者凤皇集泰山、陈留，甘露降未央宫。朕未能章先帝休烈，协宁百姓，承天顺地，调序四时，获蒙嘉瑞，赐兹祉福，夙夜兢兢，靡有骄色，内省匪解，永惟罔极。《书》不云乎？'凤皇来仪，庶尹允谐。'其赦天下徒，赐勤事吏中二千石以下至六百石爵，自中郎吏至五大夫，佐史以上二级，民一级，女子百户牛酒。加赐鳏寡孤独、三老、孝弟力田帛。所振贷勿收。"

大致在当年四月，改"地节"年号为"元康"，意谓强臣擅权的问题已被解决，天下已经太平："霍氏之乱得以敉平，不谨于礼的在势者已经除去，天下重归于小康世界，这应该就是'元康'这一年号的寓意。"①

本始元年（前73年）六月，官方对宣帝家人所议的谥号，让宣帝甚为不满，但迫于霍光当权，他只能隐忍。及至除掉霍氏集团，宣帝很快便旧事重提。元康元年（前65年）五月，据《戾太子传》载，在宣帝授意下，丞相魏相等称引《礼记·丧服小记》义，建言抬升宣帝家人的地位："《礼》'父为士，子为天子，祭以天子'。悼园宜称尊号曰皇考，立庙，因园为寝，以时荐享焉。益奉园民满千六百家，以为奉明县。尊戾夫人曰戾后，置园奉邑，及益戾园各满三百家。"此议称宣帝父亲刘进为"皇考"，以天子之礼祭祀，等同于否定了此前霍光等将宣帝过继给昭帝的安排，而使其重回其本生父一系。称其祖母戾夫人为戾后，增加戾园和戾后园的采地民户各满三百家，意味着是以诸侯王之礼来对待卫太子和史良娣。只是卫太子的谥号太过刺目，若能改成美谥当更圆满。由于宣帝现在大权在握，改之亦非难事，然而魏相等对卫

① 辛德勇：《汉宣帝地节改元事发微》，《文史》2012年第3辑。

太子的谥号却没做任何变更，考其原因，还是怕因此产生恶劣的影响，于是"戾"竟成了对卫太子的盖棺之论。

据《宣帝纪》载，立皇考庙后，宣帝又诏"复高皇帝功臣绛侯周勃等百三十六人家子孙，令奉祭祀，世世勿绝。其毋后者，复其次。"元康四年八月，"又赐功臣适后黄金，人二十斤。"就诏复之年而言，《通鉴考异》认为此当在元康四年，"按《功臣表》，诏复家者皆云'元康四年'，其数非一，不容尽误；盖《纪》误耳。"[1]钱大昕认为这并不矛盾："盖有司奉诏检校得实，请于朝而复之，非一时所易了，《纪》所书者下诏之岁，《表》所书者赐复之岁也。"[2]宣帝诏立皇考庙后，又推己及人，兴灭继绝，诏复功臣之后，考其用心，当是要借此显示自己不是一个无情无义之人，但凡有功于社稷者，无论时间多久远，自己都会悉心呵护。霍氏之诛，实在是罪无可赦："宣帝拳拳于高帝之功臣如此其厚也，则霍氏实有难容之罪而非帝之少恩益可见矣。"[3]同时其如此张皇其事，也是要借此昭告天下：朕认祖归宗了。

① （北宋）司马光:《资治通鉴》卷二五"元康四年"，中华书局 1956 年版，第 835 页。
② （清）钱大昕著，方诗铭、周殿杰校点:《廿二史考异》卷六《汉书》，上海古籍出版社 2004 年版，第 97 页。
③ （清）易佩绅:《通鉴触绪》卷九，清光绪刻本。

第九章 承敝通变:《穀梁》之学受推崇

宣帝亲政后,面对新的形势,为维护社会稳定,促进经济发展,强化皇朝统治,有意识地以《穀梁》学思想为指导,革新武帝以来的王霸并用之政。并召开石渠阁会议,重点探讨《公羊传》《穀梁传》的同异,最终《穀梁》学在此次论辩中胜出,同时诸儒通过对诸经说异同的剖判,屏蔽了不利于维护皇朝统治的经学主张,统一了对诸经的认识,强化了皇权对思想的控制。

第一节 武帝对《公羊》学的推崇

论及治国,宣帝颇有心得体会,据《元帝纪》载,有一次他与太子谈话时曾说:"汉家自有制度,本以霸王道杂之,奈何纯任德教,用周政乎!"霸道,指的是法家的治术。王道、德教、周政,指的是儒家的治术。"霸王道杂之",就是儒法兼采,文武并用。这是武帝开创的治国之道,经过数十年的实践,至宣帝时已然成熟。

据《史记·平准书》载,汉初,经过长期战乱,社会残破:"汉兴,接秦之弊,丈夫从军旅,老弱转粮饷,作业剧而财匮,自天子不能具钧驷,而将相或乘牛车,齐民无藏盖。"为恢复社会经济,汉朝统治者以黄老学说为指导,推行休养生息政策,采取一系列经济激励措施,以期促进农业、工商业的恢复与发展。

经过长期恢复，到武帝初年汉代社会已呈现一派繁荣景象，但也积聚下了一系列问题。如宗室诸侯与皇朝关系紧张，对抗不断；地方豪富武断乡曲，严重干扰统治秩序；各种制度尚不健全，给施政带来颇多消极影响；周边异族政权长期威胁皇朝统治，匈奴更是腹心之患。凡此种种问题，都显示黄老之术已经不能满足时代的需要，要求皇朝采取相应措施，予以妥善解决。

在此情况下，武帝不仅大行法家之政，同时具有"意气风发、积极进取的思想属性"的儒家学说也受到了武帝的高度重视①，其中解读《春秋》的《公羊传》因其所宣扬的理念与时代要求相契合，且经董仲舒的大力弘扬，尤为武帝所关注。

其一，宣扬大一统，鼓吹君权至上和中央集权的正当性。如《春秋·隐公元年》载："元年春，王正月。"《穀梁传》认为这是《春秋》意在谨人君即位之始："虽无事，必举正月，谨始也。"《公羊传》释为意在赞美整个天下都处在周王的统治之下，按照周朝的历法安排一切："何言乎王正月？大一统也。"认为王者无外。如《春秋·隐公元年》载："冬，十有二月，祭伯来。"《穀梁传》认为祭伯是周王的大夫，其来到鲁国，按礼当称"朝"，之所以不称"朝"，是因为祭伯并非受周王之命而来："来者，来朝也。其弗谓朝何也？寰内诸侯，非有天子之命，不得出会诸侯。不正其外交，故弗与朝也。"《公羊传》释为祭伯是周王的大夫，其来到鲁国，《春秋》不称"使"，而称"来"，是因为他是逃亡来的。但《春秋》没用表示逃亡之意的"奔"字，是因为周天子是天下之主，所有的地方都受他的统治，若用"奔"字，就意味着天子有外了，故《春秋》不书"奔"："祭伯者何？天子之大夫也。何

① 李振宏：《汉代儒学的经学化进程》，《中国史研究》2013 年第 1 期。

以不称使？奔也。奔则曷为不言奔？王者无外。言奔，则有外之辞也。"

据《董仲舒传》载，董仲舒对《公羊传》的大一统思想进行了深入阐发："《春秋》大一统者，天地之常经，古今之通谊也。"《春秋繁露·三代改制质文》指出："王者必改正朔，易服色，制礼乐，一统于天下，所以明易姓，非继人，通以己受之于天也。"

其二，主张大义灭亲，要求对乱臣贼子毫不留情地进行镇压。如《春秋·庄公三十二年》载："秋，七月，癸巳，公子牙卒。"公子牙是鲁桓公的儿子，鲁庄公的弟弟，庄公病危，公子牙等阴谋发动内乱，夺取君位，被庄公幼弟季子逼迫饮鸩自杀。《穀梁传》无解。《公羊传》认为《春秋》对此表示赞赏，因为臣子对君父不能有叛逆之心，有这种念头，即使没有付诸实施，也要将其诛杀，"公子牙今将尔，辞曷为与亲弑者同？君亲无将，将而诛焉。"《春秋繁露·王道》亦称："《春秋》立义：天子祭天地，诸侯祭社稷，诸山川不在封内不祭。有天子在，诸侯不得专地，不得专封，不得专执天子之大夫，不得舞天子之乐，不得致天子之赋，不得适天子之贵。君亲无将，将而诛。大夫不得世，大夫不得废置君命。"

其三，《公羊传》强调复国仇的正义性。如《春秋·庄公四年》载："纪侯大去其国。"纪国国君向周懿王诬陷齐襄公的九世祖齐哀公，结果齐哀公被周懿王烹杀。齐襄公为复仇，将纪国灭掉。《穀梁传》认为这是意在贬抑无道之强，而表彰有道之弱："大去者，不遗一人之辞也。言民之从者，四年而后毕也。纪侯贤而齐侯灭之，不言灭而曰大去其国者，不使小人加乎君子。"《公羊传》认为《春秋》记此事，以为齐襄公为远祖复仇而灭纪国，尽了奉承祖先的孝道，是值得肯定的，因此为齐襄公讳，不书"灭"纪，而书"大去其国"。并认为就国家而言，即使是报复百世之仇也是应该的："大去者何？灭也。孰灭之？齐灭之。曷为不言齐灭之？为襄公讳也。《春秋》为贤者讳。何贤乎襄公？复仇也。何仇尔？远祖也。哀公享乎周。纪侯谮之。以襄公之为于此焉者。事祖祢之心尽矣。尽者何？襄公将复仇乎纪，卜之曰：师丧分焉，寡人死之，不为不吉也。远祖者，几世乎？九世矣。九世犹可以复仇乎？虽百世可也。家亦可乎？曰：不可。国何以可？国君一体也，先君之耻，犹今君之耻也。"《春秋繁露·灭国下》对此也表示赞同："纪侯之所以灭者，乃九世之仇也。一旦之言，危百世之嗣，故曰大去。"

由于《公羊》学适应了汉朝的形势，因此武帝不仅大力宣扬该学说，并让卫太子学习《公羊传》，以讽喻天下，《公羊》学于是大显于世，并获得了国家最高指导思想的权威地位。武帝遂高扬《公羊》学的旗帜，结合法家的治国理念，强力推行王霸之政。对内残酷镇压宗室诸侯，强力打击地方豪富；对外征伐四夷，复仇匈奴。从而使君主专制的中央集权体制得到极大的加强，四夷纷纷臣服于大汉，强悍的匈奴也不得不远遁漠北。但同时也导致皇权与宗室贵族矛盾重重，地方豪族对皇权充满敌意，国家疲弊，百姓困苦，社会动荡。而此时经过皇权长期的经营，宗室贵族已下降为贵族地主，对皇权已不构成威胁。地方豪族不仅已跻身统治阶层，且其地位还呈现出持续上升趋势。

第二节　西汉中期豪族阶层的崛起

汉朝在武帝以前，仕进之途主要有军功、任子、赀选等三途。在此期间，朝廷公卿及地方郡国守相、县令长等地方长吏的选任，主要出自此三途。其中以军功、任子身份出任要职者居多。尤其是丞相一职，一直是功臣贵族及其后人的禁脔。自高祖至景帝，共有十四位丞相。"从第一任萧何到第十任申屠嘉，除吕产因涉及诸吕之变，当作他论而外，皆为汉初军功受益阶层之最上层，即功臣列侯之第一代。从第十一任之陶青到第十三任之刘舍，皆为功臣列侯之第二代。从第十四任之卫绾开始，丞相第一次由汉初军功受益阶层以外的人担当，其时代已在景帝末年。也就是说，西汉初年，从高帝到景帝末，丞相例由功臣列侯世袭担当，即非功臣列侯不能任相。"①故范晔在《后汉书·朱景王杜马刘傅坚马传》卷末论曰："自兹以降，迄于孝武，宰辅五世，莫非公侯。"其他朝廷高官也具有明显的世袭特征："从西汉建立到武帝时期，上层官僚的组成有较强的继承性，三公九卿们能够顺利地将自己的地位与权力传递给其后代，前一朝的官员及其后裔往往也是后一朝的中坚力量"②。

就地方而言，由于社会残破，各个阶层都长期处在恢复与发展之中，吏民基本上各守其职，社会相对稳定，地方掾属阶层因而也呈现出世袭化倾向。如从事祭祀祝告神灵工作的"祝"、从事占卜吉凶工作的"卜"以及在各级政府部门从事文书档案、书记事务工作的吏员"史"，就是父子世代相传："史、卜子年十七岁学。史、卜、祝学童学三岁，学佴将诣大史、大卜、大祝，郡史学童诣其守，皆会八月朔日试之。"史、卜、祝等官员就从这些学童中选出，如就"史"而言："囗史学童以十五篇，能风（讽）书五千

① 李开元：《汉帝国的建立与刘邦集团：军功受益阶层研究》，生活·读书·新知三联书店 2000 年版，第 204—205 页。
② 蔡亮：《重塑统治集团：西汉巫蛊案的再解读》，《湖南省博物馆馆刊》2010年第 7 辑。

字以上，乃得为史。有（又）以八膛（体）试之，郡移其八膛（体）课大史，大史诵课，取寂（最）一人以为其县令史，殿者勿以为史。三岁一并课，取寂（最）一人以为尚书令史。"①就"卜"而言，《史记·龟策列传》明确指出汉世这类官职"父子畴官，世世相传"。刑狱之职亦父子相传。法律之吏多为家学，据《南齐书·崔祖思传》载，南齐崔祖思回顾汉代法律之家时说："汉来治律有家，子孙并世其业"。

可以说，在武帝以前，通过自身经营致富的工商豪民、平民地主等基本上被排除在官僚体制之外，作为被统治者而存在，但这种状况在武帝时期发生改变。武帝时期，自汉兴以来，兴盛数世的军功阶层或因不能适应时代的变化，或因受到朝廷的打压，而持续衰落。以工商豪民、平民地主为主体的新兴社会力量，虽然也受到了朝廷的压制，但由于他们已经成为社会的主体，将他们完全排除在统治体系之外，既不现实，也不利于维护社会的稳定。因此国家在采取种种措施盘剥他们的财富的同时，又以利益为诱饵，拉拢他们进入统治体制之中。于是，"各种社会势力按照王权的意志发展，遵从王权支配秩序，他们逐渐融入国家权力结构中，与权力结合日益密切，他们由原来国家打击、限制的对象转变为国家政权的社会基础，由王权秩序的背离者转化为王权体系中的一员。各种社会势力实现了存在形态的本质性改变。"②

如元朔二年（前127年）为解决筑朔方导致的国家财政空虚问题，国家允许百姓入羊为郎。元朔六年（前123年）置武功爵，

---

① 张家山二四七号汉墓竹简整理小组：《张家山汉墓竹简［二四七号墓］》（释文修订本），文物出版社2006年版，第80—81页。

② 崔向东：《汉代豪族研究》，崇文书局2003年版，第134页。

买爵者有诸多优惠待遇，诸如买爵至第五级"官首"者，有试补为吏的资格，并且优先除用；买爵到第七级"千夫"，其爵秩相当于二十等军功爵制第九级"五大夫"的爵秩，可以享受五大夫所享受的相关待遇。此次武功爵共卖出十七万级，这也意味着许多富人通过购买武功爵的方式进入了官僚系统。盐铁官营也使一批富商大贾进入官僚体系之中，从而跻身统治阶层。如在朝廷主持盐铁事务的东郭咸阳、孔仅、桑弘羊皆出身商贾之家，地方主持盐铁事务的官吏也多为商贾。又令吏得入谷补官，郎至六百石。入财者得补郎。军功人员通过封爵加官也大量进入统治阶层。如元朔六年（前123年）以卫青统军征匈奴有功，受爵赏者甚众，并且军功多用越等，大者封侯卿大夫，小者郎吏。太初四年（前101年）贰师将军李广利西征大宛军还，武帝爵赏有功将士，军官吏为九卿者三人，诸侯相、郡守、二千石百余人，千石以下千余人。同时通过察举制和博士弟子选官制，又有许多士人进入官僚队伍。为适应日益加强的专制统治的需要，武帝在沿用原有选官制度的同时，又推行察举制。察举制就是由地方长官或中央各部门官员负责考察、选取人才并推荐给朝廷，朝廷根据其才能高下委任以不同官职的选官制度。察举分岁举和特举。岁举就是每年都要举行的选官制度，具体指孝廉。孝廉即孝子、廉吏，对象大部分为小吏和儒生，起初本为举孝、察廉二科，即举孝子和廉吏各一人，后孝廉往往连称而混同为一科。特举是偶尔或多次举行的选官制度，有秀才、贤良方正、文学、有道之士、明经、明法、尤异、治剧、方伎等。其中秀才、贤良、文学、有道之士等是汉代选拔官吏的重要科目和途径。武帝时置五经博士，并为博士置弟子五十员，立太学以纳之。博士弟子由太常从民间选择，同时又由郡国选择若干人入太学学习。一年期满，通过考试，按等第授官。

这些人进行官僚体系后，与既有官僚合流，共同构成新的官僚集团，其成员利用所掌握的权力，在规避国家政策打击的同时，又大肆谋取利益，加之君主的赏赐，使官、商、地主三位一体的新官僚阶层，很快便成为新的财富拥有者，同时一批商贾地主通过与官僚相互利用，也在新的形势下发展起来。从而在武帝中后期，在汉代的社会机体中就出现了一个以官僚集团为核心，以与权力有着密切联系的富豪为主体的新阶层：豪族阶层。及至昭宣时期，豪族阶层已基本掌控了自下而上的官僚体系。

汉世地方政府用人，"自曹掾以下无非本郡之人"[①]。只有三辅郡县得仕用他郡人："监官长吏自辟之属吏，必用本籍人；唯京畿郡县可例外。"[②] 故武帝以来，选官诸途并举，使地方豪族纷纷进入所在郡县的官僚机构之中，到了昭帝时期，地方官僚机构已处在地方豪族的掌控之中，并进而占据了地方长吏及朝廷公卿的高位。即以丞相为例，武帝一朝，共有丞相十三名。其中权贵出身者九人，如窦婴、田蚡、公孙贺、刘屈氂出身外戚宗室；许昌、薛泽、庄青翟属高帝功臣之后；石庆、赵周属名臣之后。只有卫绾、田千秋、公孙弘、李蔡等四人出身平民之家。及至昭宣时期，形势大变。昭宣两朝共有九位丞相，其中田千秋、王诉、杨敞、蔡义、魏相、丙吉、黄霸等七位丞相，祖上皆无显于世，出身平民之家。尤其是蔡义因家贫，初入大将军幕府供职，常徒步公干。韦贤、于定国两人，祖上只是稍有名望。韦贤高祖曾为楚元王的

---

① （清）顾炎武著，（清）黄汝成集释：《日知录集释》卷八《掾属》，上海古籍出版社 1985 年版，第 630 页。
② 严耕望：《汉代地方官吏之籍贯限制》，（台北）《"国立中央研究院"历史语言研究所集刊》第 22 本（1950 年）。

儿子夷王刘郢客、孙子刘戊傅，后去位不仕，至韦贤时，已数世为平民。于定国的父亲以县狱吏起家，官至郡决曹而已，此前该家族并无闻人。

由于豪族阶层已基本掌控了汉朝的官僚体系，成为汉政权的支持力量，因此朝廷继续如武帝时那样对他们施以暴酷之政，已经不合适了，并且也是他们所不允许的。

第三节　昭宣时期儒生论武帝之政

武帝之政在其在位期间便颇受质疑，及至昭帝时期，社会舆论更是强烈否定武帝以来的王霸之政。如在始元六年（前81年）召开的盐铁会议上，以百姓代言人自居，事实上代表的主要是"豪族意旨"的贤良文学①，以儒家理论为依据对武帝以来的政治予以全面否定。据《盐铁论·遵道篇》载，文学更是要求以仁义治国，认为圣明的君主治理天下，始终没有离开仁义。因此，有改变制度之名，无变易治道之实。古圣先王治国，无不宣明德教，重视学校教育，推崇仁义，确立教化："圣王之治世，不离仁义。故有改制之名，无变道之实。上自黄帝，下及三王，莫不明德教，谨庠序，崇仁义，立教化。此百世不易之道也。"具体而言：

其一，批判朝廷与民争利，主张藏富于民。在《盐铁论·本议篇》中，文学认为治人之道，在于防止使其嗜欲放纵的根源，扩充使其道德充盈的善良本性，抑制工商之利而推广仁义，不要用利来引诱人，然后教化可以振兴，风俗可以改变。现在地方郡

---

① 施丁：《秦汉豪族的呼声——读桓宽〈盐铁论〉》，《学术月刊》1999年第11期。

国实行盐铁官营、酒类专卖，推行均输法，这是在与民争利。从而破坏了敦厚的朴实风气，造成了贪鄙的习俗。因此百姓从事农业者少，追逐工商业者多。表面文饰繁盛则本质就会衰减，工商业兴旺则农业就会亏损。工商业发达就会导致人民奢侈放纵，农业发达就会使人民质朴谨慎。人民质朴谨慎就会使生活富足，人民奢侈就会引起饥寒发生。因此希望废除盐铁官营、酒类专卖和均输法，以利于农业的发展："窃闻治人之道，防淫佚之原，广道德之端，抑末利而开仁义，毋示以利，然后教化可兴，而风俗可移也。今郡国有盐、铁、酒榷，均输，与民争利。散敦厚之朴，成贪鄙之化。是以百姓就本者寡，趋末者众。夫文繁则质衰，末盛则本亏。末修则民淫，本修则民悫。民悫则财用足，民侈则饥寒生。愿罢盐、铁、酒榷、均输，所以进本退末，广利农业，便也。"在《禁耕篇》中，认为王者不应该蓄聚财物，而应该藏富于民，远离工商浮利，致力于用礼义教导百姓。礼义道德确立起来了，百姓自然就会接受来自上面的教化："是以王者不畜聚，下藏于民，远浮利，务民之义；义礼立，则民化上。"

其二，反对利用盘剥百姓所得武力开边，主张以德服人。在《盐铁论·本议篇》中，文学认为武帝以来的开边活动给百姓带了极大危害："古者，贵以德而贱用兵。孔子曰：'远人不服，则修文德以来之。既来之，则安之。'今废道德而任兵革，兴师而伐之，屯戍而备之，暴兵露师，以支久长，转输粮食无已，使边境之士饥寒于外，百姓劳苦于内。立盐、铁，始张利官以给之，非长策也。故以罢之为便也。"

其三，重礼乐教化。在《盐铁论·诏圣篇》中，文学承认教化与刑罚皆为治民之具："故令者教也，所以导民人；法者刑罚也，所以禁强暴也。二者，治乱之具，存亡之效也，在上所任。"但更强调教化的作用。在《论诽篇》中，认为礼义是治国之本，礼兴乐正刑罚才能合适，从来没有礼义败坏还能把国家治理好的，只有危机重重的国家才会崇尚法律："治国谨其礼，危国谨其法。"针对当时所谓的"良吏"，在《申韩篇》中，文学批评他们舞文弄法，祸害百姓："文察则以祸其民，强力则以厉其下，不本法之所由生，而专已之残心，文诛假法，以陷不辜，累无罪，以子及父，以弟及兄，一人有罪，州里惊骇，十家奔亡，若痈疽之相浧，色淫之相连，一节动而百枝摇。"在《诏圣篇》中，认为严刑峻法是不可以持久的。比如秦因刑法严酷，导致天下叛离，"闻不一期而社稷为墟"。

宣帝时舆论继续抨击武帝的霸政。据《夏侯胜传》载，宣帝即位后，下诏要求褒崇武帝，夏侯胜持不同意见，认为武帝在世期间，穷兵黩武、奢侈无度，给社会带来了极其严重的消极影响，因此不配受到褒崇："武帝虽有攘四夷广土斥境之功，然多杀士众，竭民财力，奢泰亡度，天下虚耗，百姓流离，物故者半。蝗虫大起，赤地数千里，或人民相食，畜积至今未复。亡德泽于民，不宜为立庙乐。"由于自认为说出普天下人想说的话，为天下人主持了公道，夏侯胜觉得自己就是因此被处死也是值得的，因此抨击罢武帝后，面对公卿的责难，夏侯胜慷慨激昂地说："议已出口，虽死不悔。"据《路温舒传》载，路温舒论及汉政说："秦有十失，其一尚存，治狱之吏是也。"

所以历史发展到宣帝时期，为加强统治集团内部的团结，扶持贫困的小农阶层，促进经济的恢复与发展，维护社会稳定，就有必要调整国家指导思想，缓和各种矛盾。在此背景下，《穀梁传》受到了宣帝的重视。

第四节　宣帝对《穀梁》学的提倡

　　《穀梁传》亦为阐发《春秋》意蕴之书。武帝时瑕丘江公受《穀梁传》于鲁国申公，齐人董仲舒则精通《公羊》学，武帝曾让两人论《谷梁》学与《公羊》学之优劣，结果董仲舒胜出。史称江公败在不善言辞，及丞相公孙弘也是《公羊》学家，支持董仲舒，故武帝重用董仲舒而罢黜江公。但更重要的原因是《公羊》学所宣扬的理念更适合当时的时代要求。然而卫太子却喜欢《穀梁》学，据《戾太子传》载，卫太子"少壮，诏受《公羊春秋》，又从瑕丘江公受《穀梁》。"《儒林传》称："于是上因尊《公羊》家，诏太子受《公羊春秋》，由是《公羊》大兴。太子既通，复私问《穀梁》而善之。"由于卫太子喜欢《穀梁》学，宣帝在民间时就对《穀梁传》有所研读。即位后，向韦贤、夏侯胜、史高等鲁人了解《穀梁传》，韦贤等认为《穀梁》学属鲁学，《公羊》学属齐学，故《公羊》学不如《穀梁》学纯正，因建议兴《穀梁》学。而《穀梁传》讲亲亲尊尊，提倡礼制，注重道德教化，强调以民为本，确有其自身的特点。如钟文烝就指出："《穀梁》多特言君臣父子兄弟夫妇，与夫贵礼贱兵，内夏外夷之旨，明《春秋》为持世教之书也。"[1]

　　其一，讲亲亲尊尊。"亲亲"，即善待自己的亲人。《春秋·隐公元年》载："夏，五月，郑伯克段于鄢。"此处记载的是郑庄公攻打其弟共叔段，逼其于鄢出奔他国事。《公羊传》认为书"克"

---

[1]　（清）钟文烝：《穀梁补注》卷首《论传》，《四部备要》（10），中华书局、中国书店 1989 年版，第 9 页。

而不书"杀",是意在突出郑庄公之恶:"克之者何?杀之也。杀之则曷为谓之克?大郑伯之恶也。"然又认为段之被讨伐是罪有应得,只是不当由郑庄公亲自为之:"母欲立之,己杀之,如勿与而已矣。"《穀梁传》认为段是庄公的弟弟、郑国的公子,然而《春秋》只称"段",而不加"弟""公子"等称谓,是因为段与兄长争权,不守弟道。但对庄公的谴责更为严厉。因为郑庄公处心积虑地要杀害弟弟,段战败后逃到距离郑国国都相当遥远的鄢,但庄公仍要追杀他,这就如同从母亲怀中将其婴儿夺出来杀掉一样,是非常残忍的事情。《春秋》记国君杀大夫事,一般不记杀大夫之地的名字,现在写明"于鄢",意在严厉谴责庄公。认为郑庄公对待弟弟应该宽容,要慢慢追赶,给他机会,让他逃走,这才符合爱护自己亲人的"亲亲"原则:"克者何?能也。何能也?能杀也。何以不言杀?见段之有徒众也。段,郑伯弟也。何以知其为弟也?杀世子、母弟目君,以其目君知其为弟也。段,弟也,而弗谓弟;公子也,而弗谓公子。贬之也。段失子弟之道矣,贱段而甚郑伯也。何甚乎郑伯?甚郑伯之处心积虑成于杀也。于鄢,远也,犹曰取之其母之怀中而杀之云尔,甚之也。然则为郑伯者,宜奈何?缓追,逸贼,亲亲之道也。"《春秋·宣公十七年》载:"冬十有一月,壬午,公弟叔肸卒。"叔肸是鲁宣公弟,此处记载其卒事。对此,《公羊传》无阐释,《穀梁传》则认为鲁宣公杀公子赤而自立,叔肸谴责了他。按说叔肸应该离开鲁国去外国居住,但因顾念兄弟之情,担心因此使宣公的罪行被宣扬出去,就没有离开鲁国。宣公给他财物,他认为此属不义之财,不肯接受。靠织鞋出售为生,终身不接受宣公的照顾。君子认为叔肸此举,既坚持了君臣之义,不臣弑君之人;又顾念兄弟之情,不流亡他国以彰显兄长的过恶。从而使君臣之义、兄弟之情俱得通畅,因此得到《春秋》的尊重，称其为"公弟叔肸"，以表彰他的贤德："其曰公弟叔肸，贤之也。其贤之，何也？宣弑而非之也。非之，则胡为不去也？曰：兄弟也，何去而之？与之财。则曰：我足矣。织屦而食，终身不食宣公之食。君子以是为通恩也，以取贵乎《春秋》。"

"尊尊"，即尊重地位尊贵的人。《春秋·文公二年》载："八月，丁卯，大事于太庙，跻僖公。"此处记载的是鲁文公将其父鲁僖公的神主移到了鲁闵公神主的前面事。《春秋》用一"跻"字，《公羊传》仅是指出这是在讥刺鲁文公重亲而轻祖："跻者何？升也。何言乎升僖公？讥。何讥尔？逆祀也。其逆祀奈何？先祢而后祖也。"《穀梁传》则对此进行了深入阐释，并进而指出君子不因为爱亲人，而做出伤害尊者的事，这是《春秋》大义之所在："跻，升也，先亲而后祖也，逆祀也。逆祀，则是无昭穆也。无昭穆，则是无祖也。无祖，则无天也。故曰文无天，无天者，是无天而行也。君子不以亲亲害尊尊，此《春秋》之义也。"

其二，重视礼教。《春秋·隐公二年》载："冬，十月，伯姬归于纪。"伯姬是鲁惠公的长女，她在该年十月从鲁国嫁到纪国，《春秋》记其事。对此《公羊传》仅称："伯姬者何？内女也。其言归何？妇人谓嫁曰归。"《穀梁传》指出按照礼制，妇人出嫁称"归"，被休弃称"来归"。妇人在家受制于父亲、出嫁后受制于丈夫，丈夫去世则受制于长子。妇人没有自由行动的权力，必须有所依附："《礼》，妇人谓嫁曰归，反曰来归，从人者也。妇人在家，制于父；既嫁，制于夫；夫死，从长子。妇人不专行，必有从也。"《春秋·桓公十五年》载："春，二月，天王使家父来求车。"此处记载的是周桓王派家父来鲁国求车事。《公羊传》仅称："王者无求。求车，非礼也。"《穀梁传》则对此进行了深入阐释，指出《春秋》之所以记载此事，是因为古时诸侯在每年春季，将本国的物产作为贡品献给周天子。若有诸侯国不按时贡献，天子会对其进行批评，没有向诸侯征求贡品的事情。现在周桓王派家父来鲁国求车，是不合礼制的。进而又指出王室在遇到丧葬之事时，派人向诸侯求金，就更不应该了："古者，诸侯时献于天子，以其国之所有，故有辞让而无征求。求车，非礼也。求金，甚矣！"

其三，贵民重众。《穀梁传》与《公羊传》《左传》相比，尤其重民，主张以民为本。《春秋·隐公五年》载，该年十二月，"宋人伐郑，围长葛。"《公羊传》认为《春秋》书"围"，是因为长葛之强："邑不言围，此其言围何？强也。"《穀梁传》认为攻伐不能超过一个季度，即"伐不逾时"，《春秋》以"围"书之，是因为用时过久："此其言围，何也？久之也。"《春秋·桓公十三年》载："春，二月，公会纪侯郑伯。己巳，及齐侯、宋公、卫侯、燕人战。齐师、宋师、卫师、燕师败绩。"《穀梁传》认为《春秋》"战称人，败称师，重众也。"《公羊传》无此说。《春秋·桓公十四年》载："冬，十有二月，丁巳，齐侯禄父卒。宋人以齐人、蔡人、卫人、陈人，伐郑。"《公羊传》认为书"以"意谓齐、蔡、卫、陈四国从宋之意伐郑："以者何？行其意也。"《穀梁传》通过解释"以"字，对经文进行阐发："以者，不以者也。民者，君之本也。使人以其死，非正也。"故学者指出："贵民重众，为《春秋》最大之义，而《左传》、《公羊》皆无其说，惟《穀梁》有之，此穀梁子之卓出二家而独有千古者也。"①

总之，"与公羊学不同，穀梁学十分重视礼义教化，重视宗

---

① 江慎中：《春秋穀梁传条指》卷下"贵民重众"条，《国粹学报》1919 年第 73 期。

法情感，把礼的观念提到了突出的地位，而这具有缓和统治阶级内部矛盾，稳定政治统治，保护统治阶级长远利益的作用。"①

《穀梁》学因在武帝时受到压制，且与时代相疏离，故学者甚寡。宣帝即位后，通过对该学说进行深入了解，认识到该学说所宣扬的理念与《公羊》学相比，更为适合当时的需要。并且《公羊》学家屡用《公羊》义压制宣帝父祖，也为宣帝所不喜。

如据《隽不疑传》载，当年隽不疑就是以《公羊》之义抓伪卫太子的，隽不疑说："诸君何患于卫太子！昔蒯聩违命出奔，辄拒而不纳，《春秋》是之。卫太子得罪先帝，亡不即死，今来自诣，此罪人也。"此用的就是《公羊传》之义。《春秋·哀公三年》载："春，齐国夏、卫石曼姑帅师围戚"。《公羊传》解曰："蒯聩为无道，灵公逐蒯聩而立辄，然则辄之义可以立乎？曰：可。其可奈何？不以父命辞王父命。以王父命辞父命，是父之行乎子也。"就辄拒其父而不纳一事，《穀梁传》释义与《公羊传》同。然《穀梁传》在开篇即说："孝子扬父之美，不扬父之恶。"这显然是有利用宣帝之手为其父祖平反的。

据《戾太子传》载，宣帝即位后，要群臣为其父祖议谥，丞相蔡义等也是以《公羊》义降其父母不得祭祀："礼'为人后者，为之子也'，故降其父母不得祭，尊祖之意也。陛下为孝昭帝后，承祖宗之祀，制礼不踰闲。"《春秋·成公十五年》载："三月，乙巳，仲婴齐卒。"《公羊传》解曰："仲婴齐者何？公孙婴齐也。公孙婴齐则曷为谓之仲婴齐？为兄后也。为兄后，则曷为谓之仲婴齐？为人后者，为之子也。"而《穀梁传》论及《春秋》书婴齐之死一事，认为《春秋》不书婴齐为"公孙"，并非是因为他为人后

---

① 周桂钿：《中国学术通史·秦汉卷》，人民出版社 2004 年版，第 165 页。

的缘故，而是因为婴齐之父有弑君之罪，不得称"公子"，父不得称"公子"，故子不称"公孙"，因此疏远他："此公孙也，其曰仲何也？子由父疏之也。"这为后来宣帝直接抬升他父亲至帝位提供了理论支持。

凡此种种原因，宣帝一即位，便有意识地利用《穀梁》学来推行自己的政治主张，及至铲除霍氏集团，大权独揽后，又大力扶持《穀梁》学。在以《穀梁》学思想为指导，革新武帝以来的王霸并用之政的同时，以《穀梁》学者蔡千秋为郎中户将，选郎十人跟从他学习。蔡千秋病死后，征江公的孙子为博士，又让刘向跟随江博士学习《穀梁》，想让他协助江博士振兴《穀梁》学。江博士死后，又征召周庆、丁姓等《穀梁》学者，继续教授修习《穀梁传》的十个郎官。据《儒林传》载，自元康中开始讲授，到甘露元年（前53年），一直讲了十余岁，最终使受教者都通晓《穀梁》之学，"自元康中始讲，至甘露元年，积十余岁，皆明习。"

在做好充分准备后，据《宣帝纪》载，甘露三年（前51年），宣帝特召开石渠阁会议，诏诸儒讨论《五经》同异："诏诸儒讲《五经》同异，太子太傅萧望之等平奏其议，上亲称制临决焉。"据《儒林传》载，与会《五经》博士、鸿儒共有二十三人。由于核心内容是探讨《公羊传》《穀梁传》的同异："乃召《五经》名儒太子太傅萧望之等大议殿中，平《公羊》、《穀梁》同异，各以经处是非。"故两家各有五人参与，《公羊》学与会者为博士严彭祖、侍郎申挽、伊推、宋显、许广，《穀梁》学与会者为议郎尹更始、待诏刘向、周庆、丁姓及中郎王亥。宣帝让这十人与太子太傅萧望之一起，围绕《春秋》学的三十余个议题，引据各自所秉持的经义进行论辩，并要求诸儒将各自的议论奏上，由他自己亲自裁决，最终诸儒共奏上《春秋》学《议奏》三十九篇。在诸儒论争过程中，《公羊》学者所持见解多不为诸儒所信从，《穀梁》学的见解则因适应了当时的形势，且为宣帝所支持，因而得到了诸儒的认可，在此次论辩中胜出，《穀梁》学由此大盛："议三十余事。望之等十一人各以经谊对，多从《穀梁》。由是《穀梁》之学大盛。"周庆、丁姓被立为博士，这也意味着宣帝一朝最终解决了政治思想转向问题，新的治国思想正式确立。

石渠阁会议与会诸儒，除去《公》《穀》二家学者外，其他诸经学者共十三名：《易》有博士施雠，黄门郎梁丘贺；《书》有博士欧阳地余、林尊、张山拊，译官令周堪，谒者假仓；《诗》有博士张长安、薛广德，淮阳中尉韦玄成；《礼》有博士戴圣，太子舍人闻人通汉。此外，又有《五经》名儒太子太傅萧望之。他们在石渠阁所议议题甚众。据《艺文志》载，此次会议，所上议奏总计一百五十五篇，除去《春秋》学三十九篇《议奏》外，《书》有《议奏》四十二篇，《礼》有《议奏》三十八篇，《论语》有《议奏》十八篇，《五经杂议》有《议奏》十八篇。诸儒通过对诸经说异同的剖判，屏蔽了不利于维护皇朝统治的经学主张，统一了对诸经的认识，强化了皇权对思想的控制。

第十章　王霸并用，遂成中兴

宣帝亲政后，综核名实，信赏必罚，励精图治，对外在保持战略定力，力避与匈奴发生直接冲突的前提下，努力经营西域，平复西羌之乱，扎牢围困匈奴的篱笆，对内大兴文治，养民教民，从而使汉朝的国力呈现出蒸蒸日上的发展势头，最终单于称藩，天下太平。

第一节　吏治：综核名实，信赏必罚

宣帝亲政后，勤于政事，每五天召开一次群臣会议。自地节四年（前66年）起，每年秋后在未央宫宣室殿处理案件。平时也经常接见官员，议论国事。如地节三年（前67年），拜魏相为丞相后，据《霍光传》载，魏相"数燕见言事。平恩侯与侍中金安上等径出入省中。"又"群臣进见独往来"。据《张安世传》载，张安世为卫将军，常密与宣帝议论大政："每定大政，已决，辄移病出，闻有诏令，乃惊，使吏之丞相府问焉。自朝廷大臣莫知其与议也。"

宣帝天资甚高，有独断之能。如司马贞为《史记·殷本纪》做索隐，概述刘向《别录》"九主"之说，"专君，谓专己独断，不任贤臣，若汉宣之比也。"考其治国之术，据《宣帝纪》载，宣帝"信赏必罚"，即颜师古所云："有功必赏，有罪必罚。"而定其功罪的方法是综合官员各方面的情况对其进行考核，看其名实是否相符，即"综核名实"。《魏相传》亦云："宣帝始亲万机，厉精为治，练群臣，核名实"。或如《元帝纪》所言："以刑名绳下"。颜师古曰："刘向《别录》云申子学号刑名。刑名者，以名责实，尊君卑臣，崇上抑下。宣帝好观其《君臣篇》。绳谓弹治之耳。"具体而言：

对于朝廷官员，据《宣帝纪》载，宣帝重点利用五日一听事制度，加强日常督责："五日一听事，自丞相以下各奉职奏事，以傅奏其言，考试功能。"即令自丞相以下的官员们各根据自己的职掌奏陈工作思路与计划，然后让其予以施行，根据实效来考核其功业与德行。应劭所谓："敷，陈也。各自奏陈其言，然后试之以官，考其功德也。"

地方治理重视对刺史及郡守、诸侯相的选任。据《循吏传》载，当选拜这些官员时，宣帝都要亲自接见谈话，了解他们的思想，然后再考察他们的行为以验证他们的言论，有名实不符的，一定要找到原因："及拜刺史守相，辄亲见问，观其所由，退而考察所行以质其言，有名实不相应，必知其所以然。"尤重守相的选任，常称："庶民所以安其田里而亡叹息愁恨之心者，政平讼理也。与我共此者，其唯良二千石乎！"认为守相是管理地方官吏、百姓的关键人物，频繁地调换就会造成地方形势不稳；若百姓知道太守的任期长久，不能够欺瞒，就会服从他的领导。因此郡守、诸侯相要是政绩突出，他总是亲自赐书褒扬，增加俸禄并赐以重金，或授爵至关内侯，而不是频繁地对他们进行调动，当朝廷里公卿的位置出现空缺时，则先提拔那些受到过表彰的地方长吏，"是故汉世良吏，于是为盛，称中兴焉。"但如果治郡国不力，就会受到惩罚，甚者诛死："然任刑罚，或抵罪诛。"

至于身边的近臣,据《宣帝纪》载,宣帝采用厚赏的方法来调动他们的积极性:"侍中尚书功劳当迁及有异善,厚加赏赐,至于子孙,终不改易。"

由于措施得当,因而使当时的统治团队颇具活力。班固在《宣帝纪》中,甚至认为宣帝亲政后,对国家的要政考虑详备,众物之标准齐备,上下相处和谐,同心治国,没有敷衍了事之意:"枢机周密,品式备具,上下相安,莫有苟且之意也。"虽然评语有夸大之嫌,但宣帝亲政后官员们多勤于政事,的确是不争的事实。尤其是在地节四年(前66年)铲除霍氏集团后,在以宣帝为首的统治团队的不懈努力下,汉朝的国力更是呈现出蒸蒸日上的发展势头,而匈奴则内外交困,持续衰落,终至稽首称藩。

第二节 对外:扎牢篱笆,围困匈奴

汉朝自武帝时开始向匈奴发起主动出击,先后与匈奴进行了大小十余次战役。其中元朔二年(前127年)卫青、李息率军出云中,击败匈奴白羊王、楼烦王,收复河南地,解除对长安威胁;元狩二年(前121年),霍去病出陇西,入匈奴境千余里,杀二匈奴王,获休屠王祭天金人,大胜,遂控制河西走廊;元狩四年(前119年),卫青、霍去病分兵大举北伐,大败左贤王,基本上消灭其主力,匈奴远遁,而漠南无王庭。武帝时对匈奴的持续进攻,使匈奴失去了河南、河西两大水草丰美、气候温和的畜牧基地,将匈奴的力量限制在漠北苦寒之地,在与匈奴的博弈中已"处于绝对优势地位"①，同时又加强对朝鲜与西域的经营，元封三年（前108年）夏，朝鲜降，太初四年（前101年）春征服大宛，进一步筑牢了围堵匈奴的防线，在宏观上实现了对匈奴的把控。

然而大宛之役虽然取得胜利，但因此也引发了全国性的暴乱，后虽被镇压下去，也让武帝真正看清了汉朝已经极度虚弱的国力。当时匈奴仍有一定实力，显见"灭胡"仍然遥遥无期。并且从历史经验与武帝的实践看，纵使征伐匈奴获得重大胜利，仍难以对其形成有效控制。当此情势下，如果武帝仍然不惜代价地穷兵黩武，最终灭亡的可能不是匈奴而是汉朝了。总此诸点，使武帝在大宛之役后，开始调整对匈奴的政策，由此前的"灭胡"改为"困胡"。如《史记·匈奴列传》云："汉既诛大宛，威震外国。天子意欲遂困胡"。由此引发了汉朝持续数年的战略调整，当时，为执行"困胡"策略，汉朝先后数次主动向匈奴发起攻击，然皆得不偿失，遂有轮台之诏的颁布，最终将朝政的重心由此前的开边兴利转向发展民生，自此不再向匈奴用兵。

昭帝时期，辅政的霍光继续贯彻武帝晚年确定的这一国策，在与匈奴博弈的过程中，实行积极防御措施，即加强对边疆地区的警戒，一旦受到攻击，即实施强力反制，务必使其有来无回。若有机可乘，也不排斥主动征伐，元凤三年（前78年）冬出击匈奴就是例证。宣帝亲政后，则竭力避免与匈奴发生正面冲突，不争一时之得失。

匈奴自汉初以至于宣帝时期，先后经历了冒顿单于、老上单于、军臣单于、伊稚斜单于、乌维单于、儿单于、句黎湖单于、且鞮侯单于、狐鹿姑单于、壶衍鞮单于等。地节二年（前68年），

---

① 田余庆：《论轮台诏》，《历史研究》1984年第2期。

壶衍鞮单于死，弟左贤王被立为单于，是为虚闾权渠单于。

地节二年（前68年），壶衍鞮单于之母、狐鹿姑单于之颛渠阏氏的父亲左大且渠，因不满虚闾权渠单于欲与汉和亲，遂与呼卢訾王各将万骑，南傍塞猎，欲相逢侵汉。宣帝得到消息后，诏发边骑屯要害处，又使大将军监治众等四人将五千骑，分三队，出塞各数百里，捕得虏各数十人而还。此举形同警告左大且渠等勿轻举妄动。左大且渠等知汉已有准备，遂不敢进攻。

神爵二年（前60年），西羌之役结束后，虚闾权渠单于将十余万骑，南至长城下打猎，意欲侵汉。宣帝闻讯，遣赵充国将边郡四万骑屯沿边五原、朔方、云中、代郡、雁门、定襄、北平、上谷、渔阳等九郡，加强防备，单于闻之，不敢入，相峙月余，引去。

当然，在与匈奴对峙过程中，宣帝也曾动过乘其衰弱之势出兵攻伐的念头，但权衡利弊之后，又主动放弃了。如郑吉屯田车师后，因车师地近匈奴，且其地肥美，匈奴屡来争田。元康二年（前64年）因被匈奴围困于车师，郑吉上书请朝廷增加车师屯田士卒。据《魏相传》载，宣帝与后将军赵充国等议，"欲因匈奴衰弱，出兵击其右地，使不敢复扰西域。"丞相魏相认为当时汉朝边郡困乏、风俗尤薄、水旱不时，内忧实重于外患，因此反对兴兵："今左右不忧此，乃欲发兵报纤介之忿于远夷，殆孔子所谓'吾恐季孙之忧不在颛臾而在萧墙之内'也。"宣帝的反应是："上从相言而止。"

虚闾权渠单于被立后，黜前单于所宠幸的颛渠阏氏，而以右大将女为大阏氏。颛渠阏氏遂与乌维单于曾孙右贤王屠耆堂私通，神爵二年（前60年），屠耆堂来龙城时，虚闾权渠单于病死，颛渠阏氏遂与其弟左大且渠都隆奇谋立屠耆堂为单于，是为握衍朐鞮单于。

握衍朐鞮单于被立后，因大肆诛杀异己而众叛亲离，神爵四年（前58年），在其敌对势力拥立的呼韩邪单于的攻击下自杀，匈奴贵族趁势纷纷自立。神爵四年（前58年）冬，日逐王薄胥堂被立为屠耆单于，五凤元年（前57年），呼揭王自立为呼揭单于，右奥鞮王自立为车犁单于，乌藉都尉自立为乌藉单于，合前自立的呼韩邪单于，共有五单于。五凤元年（前57年），屠耆单于击败乌藉单于、呼揭单于、车犁单于，次年，为呼韩邪单于所败，遂自杀。而屠耆单于从弟休旬王在右地自立为闰振单于，继而呼韩邪单于兄左贤王呼屠吾斯也在东边自立为郅支骨都侯单于。五凤四年（前54年），郅支单于击杀闰振单于，并攻破呼韩邪单于，遂都单于庭。

据《萧望之传》载，当时，汉朝国力甚盛，"议者多曰匈奴为害日久，可因其坏乱举兵灭之。"宣帝颇为心动，就遣群臣问计于御史大夫萧望之，萧望之认为若兴兵攻伐，"彼必奔走远遁"，担心汉朝可能会"劳而无功"。萧望之的看法颇有道理："匈奴虽乱，未必能灭。虽能灭而穷兵费财，所失多矣。抑既灭之后，何以处之？将别选种类使居其地乎？则仍一匈奴矣。抑编为郡县而中国自置吏乎？则其地非中国之人所能居。即使居之，而烦费滋多，耗扰益甚，终亦仍为匈奴而已矣。"① 所以宣帝接受了萧望之的建议，没有兴兵征伐。

宣帝在守住战略定力的同时，对匈奴归附者皆善待之。地节二年（前68年），被匈奴所征服而居于匈奴左地的西嗕部落数千人，因与匈奴边防部队发生冲突，遂南下附汉。

---

① （清）易佩绅：《通鉴触绪》卷九，清光绪刻本。

神爵二年（前60年）秋，匈奴日逐王先贤掸因平素与握衍朐鞮单于有隙，因将人众万余来降。神爵三年（前59）年四月，宣帝封先贤掸为归德侯。

五凤二年（前56年），屠耆单于自杀后，左大且渠都隆奇与屠耆少子姑瞀楼头逃亡归汉。十一月，呼韩邪单于的左大将乌厉屈与其父呼邀累乌厉温敦，率其众数万南附汉，汉先后封其父子为新城侯、义阳侯。

五凤三年（前55年）六月，汉置西河、北地属国都尉，以处匈奴之降者。

宣帝时汉朝还通过与匈奴和亲来加强与匈奴的联系。神爵二年（前60年），握衍朐鞮单于遣名王奉献于汉，贺正月，始和亲。神爵四年（前58年）五月，单于遣弟呼留若王胜之朝汉。

在对匈奴正面对峙时保持守势的同时，为了扎牢围困匈奴的篱笆，宣帝在经营西域与处置西羌反叛一事时则采取攻势。在此过程中，为了避免过多耗费民力、物力，西域的问题主要依靠在该地的屯田吏卒及城郭诸国兵来解决，西羌问题则力求以最小的代价来解决。

当时，宣帝将经营西域的重心放在了车师上面。车师原来位于罗布泊西北，武帝时由于天山东端匈奴势力很盛，汉朝出使西方的使节一般都是取道南道，出阳关，沿阿尔金山北麓西行至罗布泊西南的楼兰，继而北上至姑师亦即车师，然后自车师沿孔雀河西行，赴北道诸国。时车师多次攻劫汉使，并为匈奴的耳目，成为汉朝西进的大患。元封三年（前108年）武帝派将军赵破奴率兵数万攻破车师，并俘虏其王。其余众遂越过库鲁克塔克山，在靠近匈奴的博格多山南北居住下来。征和三年（前90年），汉发兵征服车师，撤退后，车师复归匈奴所控制。昭帝时，匈奴又派四千骑兵屯田车师，与车师联合侵犯乌孙。

本始三年（前71年），汉与乌孙联合攻打匈奴，屯田车师的匈奴人初受惊而去，车师复通于汉。匈奴怒，召其太子军宿，欲以为人质，军宿恐，逃至焉耆。车师王又立子乌贵为太子，及至乌贵被立为王，又与匈奴结婚姻，教匈奴阻拦从北道出使乌孙的使节。

地节三年（前67年），汉遣侍郎郑吉、校尉司马憙率领免刑罪人屯田渠犁，蓄积谷物。至秋，郑吉、司马憙征发西域城郭诸国兵万余人，自与所将田士一千五百人先后两次共击车师，车师王遂降。郑吉初仅留少量吏卒留守车师，而引兵归渠犁。乌贵因担心匈奴发兵报复而将自己杀掉，遂逃往乌孙，郑吉闻讯即迎其妻子置渠犁。继而赴朝廷奏事，至酒泉，据《西域传》载，"有诏还田渠犁及车师，益积谷以安西国，侵匈奴。"当时，匈奴又以乌贵的兄弟兜莫为车师王，收其余民东徙，不敢居于故地，而郑吉始遣吏卒三百人赴车师屯田。

后匈奴屡来争田，受其影响，又发生了莎车国反叛事件。莎车国属西域南道的中等国家。宣帝时，乌孙公主解忧的次子万年，深受莎车王喜爱，莎车王无子，死时万年在汉朝，莎车国人既想取悦于汉朝，又想得到乌孙支持，于是上书请万年为莎车王，汉朝答应了他们的请求，派使者奚充国送万年至莎车。不想万年刚被立为君主，就行为残暴凶恶，这让莎车国人很不高兴，在此情况下，莎车王弟呼屠征联合莎车邻国攻杀万年及汉朝使者奚充国，自立为王。当时匈奴发兵攻打车师城，不能下而去。莎车因扬言北道诸国已尽隶属于匈奴，遂在南道攻劫汉人，与诸国结盟叛汉，致使鄯善以西诸国皆断绝道路不得通行。当时郑吉、司马憙都在北道，鞭长莫及。恰赶上卫候冯奉世出使大宛途经南道，冯奉世与其副使郑昌认为，如果不立即发兵攻打莎车，莎车就会日渐强大，难以制服，这样一定会危害汉朝在匈奴的统治，于是以朝廷使者的身份发诸国兵共一万五千人，进击莎车，并攻拔其城。呼屠征被迫自杀，冯奉世将其传首长安，而立其他莎车贵族为莎车王。是岁为元康元年（前65年）。据《冯奉世传》载，因冯奉世功绩卓著，宣帝让群臣议封之，丞相、将军皆认为应当重加封赏，但少府萧望之却反对封赏冯奉世，认为这将鼓励使者为立功异域而为国生事，其议为宣帝所接受。"独以奉世奉使有指，而擅矫制违命，发诸国兵，虽有功效，不可以为后法。即封奉世，开后奉使者利，以奉世为比，争逐发兵，要功万里之外，为国家生事于夷狄。渐不可长，奉世不宜受封。上善望之议，以奉世为光禄大夫、水衡都尉。"

元康二年（前64年），因被匈奴围困于车师，郑吉上书请朝廷增加车师屯田士卒。宣帝经过慎重考虑，决定暂时放弃车师，诏遣长罗侯常惠将张掖、酒泉骑迎郑吉等还渠犁。召在焉耆的故车师太子军宿至车师，立其为王，尽徙车师国民迁居渠犁，主动将车师故地送给匈奴。车师王得近汉田官，又远离匈奴，遂亲附于汉朝。

神爵二年（前60年）秋，匈奴日逐王先贤掸率众降，宣帝使校尉、光禄大夫郑吉迎日逐王降。继而再次攻破车师，"至此，汉王朝真正取得了对整个西域的控制权。"[①] 郑吉原来护鄯善以西南道诸国，该年，迁官西域都护，并护车师以西北道诸国。神爵三年（前59年）封安远侯。

由于汉在车师取得重大成就，从而使乌孙问题也得以顺利解决。自元康二年（前64年）起，汉朝借乌孙君主更易之机，利用

---

① 李炳泉：《关于汉代西域都护的两个问题》，《民族研究》2003年第6期。

在乌孙长期积累下来的资源，深度介入乌孙内部事务，最终通过不懈的努力，将乌孙政权一分为二，立解忧公主与乌孙君主翁归靡所生长子元贵靡为大昆弥，统众六万余户；立翁归靡的胡妇所生儿子乌就屠为小昆弥，统众四万余户，将乌孙由汉的盟邦降为了汉的属国。在此过程中，为了准确把握乌孙的动态，宣帝特召解忧公主的侍者冯夫人，详细了解乌孙的情况。

宣帝还厚待亲附的异族贵族，对他们着意笼络。

龟兹王绛宾娶乌孙公主解忧长女弟史为妻，元康元年（前65年），绛宾与弟史一起赴京朝贺，宣帝对他们夫妇都赐以印绶，弟史号称公主，赐以车骑旗鼓，歌吹数十人，绮绣杂缯琦珍凡数千万，留他们在汉朝住了将近一年，又赠送了他们许多财物，才让他们回去。此后龟兹王又多次来朝贺，都得到了汉朝的盛情款待。

元康四年（前62年），汉使者让乌孙将逃至其国的故车师王乌贵交出，然后将他送至长安，宣帝赐给他府第，让他与其家人居住。

在平定西羌叛乱活动时，宣帝力求以最小的代价取得平叛的胜利。羌人是一个古老的部族，长期生活在黄河上游的河湟地区，以游牧为生，其北与匈奴相接，西北与西域相连。武帝以前，羌人一直臣属于匈奴，武帝时通过设置河西四郡，切断了羌人与匈奴的联系，并将羌人置于汉朝的控制之下，因担心羌人暗中穿越河西走廊与匈奴勾结，汉朝要求羌人只能在湟水以南的区域活动，严禁其到湟水以北放牧。羌人为扩大生存空间，一直图谋突破汉朝的限制，进入湟水以北的汉地。而匈奴在宣帝初遭到汉朝与乌孙的重创后，国力急剧衰落，与羌人联合对抗汉朝的愿望也变得更加迫切，因此双方暗中一直联络不断。在此情况下，神爵元年

（前 61 年）春，先零等羌人反。显然，若任由羌人发展，让其穿越河西走廊，与匈奴实现合流，则河西走廊当非汉朝所有。同时，河西走廊又是汉朝通往西域的交通要道，若被羌人夺取，就意味着将西域与汉朝之间的通道拦腰切断，失去了汉朝支持的西域势必将重回匈奴的掌控之中，汉朝数十年努力将因此而化为泡影，故宣帝决定发兵平叛。

平定叛乱的活动展开不久，朝廷群臣便与主将赵充国围绕战争成本问题展开了热烈的探讨。据《赵充国传》载，宣帝起初因不了解统兵征讨的主将赵充国的战略意图，还特地以书敕让赵充国："今张掖以东粟石百余，刍槀束数十。转输并起，百姓烦扰。将军将万余之众，不早及秋共水草之利争其畜食，欲至冬，虏皆当畜食，多藏匿山中依险阻，将军士寒，手足皲瘃，宁有利哉？将军不念中国之费，欲以岁数而胜微，将军谁不乐见者！"而赵充国也能从节约战争成本出发，部署平叛事宜。基本稳定住局势后，赵充国又审时度势，建议朝廷罢骑兵，留下步兵万余人，分驻要害之处，以待敌人困敝，军粮问题主要通过屯田来解决。在所上奏疏中，赵充国指出他所统领的官兵、马、牛等一个月需消耗粮谷十九万九千六百三十斛，盐一千六百九十三斛，草料二十五万零二百八十六石。若按照他的计划撤回骑兵，留下一万零二百八十一个官兵屯田，一月用谷仅二万七千三百六十三斛，盐三百零八斛。这也就是说用原来供应大军一月的支出可供留屯的军队近一年的消费，自然节省了大笔开支。同时指出留下的步兵九校，统领官兵共万人，留守屯田河湟地区，耕作开始时，每人授田二十亩耕种。到四月牧草长出后，征发郡县骑兵以及属国的胡骑矫健者各一千人，配上十分之二的副马，放牧吃草，作为耕作者的巡逻队。然后到了收获的季节，把屯田的收入用来充实金城郡的仓库，增加积蓄，这样就能为国家省下一大笔的花费。巨大的开支被节省下来，就可以免除百姓的徭役，用以防备不测之事。赵充国的谋划，"内有亡费之利，外有守御之备"[1]，可谓甚周全，故其议为宣帝所采纳，当年秋罢兵，独留赵充国率万余人屯田西羌，次年五月基本平定西羌叛乱，振旅而还。

第三节　对内：大兴文治，养民教民

在妥善处理好与周边少数民族关系的同时，宣帝采取了一系列措施发展民生。具体而言，既轻徭薄赋，又频频对百姓进行赏赐、赈济。

徭役方面，首先要指出的是，宣帝在与周边少数民族博弈的过程中，慎兴征伐，迫不得已，也尽量做到不过于烦扰百姓，且要求速战速决，这不仅为国家节约了巨额财富，而且还减轻了百姓的兵役负担，可称得上是轻徭薄赋政策的重要体现。

其他的轻徭举措都是根据形势的变化，采取的有针对性措施。据《匈奴传》载，地节二年（前68年），由于匈奴已无力侵犯边郡，汉朝撤回了戍守塞外诸城如光禄塞、受降城、遮虏障等的吏卒："是时匈奴不能为边寇，于是汉罢外城，以休百姓。"据《宣帝纪》载，地节三年（前67年）十二月，省文山郡，将其县道并入蜀郡："省文山郡，并蜀。"五凤四年（前54年）春，"以边塞无寇，减戍卒什二"。黄龙元年（前49年）二月，诏称："诸请诏省卒徒自给者皆止。"所谓省卒，于豪亮结合居延汉简中的文

---

[1]　（明）丘浚著，林冠群、周济夫校点：《大学衍义补》卷三五《制国用　屯营之田》，京华出版社1999年版，第317页。

字及传世文献的记载，认为是指从军队中"抽调出来从事劳动的士卒"。"省卒徒以自给"，就是"将省卒留在官府中服役"。[1] 省卒服役于官府，加重了他们的负担，颜师古注《宣帝纪》，引如淳说曰："是时有所省卒徒，而群臣有请之以自给官府者。先时听与之，今更悔之，不复听也。"这应该是宣帝禁止官府这样做的重要原因。

当时国家每年要征派六万士卒，从关东地区调运四百万斛谷物供给京师长安，成为百姓一项繁重的徭役负担。据《食货志》载，五凤年间，大司农中丞耿寿昌鉴于粮食连年丰收，三辅等关中及其附近地区的粮食，足以供给京师，因向宣帝奏请由国家收购这些地区的谷物，供应京师，以减少来自关东地区的漕粮，这样既节省漕运粮食的费用，还可减省一半的关东漕卒，"故事，岁漕关东谷四百万斛以给京师，用卒六万人。宜籴三辅、弘农、河东、上党、太原郡谷足供京师，可以省关东漕卒过半。"此议为宣帝所采纳，被推行后，京师的粮食供应没受到影响，而士卒得到休息，其积极作用相当显著。

宣帝还禁止郡国擅兴徭役。据《宣帝纪》载，元康二年（前64年）五月，下诏对那些擅兴徭役，为过往官员提供舒适的食宿，越职违法以猎取名誉的官员进行谴责："或擅兴徭役，饰厨传，称过使客，越职逾法，以取名誉，譬犹践薄冰以待白日，岂不殆哉！"

赋税方面，自元康二年（前64年）至甘露三年（前51年），宣帝先后多次减免百姓赋税。元康二年（前64年）五月，因天下颇有郡国遭受疾疫之灾，诏令受灾严重者，毋出当年租赋。神爵

---

① 于豪亮：《居延汉简中的"省卒"》，《文物》1963年第11期。

元年（前61年）正月、三月，先后行幸甘泉、河东，诏令巡行所过之处毋出田租。五凤三年（前55年）三月，诏减天下口钱。甘露二年（前52年）春，诏减民算三十，即一算减三十钱。甘露三年（前51年）二月，诏令新蔡民毋出当年租。又频繁地向百姓赐爵及牛酒。自元康元年（前65年）至甘露二年（前52年），先后八次诏赐民爵一级，女子百户牛酒。五凤元年（前57年）春，赐男子为父后者爵一级。甘露三年（前51年）二月，赐新蔡民爵二级。赈济灾民、贫民。地节四年（前66年）九月的诏书中称对于当时那些遭受水灾的郡国，已经进行了赈贷。元康元年（前65年）三月诏免此前赈贷的钱粮。神爵元年（前61年）三月又诏免此前赈贷的钱粮。经常向弱势群体赈贷钱粮、赐帛。自元康元年（前65年）至甘露三年（前51年），先后6次赐鳏寡孤独高年者帛，2次赐鳏寡孤独帛，1次赐新蔡鳏寡孤独帛。

此外，鉴于盐价贵，影响百姓生活，地节四年（前66年）九月，诏减天下盐价。五凤年间，大司农中丞耿寿昌奏请将沿海地区渔业的税收增加三倍。海租加征，使国家在不增加农民负担的情况下，财政收入有所增加，从而提高了国家调控社会经济的能力，对于稳定小农经济也是有利的。

据《食货志》载，五凤年间，大司农中丞耿寿昌针对当时连年丰收、谷贱伤农的现实，请求宣帝让边郡都建造粮仓，在谷价便宜时提高粮价予以收购，谷价上涨时，减价出售，以平抑物价，保护小农利益，维护社会稳定，称"常平仓"。此议得到宣帝的采纳，在一定程度上降低了小农的经济损失，同时也减轻了他们的徭役负担："寿昌遂白令边郡皆筑仓，以谷贱时增其贾而籴，以利农，谷贵时减贾而粜，名曰常平仓。民便之。上乃下诏，赐寿昌爵关内侯。"而据《宣帝纪》载，五凤四年（前54年），"大司农中丞耿寿昌奏设常平仓，以给北边，省转漕。赐爵关内侯。"张金光据此认为"这一年，大司农中丞耿寿昌建议设立常平仓"[①]。而据《严延年传》载，河南郡府丞义曾对严延年称"司农中丞耿寿昌为常平仓，利百姓"云云。严延年被诛于神爵四年（前58年）。是知常平仓创置甚早，至五凤年间方见成效，故得赐爵："盖寿昌以常平至四年民始便，故赐爵关内侯，《纪》所书者，以赐爵故也。"[②]

为了使自己的重农思想得到贯彻落实，宣帝在施政过程中，继续重用重视发展民生的官员治理郡国。

如蔡癸精通农学，著有《蔡癸书》，宣帝派他出使郡国，教民耕种田地，因成效显著，官至弘农太守。

黄霸在治理颖川郡时，非常注重发展经济。据《黄霸传》载，他令邮亭乡官在治所都饲养鸡、猪等家禽牲畜，用来赡养鳏寡贫穷者。制定条令法则，发给基层官员，让他们颁行到民间，劝导百姓安心于农耕桑蚕之业，节约使用财物，栽种树木，饲养牲畜，勤俭持家。诸如此类的如同米盐一般的细碎之事，最初推行时看起来相当烦杂琐碎，然而黄霸却都能够一一推行下去："使邮亭乡官皆畜鸡豚，以赡鳏寡贫穷者。然后为条教，置父老师帅伍长，班行之于民间，劝以为善防奸之意，及务耕桑，节用殖财，种树畜养，去食谷马。米盐靡密，初若烦碎，然霸精力能推行之。"由于治郡有方，颖川郡户口岁增，治为天下第一。元康三年（前63年）黄霸因功被征为守京兆尹，秩禄由比二千石增为二千石，后被提拔为丞相。

---

①　田昌五、安作璋主编：《秦汉史》，人民出版社1993年版，第210页。
②　（南宋）王益之撰，王根林点校：《西汉年纪》卷二一，中华书局2018年版，第427页。

召信臣为上蔡县长期间，因视民如子，好为民兴利，而被提拔为零陵太守，因病离职。后被征为谏大夫，迁官南阳太守。据《召信臣传》载，在南阳太守任上，他亲自劝诱百姓耕种田地，常常出入田间地头，止宿于乡间公舍之中，鲜有安闲的时候。他注重兴修水利，在有泉水的地方，开通沟渠，在沟渠上设置了数十处水门提闸，以拓宽被灌溉田地的面积，并且年年有所增加，最多的时候能达到三万顷。由于有灌溉作保证，使百姓能够年年有余粮。为了禁止百姓为争水而起纠纷，召信臣制定了用水制度，并将其刻在石碑上，立在田边。他还禁止百姓在婚丧嫁娶时奢侈浪费，力求勤俭节约办事。若下属的子弟游手好闲，不把农耕放在心上，一经发现，即行斥退，严重的还要绳之以法，以此来向人们昭示自己的好恶。通过以上措施，他的教化大行于南阳，受到了百姓热烈的拥护，郡中没有不努力从事农耕的，户口也因此成倍增加，为盗贼者、打官司者都大大减少。南阳的官民都很爱戴召信臣，称他为"召父"："躬劝耕农，出入阡陌，止舍离乡亭，稀有安居时。行视郡中水泉，开通沟渎，起水门提阏凡数十处，以广溉灌，岁岁增加，多至三万顷。民得其利，蓄积有余。信臣为民作均水约束，刻石立于田畔，以防分争。禁止嫁娶送终奢靡，务出于俭约。府县吏家子弟好游敖，不以田作为事，辄斥罢之，甚者案其不法，以视好恶。其化大行，郡中莫不耕稼力田，百姓归之，户口增倍，盗贼狱讼衰止。吏民亲爱信臣，号之曰召父。"荆州刺史因此上书称赞召信臣能为百姓谋取利益，使所治理的郡变得富庶。宣帝于是赐给召信臣黄金四十斤作为奖励。

　　由于措施得力，据《王褒传》载，发展到神爵、五凤年间，汉朝已是"天下殷富"了。而蜀郡人王褒一篇游戏之作《僮约》，则无意间为我们记录下了一段反映当时社会稳定、经济繁荣的文字。据王褒称，神爵三年（前59年）正月十五日，他因事到湔水所经行的地方，歇息在寡妇杨惠家，杨惠让其名字叫便了的家奴去酤酒招待王褒，便了说当年杨惠的丈夫买自己时，只约定让自己守坟，没有约定让自己给别人家的男子酤酒，因此嚣张地推辞不去。王褒大怒说："奴宁欲卖邪？"杨惠说此人性情粗野，好顶撞人，没人想买他。王褒当下便决定买下便了收拾他，在写券约时，便了说："欲使，皆上券；不上券，便了不能为也！"王褒答应在券约上把便了要做的工作写清楚。写完之后，念给便了听，结果便了听后，吓得又是叩头，又是打自己，眼泪扑簌簌地往下落，鼻涕流得有一尺长，哀求道："当如王大夫言，不如早归黄土陌，蚯蚓钻额。早知当尔，为王大夫酤酒，真不敢作恶。"便了之所以求饶，是因为王褒给他安排的工作，让他每天脚不沾地也干不完。此虽有戏谑的成分，但有些安排，其实是对当时社会生活的写照："舍后有树，当裁作船，下至江州，上到煎，主为府掾求用钱。推纺亜贩棕索，绵亭买席，往来都洛，当为妇女求脂泽。贩于小市，归都担枲，转出旁蹉，牵犬贩鹅。武阳买茶，杨氏池中担荷，往来市聚，慎护奸偷，入市不得夷蹲旁卧，恶言丑骂。多作刀弓，持入益州，贷易羊牛。"[1] 此为王褒关于便了经商的安排，涉及的地方有巴郡江州县、蜀郡湔氏道、广汉郡新都县、雒县、犍为郡武阳县、益州郡，所经营之物有女性用品、荷、犬、鹅、茶、刀弓、羊、牛等。虽然只是计划，但当时必有这样的经商环境，王褒才能如此设计，而从王褒的文字看，当时西南地区的社会相当稳定，经济活动也颇为活跃。对此吕思勉称："虽风谣

① （西汉）王褒：《僮约》，载赵逵夫主编《历代赋评注》（汉代卷），巴蜀书社2010年版，第223—231页。

之辞，游戏之文，不为典要，然终必以事实为据，不过或溢其分耳。"[1] 韩森也认为："王褒的文学创作揭示了广泛分布的市场网络，从较大的集市到稍小的季节性的'旁市'。"[2]

宣帝因深知以法治国是维护汉朝统治的重要手段，又继续以重建司法的公正性为抓手，采取措施，加强法治建设。

首先，宣帝亲理刑狱，垂范天下。据《刑法志》载，自地节四年（前66年）秋起，每年秋后地方郡国到朝廷来议罪时，宣帝经常去未央宫用来宣布政令教化的宫殿宣室殿处理案件："时上常幸宣室，斋居而决事，狱刑号为平矣。"显见是起到了一定的积极作用，当然也不能高估，因为"'号'云者，名然而实否也。"[3]

其次，重用秉公执法的官员。当时，执法公平者往往受到重用。如据《于定国传》载，于定国于地节元年（前69年）任廷尉后，在处理案件的过程中，务在体恤鳏寡穷弱之人，不能特别肯定的案件，都尽量从轻发落，格外注意保持审慎的态度："其决疑平法，务在哀鳏寡，罪疑从轻，加审慎之心。朝廷称之曰：'张释之为廷尉，天下无冤民；于定国为廷尉，民自以不冤。'"由于他执法公平，宣帝一直让他做了十八年廷尉。

据《尹翁归传》载，尹翁归为东海太守，赏罚分明，处事果决，令行禁止，吏民皆服，东海大治。因此受到宣帝赏识，元康元年（前65年）以高第入守右扶风，满岁为真。治如在东海故迹，京师畏其威严，扶风大治，盗贼课常为三辅最。并且为人温良谦

① 吕思勉：《先秦史》，吉林出版集团股份有限公司2017年版，第330页。
② ［美］韩森著：《开放的帝国：1600年前的中国历史》，梁侃、邹劲风译，江苏人民出版社2009年版，第120页。
③ （南宋）王应麟著，郑振峰等点校：《通鉴答问》卷五"置廷尉平"条，中华书局2012年版，第404页。

退，清洁自守，与公卿交往，语不及私，亦不以行能骄人，"甚得名誉于朝廷"。元康四年（前62年）病卒于任上，家无余财，宣帝贤之，特将其树为官员学习的榜样，制诏御史："朕夙兴夜寐，以求贤为右，不异亲疏近远，务在安民而已。扶风翁归廉平乡正，治民异等，早夭不遂，不得终其功业，朕甚怜之。其赐翁归子黄金百斤，以奉其祭祠。"

若治民暴酷，即使政绩突出，也很难得到提拔。如严延年为涿郡太守时，该郡大姓西高氏、东高氏横行不法，势焰嚣张，严延年到任后，彻查他们的罪恶，诛杀各数十人。后来在河南太守任上，继续推行暴酷之政。据《严延年传》载，当时每到冬天行刑时，他就令所属各县将囚犯压解到郡上，总集在郡府一起处死，由于被处死者众，往往血流数里，严延年也由此在河南郡得到一个"屠伯"的绰号。由于他治郡严酷，虽然因此"令行禁止，郡中正清。"但宣帝却不肯提拔他，据说后来左冯翊职位空缺出来，宣帝本想委任严延年，征召的竹符都已经发出了，但因为他是出了名的严酷，就又收回了成命："后左冯翊缺，上欲征延年，符已发，为其名酷复止。"

其三，及时纠正官员们在执法过程中出现的错误行为。据《宣帝纪》载，元康二年（前64年）宣帝下诏批评官员们舞文弄法，以私意为轻重。指出刑罚关系万民的命运，在处理案件时，能够做到使生者不怨，死者不恨，这才可称得上是懂得律令条文的官员。如今却不是这样，官员们在执法时，有的秉持机巧之心，对同一律令条文作出不同的解释，望生端绪，以增减人的罪行。上报时由于内容不实，自己亦无从知晓。在这种自己不能明察真伪、官吏不称职的情况下，天下的百姓还能依靠什么呢！因此要求"二千石各察官属，勿用此人。"并强调"吏务平法"。黄龙元年（前49年）二月下诏训导官员称："今吏或以不禁奸邪为宽大，纵释有罪为不苛，或以酷恶为贤，皆失其中。奉诏宣化如此，岂不谬哉！"

宣帝时，律令已甚繁复，而一些地方官员又在律令之外自行制定规章制度以治民，若任由其发展，势必会进一步加大司法工作的难度，给地方治理带来更加消极的影响。为此，宣帝又采纳张敞的建议，禁止地方官吏擅设条教。据《黄霸传》载，五凤三年（前55年），丞相黄霸在考核地方郡国的政绩时，向前来朝廷汇报工作的上计长吏、守丞了解民情，有意识地先接见那些在教化方面有突出表现者，意在暗示地方官员可以自行制定规章制度，大力开展所在郡国的教化工作。京兆尹张敞认为此举将导致奸伪流行，淳朴消散。而汉朝自建立以来，根据时代的需要，制定的劝善禁奸的律令条文，已经非常详备。因此建议宣帝告诫前来汇报工作的上计官员，回去后要告诉郡国的守相，在选用三老、孝悌、力田、孝廉、廉吏等官员时，一定选用那些真正适合这些工作的人，郡国事务都要严格按照国家的律令来处理，不得擅自设立条教；如果有人胆敢以诈伪之举来获取名誉，一定要予以严惩，以表明国家的态度："汉家承敝通变，造起律令，所以劝善禁奸，条贯详备，不可复加。宜令贵臣明饬长吏守丞，归告二千石，举三老孝弟力田孝廉廉吏务得其人，郡事皆以义法令捡式，毋得擅为条教；敢挟诈伪以奸名誉者，必先受戮，以正明好恶。"张敞的建议得到宣帝的采纳，特派身边的近臣侍中召集上计吏，告诫他们要以法治国，不得擅立规矩："天子嘉纳敞言，召上计吏，使侍中临饬如敞指意。"

其四，遣使循行天下，加强监督。据《宣帝纪》载，地节四年九月，诏称："朕惟百姓失职不赡，遣使者循行郡国问民所疾

196

苦。"元康四年（前62年）正月，遣太中大夫强等十二人循行天下，"存问鳏寡，览观风俗，察吏治得失，举茂材异伦之士。"五凤四年（前54年）四月，以日食，诏称："以前使使者问民所疾苦，复遣丞相、御史掾二十四人循行天下，举冤狱，察擅为苛禁深刻不改者。"

最后，施恩刑徒。据《宣帝纪》载，地节四年（前66年）九月，针对当时被关押的犯人出现非正常死亡的现象，宣帝诏令郡国每年都要把受重刑或因饥寒而病死的在押犯的姓名、籍贯、官爵、居住地等一并上报朝廷，作为评定地方官员政绩的一项指标，由丞相、御史考核评定优劣后，上奏给宣帝："其令郡国岁上系囚以掠笞若瘐死者所坐名、县、爵、里，丞相御史课殿最以闻。"又先后多次大赦天下。元康元年（前65年）三月，诏赦天下徒；神爵二年（前60年）二月，诏赦天下；神爵四年（前58年）二月，诏赦天下；五凤三年（前55年）三月，诏赦殊死以下；甘露二年（前52年）春，诏赦天下。

总之，由于宣帝用法崇尚公正，在相当大程度上扭转了武帝以来严苛的吏治，从而使阶级矛盾大为缓和。

宣帝还继续推行一系列措施，加强道德教化建设。

为体现亲亲之义，自元康元年（前65年）正月至甘露四年（前50年）十一月，先后封宗室贵族四十人为侯。

在赏赐中对社会楷模加特恩。元康元年（前65年）三月，加赐三老、孝悌力田帛。元康四年（前62年）三月，加赐三老、孝悌力田帛，人二匹。神爵四年（前58年）四月，赐颍川吏民有行义者爵，人二级，力田一级，贞妇顺女帛。甘露三年（前51年）二月，赐新蔡三老、孝悌力田各有差。

如前所述，尹翁归、朱邑死后，元康四年（前62年）、神爵元年（前61年），宣帝先后赐两人之子黄金，以奉其祭祀。此亦即《循吏传》所云，使"生有荣号，死见奉祀"。宣帝这样做，"实际上是把儒家思想学说世俗化道德化，并作为一种荣誉与象征，向社会垂范"[①]。

司法方面，据《宣帝纪》载，元康四年（前62年）正月，为示尊老，诏令从当年起，但凡年满八十以上，所犯若非诬告、杀伤人之罪，都免予惩罚："朕惟耆老之人，发齿堕落，血气衰微，亦亡暴虐之心，今或罹文法，拘执囹圄，不终天命，朕甚怜之。自今以来，诸年八十以上，非诬告杀伤人，佗皆勿坐。"五凤二年（前56年）八月，诏令郡国不得禁止百姓嫁娶时举行酒食之会："夫婚姻之礼，人伦之大者也；酒食之会，所以行礼乐也。今郡国二千石或擅为苛禁，禁民嫁娶不得具酒食相贺召。由是废乡党之礼，令民亡所乐，非所以导民也。《诗》不云乎？'民之失德，乾糇以愆。'勿行苛政。"

当时颇多地方官员致力于践行宣帝的道德教化思想，且成效显著。据《韩延寿传》载，韩延寿治东郡，礼待贤士，从谏如流；举荐表彰那些行丧让财、孝悌有行的道德楷模；修治官学房舍，习礼乐射御之事。其在二千石任上的经典之作，一为在东郡时，有官员欺骗他，他知道后，沉痛自责说："岂其负之，何以至此？"欺骗韩延寿的官员们听说后很后悔，其中一县尉悔恨之下竟自杀身亡，门下掾自刭，幸亏被人救下方才没有身首异处。一为任左冯翊时，他春天巡县至高陵，百姓有兄弟一起来争讼田产。他为此伤感地说："幸得备位，为郡表率，不能宣明教化，至令民有骨肉争讼，既伤风化，重使贤长吏、啬夫、三老、孝弟受其耻，咎

① 葛兆光：《中国思想史》（第一卷），复旦大学出版社2000年版，第271页。

在冯翊，当先退。"当即称病不再处理事务，卧于传舍之中，闭阁思过。结果搞得一县手足无措，于是县令、县丞、啬夫、三老等也都自系待罪，不再理事。消息传到争讼者的宗族那里，一族的人都去责怪争讼者，这两兄弟因而非常后悔，都自施髡刑，肉袒请罪，表示愿意将自己的田产传下去，致死不敢再相争夺。韩延寿大喜，开阁接见两兄弟，摆上酒肉与他们相对食用，并表扬他们，让大家都向他们学习。

黄霸为颍川太守，其治先以德教化于下，若有人不服从，这才施以刑罚。为颍川太守前后八年，颍川大治。

宣帝还倡明儒学。抬升《榖梁》学地位，论《五经》之同异，整齐思想。又增置博士、博士弟子。武帝时，尊崇儒术，设置五经博士，并为博士官置弟子五十名。至宣帝晚期，将博士增至十二人，博士弟子由昭帝时的百人增至二百人。

第四节　中兴：单于称藩，天下太平

宣帝亲政后，通过采取有力措施，实现对西域、乌孙的掌控，平定西羌之乱的同时，又在相当大程度上理顺了内部的各种关系，发展了社会经济，使汉朝国力呈现出蒸蒸日上的势头。而匈奴却只能困守在漠北苦寒之地苟延残喘，无力再向外发展，加上天灾不断，最终导致其内部矛盾激化而分崩离析。在此情况下，宣帝顺势而为，推亡固存，支持投奔汉朝的呼韩邪单于，冷落其对手郅支单于，最终迫使郅支单于向西远遁。北方从此边境安宁，数十年没有兵革之患。

五凤四年（前54年）春，匈奴单于称臣，遣其弟谷蠡王入侍。

甘露元年（前53年）呼韩邪单于为求自存，率属下南行至边塞附近，并于正月遣子入侍。郅支单于也遣子入侍。冬，呼韩邪单于遣其弟左贤王朝汉。

甘露二年（前52年），呼韩邪单于表示想朝见宣帝，宣帝要公卿商议接待呼韩邪单于的礼仪。据《萧望之传》载，当时丞相黄霸、御史大夫于定国等都秉持"施德行礼，先京师而后诸夏，先诸夏而后夷狄"的圣王传统，建议以臣属之礼对待呼韩邪单于："其礼仪宜如诸侯王，位次在下。"但太子太傅萧望之从实际情况出发，认为匈奴并非汉之臣属，因此应待以不臣之礼，位次列于诸侯王之上，以示尊宠。这样做的好处有二：其一，匈奴稽首称藩，而汉朝却谦让不臣，这会让其对汉朝充满感激之情；其二，匈奴异族，难以把握，以其为臣，若其日后不肯再朝拜汉廷，于汉就属背叛，不讨伐不足以威四夷，讨伐则要兴师动众、费力耗神，得不偿失。而不以臣礼待之，即使其不朝拜汉朝，因双方并非臣属关系，故可置之不理。如此"信让行乎蛮貉，福祚流于亡穷，万世之长策也。"

就这两种建议而言，采用前一种建议，可以让宣帝获得臣服宇内的满足感，但这势必会让匈奴贵族感到屈辱。匈奴作为一个长期雄踞北方的强大民族，自汉初以来一直都是别的民族臣服于它，故匈奴人骨子里非常骄傲。据《匈奴传》载，当初呼韩邪单于打算投靠汉朝时，贵族们都持反对态度，他们认为匈奴之俗，崇尚气力，靠马上战斗建立国家，因此威名昭著于百蛮。战斗而死，对壮士们而言是很正常的事。臣服于汉，是折辱祖宗的行为，"虽如是而安，何以复长百蛮！"所以采纳黄霸等的建议，势必会埋下隐患。而采纳萧望之的建议，虽然有悖于圣人之制，不合于古礼，却可收揽匈奴之心，且为日后处置汉匈关系留下退路。据《萧望之传》载，宣帝两相权衡，最终采纳了萧望之的建议，下诏以客礼招待呼韩邪单于："令单于位在诸侯王上，赞谒称臣而不名"。

据《宣帝纪》载，甘露三年（前51年）正月，呼韩邪单于朝汉，汉遣车骑都尉韩昌迎接，发给通过五原、朔方、西河、上郡、北地、左冯翊、京兆尹等七郡的通行证，所过之郡各发二千骑，陈列道旁，以示尊宠。单于先朝宣帝于甘泉宫，汉宠以殊礼，位在诸侯王上，赞谒称臣而不名，赏赐甚厚。礼毕，使者引导单于先行，宿于距长安数十里的长平坂。宣帝自甘泉宫出发，宿于池阳宫。次日，宣帝至长平坂，下诏单于不需下拜，其随行诸臣都被允许列队观看这一盛况，诸蛮夷君长王侯数万人都前来迎接，夹道而陈，宣帝登临渭桥，群臣皆呼万岁："上登长平阪，诏单于毋谒。共左右当户之群皆列观，蛮夷君长王侯迎者数万人，夹道陈。上登渭桥，咸称万岁。"汉朝的声威至此达到极致，武帝臣服匈奴的大业终于实现！

由于给予了呼韩邪单于崇高的礼遇，原来反对投降的人也大喜，匈奴人心遂稳定下来。甘露三年（前51年）二月，遣呼韩邪单于归国。呼韩邪单于请求居于漠南光禄塞下，这样一旦受到郅支单于的攻击，可以入汉受降城自保，宣帝答应了他的请求。宣帝又派长乐卫尉、高昌侯董忠，车骑都尉韩昌率一万六千骑兵，同时又征发边郡数千士卒马匹，送呼韩邪单于出朔方鸡鹿塞。诏令董忠等留守边地，护卫呼韩邪单于，帮助他诛除不服，又转运边地粮食三万四千斛送给他。

原先，西北诸国皆畏服匈奴而轻视汉朝，及呼韩邪单于朝汉后，都彻底倒向了汉朝，这不能不让宣帝志得意满。抚今追昔，让宣帝对那批已经去世的贤臣们倍加思念，对在世的股肱之臣深为赞赏，于是令画工在未央宫麒麟阁画下十一位贤臣之像，以供瞻仰。据《苏武传》载，这十一人依次是：大司马大将军博陆侯霍光、卫将军富平侯张安世、车骑将军龙额侯韩增、后将军营平侯赵充国、丞相高平侯魏相、丞相博陵侯丙吉、御史大夫建平侯杜延年、宗正阳平侯刘德、少傅梁丘贺、太子太傅萧望之、典属国苏武。其中霍光因功高而不名，称"大司马大将军博陆侯姓霍氏"。

是岁，郅支单于也遣使奉献，汉遇之甚厚。

甘露四年（前50年），两单于俱遣使朝献，其中汉待呼韩邪单于使尤厚。

黄龙元年（前49年），呼韩邪单于复入朝，汉对其礼赐如初。郅支单于则继续向西北迁移。

第五节　论析：虽曰人力，亦因天时

通过对宣帝之政的梳理，有数事颇可称道。一是能够保持稳定的战略定力。终其一生，无论是内政或是外事，始终围绕着民生问题展开，制定政策，推行措施，皆以是否有利于民生为指归，不因利诱而动摇，不因挫折而停滞。二是善抓重点。经济方面，以民安其业为施政的总纲；法治方面，以重建司法公正性为突破口；道德教化方面，以鼓励百姓行孝为切入点；与少数民族博弈方面，不与匈奴较短长，重在扎牢围堵的篱笆；行政方面，严考核，重实效，信赏必罚。三是措施扎实有力。宣帝为政，常常是把实的做得更实，把虚的也做成实的，并能随着形势的变化及时调整政策。民生是其施政的重心，因此自其即位起，终其一生，都是在围绕着这一问题做文章，事无大小，政无内外，都是着眼于如何让民安其业布局施策，故若说宣帝一生就做了一件事——发展民生，大致也是说得过去的。道德教化本是虚的，但宣帝推行这方面的工作时，总是将其与切实的好处结合起来推行，或是给道德楷模物质奖励，或是让践行皇朝价值观者真正得到实惠。宣帝在施政过程中，不断根据形势需要对国家的政策进行局部微调，虽然单个看受益者有限，但合而观之，就甚众了。这反映了宣帝治国的主动性、积极性以及责任意识与担当精神。总此诸点，是知《宣帝纪》载其称"农者兴德之本也"，认为君主的职责就是"和群生""安百姓"，并非仅是说说而已，而是真正接受了这一治国理念。最后，宣帝治国，不固执己见，唯善是从，也是颇可称道的。如元康年间、五凤年间两议攻匈奴事、神爵年间议平西羌反事、元康年间向冯夫人了解乌孙事等，都甚生动。而胡三省论及后二事称："《通鉴》所纪一千三百余年间，明审之君，一人而已。"[①] 总之，由于大兴文治，措置得方，到宣帝统治后期，基本实现了汉朝自立国以来所追求的四境安泰、百姓和乐、天下太平的梦想。

最后需要指出的是，论及宣帝成就伟业的原因，班固在《宣帝纪》中，认为这与他"高材好学"有关，同时在《循吏传》中还认为这与他未发迹前的坎坷经历有关："由仄陋而登至尊，兴于闾阎，知民事之艰难"。在《宣帝纪》中还特地指出由于宣帝当年常游走民间，因此深知问题症结之所在："具知闾里奸邪，吏治得失"。

而在笔者看来，宣帝能够功业甚著，还与一批能臣对他的启发诱导关系颇大。宣帝即位后，便为霍光、张安世、杜延年、赵充国、魏相、丙吉等一批能臣所环绕，除霍光外，宣帝与其他诸

① （北宋）司马光：《资治通鉴》卷二七"甘露元年"，中华书局1956年版，第884页。

臣关系都甚好，故虽史无明言，但其君臣之间经常切磋交流治国之经验教训是可以想见的。胡三省认为自汉以下，能够循名责实治理国家的君主，没有能比得上宣帝的，究其原因，是宣帝自身"英明"，"非由师傅之谕教，公辅之启沃也。"① 张烈沿此进行阐发，认为宣帝的循名责实之政，"就来自于社会现实的谕教，来自于残酷无情的政治启沃，来自他对宫廷内部和社会底层的深刻观察和了解。"② 这显然有点夸大其词，因为对于一个没有任何从政经验的人而言，身旁若无贤臣提点，很难想象他一主政就能够从容应对整个皇朝的事务。

并且，宣帝并非一即位即主政，从他即位到霍光去世的数年间，霍光主决策，宣帝负责执行，形同见习皇帝，这段时间足以让他积累下丰富的治国经验。宣帝虽忌恨霍光，霍光一死，便诛灭其家族，但这"只是政治权力之争，而不是政治路线之斗争"③。宣帝亲政后，继续奉行武昭以来的文治国策，对于霍光之政，有继承有调整。霍光自后元二年（前 87 年）拥立昭帝继位，主持政务后，面对因武帝长期用兵造成的残破局面，持续推行轻徭薄赋措施，努力恢复社会经济，维护社会稳定；与此同时，对于边疆新征服地区的反叛活动，丝毫不予以妥协，针对所遇到的具体情况，精心谋划，选将发兵，进行平定，进一步巩固了武帝时期取得的成果；为了稳定边疆局势，在加强对匈奴的防御，坚决反击匈奴侵扰的同时，又顺应时势，与匈奴和好。因此到了始元、元

---

① （北宋）司马光：《资治通鉴》卷七三"景初元年"，中华书局 1956 年版，第 2330 页。
② 张烈：《论汉宣帝中兴》，《长沙水电师院学报》（社会科学版）1990 年第 1 期。
③ 白寿彝、廖德清、施丁主编：《中国通史》（修订本）第四卷《中古时代·秦汉时期》（下册），上海人民出版社 2004 年版，第 310 页。

凤之际，边境少事，百姓充实，汉朝已呈现出太平景象。宣帝亲政之后，在此基础上，顺势而为，是则执守之，否则修正之，君臣齐心，遂成中兴。

另外，据《公孙刘田王杨蔡陈郑传》赞语称，昭帝始元六年（前81年）举行的盐铁会议有会议记录留下，所谓"颇有其议文"，这些资料至宣帝时尚在，遂有桓宽的《盐铁论》一书。据班固讲，当时，既"治《公羊春秋》"又"博通善属文"的桓宽，遂"推衍盐铁之议，增广条目，极其论难，著数万言，亦欲以究治乱，成一家之法焉。"通过《盐铁论》一书，我们可以发现在盐铁会议中，"儒家思想学说显示了它对君主专制进行制约的意味，道德与伦理作为制度、法律与策略不言自明的前提，儒家成功地把它的价值观念与意义准则提升到了绝对的高度，而这种以伦常为核心的思想，则使得制度、法律与策略具有了极富弹性的调节与整合能力，从而矫正了秦汉时代吏治与法制过分严酷造成的社会紧张局面"[1]。我们不清楚宣帝是否看过相关档案资料或桓宽的《盐铁论》，但将宣帝之政与《盐铁论》中所记载的言论相对照，可发现贤良、文学的政治诉求在宣帝之政中基本都有所回应，而实现这些诉求的举措则多与桑弘羊等官方与会者的主张相合。故不能排除"高材好学"的宣帝在施政过程中受到盐铁会议精神影响的可能。

同时，宣帝成够取得卓越成就，也与当时的大环境有关。应该说，历史是在严峻的形势下进入昭宣时期的，据《昭帝纪》载，当时，因"承孝武奢侈余敝师旅之后，海内虚耗，户口减半"，社会经济遭到严重破坏，导致社会动荡不安。

---

① 葛兆光:《中国思想史》（第一卷），复旦大学出版社2000年版，第271页。

与此同时，动荡的政局下，也蕴含着颇多积极的因素。长期征战固然消耗了汉朝大量的人力物力，但这一活动基本上解除了汉朝的外部威胁，从而为其集中精力解决内部问题创造了有利的条件。

武帝时期困扰皇权的土地兼并问题，至昭帝时期也得到极大缓解。就基层社会而言，当时人口的损耗、小农的破产，导致土地大量抛荒，在客观上为恢复小农经济创造了条件。据《盐铁论·未通篇》载，昭帝时文学称："方今郡国，田野有陇而不垦，城郭有宇而不实"。御史也称："民不齐出于南亩，以口率被垦田而不足"。就国家而言，经过长期的运作，国家在边地开垦了大量的土地，在内地没收了大批豪富的良田，使其所掌握的耕地数量大增，从而进一步拓宽了皇权调控社会经济秩序的空间。在古代农业社会，耕地是小农得以在社会立足的基本生产资料，历史反复证明若一个社会存在着丰富的土地资源，而统治者又能因时制法，与民休息，则其走向兴盛是指日可待的。同时，武帝时期在全国范围内开展的大规模的农田水利建设，以及努力推广的先进的耕作方式，也对后世的发展有着积极的促进作用。

并且，旧豪富因受到强力打压，实力大减，新兴的豪族阶层正处在成长时期，其对皇权及小农阶层的消极影响并不突出。

总之，当时的经济空间还能够容纳下皇权、豪族阶层以及小农阶层的共同成长。因此，对于统治者而言，只要处理得当，是有可能实现社会经济的恢复与发展的。亦即宣帝能够成就伟业，也是时势使然。

当然，所谓的治世也是相对的，其实在当时繁荣的表象之下，已经问题重重了。如据《宣帝纪》载，黄龙元年（前49年）二月，宣帝诏称当时"民多贫，盗贼不止"。

第十一章　喜谄恶讥，善政之累

　　宣帝亲政后，由于勤于政事，治国有方，使汉朝的国力呈现出持续恢复与发展的势头。但在他统治期间，也出现了乞灵鬼神、任用宦官外戚、奢侈享乐等诸多弊政，而其推行王霸兼采之政，也与儒家的治国理念相左，因而招致颇多官员的刺讥。由于宣帝自信不足，喜谄恶讥，结果讥刺时政者或被冷落，或被贬谪，甚者如盖宽饶则被逼自杀。当时还有官员利用宣帝的这一弱点来打击自己的政敌，以成其一己之私。所有这些都给汉朝的统治带来了相当消极的影响。

第一节　刺讥朝政

　　对于宣帝时期的吏治，后世学者多持肯定态度。如姚秀彦称："宣帝时代吏治之美，历史少见，既不若文帝时之放任，又不若武帝时之严刻独断、而侵有司之权，儒法兼用，宽猛相济，君权相权均衡，中央地方并重，名臣辈出，良吏在位，真是彬彬之为治。"[①]

　　虽然宣帝用人颇得佳评，但存在的问题也不少。由于宣帝出身微贱，厕身精英阶层，免不了会自卑，表现在现实生活中，就

---

　　①　姚秀彦:《秦汉史》,（台北）三民书局 1983 年版，第 211 页。

是渴盼得到别人的肯定，不喜他人进谏，指斥自己的过失。当时许多官员揣摩宣帝的心理，对他阿意逢迎，这让宣帝颇为受用，高兴之余，往往对这些官员予以升官晋爵。据《龚遂传》载，渤海太守龚遂治郡有方，在任上被征还朝廷，当其入宫奏事之时，功曹王生建议龚遂说："天子即问君何以治渤海，君不可有所陈对，宜曰'皆圣主之德，非小臣之力也'。"龚遂进宫见到宣帝后，宣帝果然问他治郡的方略，龚遂就按照王生的建议回答宣帝。宣帝很高兴，因拜龚遂为官职亲近的水衡都尉。

据《王褒传》载，益州刺史王襄使辩士王褒作《中和》《乐职》《宣布》等诗，然后让何武、杨覆众等共修习歌唱，颂扬宣帝。宣帝知道后，召见王褒、何武等说："此盛德之事，吾何足以当之！"因以王褒为待诏，何武等赐帛罢归。

黄霸治颖川时，知道宣帝喜欢用祥瑞文饰统治，就不断地报告颖川的祥瑞，当时许多地方郡国都报告当地出现凤凰、神雀聚集的现象，而颖川尤其多。后黄霸被征为太子太傅，继而迁官御史大夫、丞相，封建成侯。对此，吴裕垂指出："霸守颖川，称为天下治行第一者，特以郡国凤凰之集，颖川为尤多耳。因是封侯入相"[1]。

当时还有一些官员从国家安危考虑，不仅不肯阿从宣帝，而且每每对他的政令提出不同意见，有的言辞甚至相当激烈。

首先，抨击宣帝治国重法治轻儒术。

据《萧望之传》载，宣帝治国，"不甚从儒术，任用法律"，颇为儒生所不满。据《王吉传》载，博士、谏大夫王吉明于经

---

① （清）洪亮吉编，（清）吴裕垂著，（清）纪晓岚等订，杜道生、蜀人点校：《历朝史案·黄建成侯霸》，巴蜀书社1992年版，第118—119页。

学，上疏宣帝，认为宣帝虽励精图治，日理万机，每下达诏书，"民欣然若更生"。但同时又认为宣帝所为"可谓至恩，未可谓本务也"。因为宣帝身边的公卿大臣对国家建设缺乏长远规划，务在核对公文以及断案听讼之类的事情，"未有建万世之长策，举明主于三代之隆者也。其务在于期会簿书，断狱听讼而已"。王吉希望宣帝能顺承天意，创建伟大的功业，与公卿大臣以及儒生们共同修习旧礼，宣明王制，将百姓引向安逸而长寿的太平盛世："承天心，发大业，与公卿大臣延及儒生，述旧礼，明王制，驱一世之民济之仁寿之域，则俗何以不若成康，寿何以不若高宗？"据《盖宽饶传》载，盖宽饶以明经官至司隶校尉，好言事刺讥，曾以圣人之道批评宣帝的政令："方今圣道浸废，儒术不行"。

其次，反对宣帝任用外戚、宦官。

宣帝的特殊经历，使他对外戚充满信任，先是在与霍氏集团斗争中，委外戚以重任，继而更是将外戚作为皇权的助手而大力扶植。在一些核心部位，诸如掌管皇家宿卫力量的军职，负责决策的中朝官，宣帝都尽量选派许、史、王等外戚子弟担任。同时又对他们大行封赏，许、史两家各三人封侯，其母家王家一人封君、二人封侯，其王皇后家一人封侯。

由于宣帝的提携，使许、史等外戚很快发展成为强大的政治势力，这从朝臣对他们近乎狂热的追捧攀附就可以看出来。如魏相贵为御史大夫，为了得到宣帝的赏识，走的就是外戚路线，他先是通过许广汉奏事宣帝要求对霍氏加以限制，继而又通过许广汉传话建议宣帝废除副封，由此得到宣帝的赏识，先诏其给事中，后又以其为丞相。故张栻称魏相假许、史以为重，

"进不以正"①。据《魏相传》载，魏相做了丞相后，有次在商议是否攻打匈奴时，又上书请求宣帝就此事与贵戚等商议："愿陛下与平昌侯、乐昌侯、平恩侯及有识者详议乃可"。而事实上宣帝的两个舅舅平昌侯王无故、乐昌侯王武，妻父平恩侯许广汉等皆资质平庸，他们能提出什么有价值的建议！魏相如此说，纯粹是在讨好他们。据《盖宽饶传》载，平恩侯许广汉迁入新居，丞相、御史、将军、中二千石等皆道贺，酒酣之际，长信少府檀长卿为讨好许广汉，不顾自己列卿的身份，"起舞，为沐猴与狗斗，坐皆大笑。"据《陈万年传》载，太仆陈万年倾其家财结好外戚许、史，在乐陵侯史高身上下的功夫尤其大："赂遗外戚许、史，倾家自尽，尤事乐陵侯史高。"据《黄霸传》载，丞相黄霸向宣帝举荐乐陵侯史高可任太尉，宣帝使尚书责问黄霸："将相之官，朕之任焉。侍中乐陵侯高帷幄近臣，朕之所自亲，君何越职而举之？"对此，王应麟指出："黄霸为相，荐史高可太尉，诏责以越职，则霸亦欲附史高矣。"②于此可见当时外戚权势之盛。

此外，宣帝还任用宦官。据《萧望之传》载，宦官弘恭、石显"久典枢机"。

对于宣帝重用外戚、宦官，有识之士颇为不满。据《王吉传》载，王吉主张宣帝应该选择贤人侍奉左右，只有这样才能使宣帝的施政理念得到有效贯彻落实。对于外戚以及故人，由于他们资质平庸，王吉认为宣帝如果想照顾他们，可以多赏赐他们钱财，而不是让他们居于要害部位："外家及故人可厚以财，不宜居位。"

---

① （南宋）张栻撰，邓洪波校点：《南轩先生文集》卷一六《丙、魏得失》，载《张栻集》，岳麓书社 2017 年版，第 640 页。

② （南宋）王应麟著，郑振峰等点校：《通鉴答问》卷五"魏相因许广汉奏封事"条，中华书局 2012 年版，第 400 页。

据《盖宽饶传》载，盖宽饶对宣帝任用宦官深恶痛绝，批评宣帝是"以刑余为周召"。考虑到外戚平恩侯许广汉也曾为宦官，此语实亦暗含着对宣帝重用许广汉的不满。

其三，批评宣帝以祥瑞文饰政治的行为。

由于自先秦以来，天人感应、帝王受命而王之说一直大行于世。而在汉代被推为儒宗的董仲舒更明确指出王者必受天命而后王，而帝王受天命的表现就是天降祥瑞，如《春秋繁露·同类相动》云："帝王之将兴也，其美祥亦先见"。《董仲舒传》云："天之所大奉使之王者，必有非人力所能致而自至者，此受命之符也。天下之人同心归之，若归父母，故天瑞应诚而至。"因此为了彰显自己得国的正统性与合法性，宣帝频繁地乞灵于鬼神，"大力宣扬灾异祥瑞，作为自己'受命于天'的证明"[1]。而吏民见宣帝热衷于祥瑞之事，遂"争言祥瑞以中其欲"[2]。

据《宣帝纪》载，宣帝在位二十五年，其中在十四年中先后有过十七次表彰祥瑞的活动。象征祥瑞的珍物有凤凰、神雀、甘露、嘉谷玄稷、金芝、奇兽、白虎、神鱼、神光、黄龙等，其中尤以凤凰出现的次数最多，达十二次，并且范围最广，史称宣帝一朝，凤凰下郡国凡五十余所。进入宣帝统治中后期，更是嘉瑞并见，如元康四年（前62年）有嘉谷玄稷降于郡国，神爵仍集，金芝九茎产于函德殿铜池中，九真献奇兽，南郡获白虎威凤为宝。在表彰祥瑞现象的同时，宣帝还以祥瑞为年号，如元康、神爵、五凤、甘露、黄龙等即是："是以宣帝之世，凤凰五下，改年曰五凤；神雀数集，改年曰神爵；甘露频降，改年曰甘露；黄龙登兴，改年

① 金春峰：《汉代思想史》，中国社会科学出版社1987年版，第321页。
② （南宋）王应麟著，郑振峰等点校：《通鉴答问》卷五"宋畴议凤皇，贬。"条，中华书局2012年版，第405页。

曰黄龙；醴泉滂流，枯槁荣茂，何其祥瑞之多也。"① 对此，西嶋定生指出："如此呈现祥瑞之事，表现着上天赞赏皇帝的治世，宣帝自己执行政治是合乎天意，天是由那些祥瑞呈现出来。"②

为了供奉鬼神，宣帝耗费了大量人力物力，增加了国家财政开支。如神爵元年（前61年）正月，宣帝临幸甘泉宫，在泰畤祭奠天神；三月，临幸河东，在后土祭祀地神。五凤元年（前57年）正月，幸甘泉，祭泰畤；五凤二年（前56年）正月，幸甘泉，祭泰畤，又赴雍地的五畤祭祀天帝。五凤三年（前55年），赴河东，祭后土。汉代皇帝祭祀天地，出行用大驾，千骑万乘簇拥以行。所以宣帝每次出行，声势都非常浩大。

当时五岳、四渎等高山、大河宣帝虽不亲至，也要经常祭祀。其中泰山与黄河要一年祭祀五次，长江四次，其余都祈祷一次，祭祀三次。当时皇家有四样宝：随侯珠、高祖刘邦的斩蛇剑、传国玺和武帝时从汾水得到的周康王时期的宝鼎，宣帝在未央宫分别为它们建立了四座祠堂。在即墨祭太室山，在下密祭三户山，在鸿门祭天封苑火井；在长安城旁为木星、晨星、金星、火星、南斗建立祠堂；在曲城祭参山八神，在临朐祭蓬山的石社石鼓，在睡祭芝罘山，在不夜祭成山，在黄垂莱山；在成山祭日，在莱山祭月；在琅邪祭四季，在寿良祭蚩尤；京师近县，鄠有劳谷、五床山、日、月、五帝、仙人以及玉女之祠；云阳有祭匈奴休屠王的径路神祠。在肤施建五龙山仙人祠及黄帝、天神、帝原水等共四祠。在出现祥瑞的地方修建宫殿，如神爵二年（前60年）正月，

① （南宋）陈亮著，邓广铭点校：《陈亮集》（增订本）卷二一《宣帝朝》，中华书局1987年版，第225页。

② ［日］西嶋定生著：《白话秦汉史（秦汉帝国的兴衰）》，黄耀能译，（台北）文史哲出版社1983年版，第230页。

因在祋祤这个凤凰集中的地方得到了玉宝，即建造步寿宫；神爵四年（前58年）冬，因凤凰集上林，乃作凤凰殿，以答嘉瑞。

由于迷信鬼神带来的消极影响甚大，故一些有识之士对此深为不满。

据《百官公卿表》载，元康元年（前65年），少府宋畴针对当时朝廷宣扬彭城的凤凰之瑞，认为"凤皇下彭城，未至京师，不足美"。

黄霸治颍川期间，颍川屡获丰收，并且有凤凰出现，宣帝因此下诏表扬黄霸，并给以金爵之赏。据《严延年传》载，严延年为河南太守，对黄霸阿意频奏祥瑞的行为甚为不满，当时河南郡中发生蝗灾，严延年因对人说："此蝗岂凤皇食邪？"显然是对当时臣下迎合宣帝，与其一起共同虚构盛世的行为的嘲讽。

据《郊祀志》载，张敞曾用自己的学识制止了一次官员试图美化宣帝之政的行为。当时美阳这个地方得到一只鼎，献到朝廷，宣帝让官员们商量如何处理。此前的武帝时期，曾经在河东得到一只鼎，当时作为祥瑞献给了宗庙，故多数官员认为应该像武帝时期那样，把这只鼎献给宗庙。只有张敞根据鼎铭考辨，认为这是周朝时天子褒赏大臣的鼎，并非上天之赐。并指出武帝时河东得宝鼎后，武帝怀疑这是人家的旧藏之物，下诏要求对其进行详细调查，为此广泛地讯问知识渊博的耆老，诚心想考察出它的真实情况："昔宝鼎之出于汾脽也，河东太守以闻，诏曰：'朕巡祭后土，祈为百姓蒙丰年，今谷嗛未报，鼎焉为出哉？'博问耆老，意旧藏与？诚欲考得事实也。"张敞这番话的潜台词是提醒宣帝，不要过于迷信祥瑞，以至于丧失理智，为他人所利用。

据《黄霸传》载，张敞还曾毫不客气地批评过丞相黄霸伪造祥瑞的行为。黄霸治理颍川期间便迎合宣帝，频奏祥瑞。做丞相后，一次在向地方郡国前来中央汇报工作的官员了解情况时，有一群鸟从张敞的府第飞到了丞相府的房子上，当时在场的数百人都看见了。其中许多来自边地的官员都知道这种鸟叫鹖雀，可是因知黄霸喜祥瑞，故黄霸问这是什么鸟时，都说不知道。黄霸于是想把这事作为祥瑞上报宣帝，后来听说是从张敞的府上飞来的，方才作罢。张敞为此上书向宣帝报告了此事，并指出地方官员都暗地里嘲笑丞相黄霸仁德忠厚，有智谋，不足之处是喜欢那些稀奇古怪的事情："郡国吏窃笑丞相仁厚有知略，微信奇怪也。"黄霸为此"甚惭。"而黄霸之所以惭愧，不仅是因为此事被张敞揭穿，还因为据此可以推知，他此前所言的种种祥瑞也是经不起推敲的："霸以鹖为神雀，不知颍川之凤以何物为之？"[1]而张敞表面上虽是批评黄霸，同时也是在委婉地提醒宣帝，他所宣扬的所谓祥瑞，人们其实并不相信，因为"以鹖雀事观之，则宣帝凤凰、神爵、黄龙、甘露之瑞，可以推矣。"[2]意在"抑君人者之侈心，而绝阿谀之路。"[3]

最后，批评宣帝热衷于奢侈享乐。

据《王褒传》载，宣帝时，"修武帝故事，讲论六艺群书，博尽奇异之好，征能为《楚辞》九江被公，召见诵读，益召高材刘向、张子侨、华龙、柳褒等侍诏金马门。神爵、五凤之间，天下殷富，数有嘉应。上颇作歌诗，欲兴协律之事，丞相魏相奏言知音善鼓雅琴者渤海赵定、梁国龚德，皆召见待诏。"当时宣帝多次

---

① 李之亮笺注：《苏轼文集编年笺注》（8）卷六五《史彦辅论黄霸》，巴蜀书社2011年版，第665页。

② （南宋）陈亮著，邓广铭点校：《陈亮集》（增订本）卷二一《宣帝朝》，中华书局1987年版，第225页。

③ （清）张佩纶：《涧于集·文》卷上《张敞论》，民国十五年涧于草堂刻本。

令王褒、张子侨等随其"放猎，所幸宫馆，辄为歌颂，第其高下，以差赐帛。"据《郊祀志》载，宣帝还颇好神仙，听方士说益州有金马、碧鸡之宝，可以通过祭祀得到，就派王褒前去求之。当时宗室刘更生家藏有《枕中鸿宝苑秘书》，该书讲的是神仙役使鬼怪造黄金之术，以及延年益寿之方，见宣帝喜爱神仙方术，刘更生便将该书献上，声称按照该书的指示能造出黄金。宣帝就让他主持制作珍宝贵重物品的尚方事务制造黄金："或言益州有金马碧鸡之神，可醮祭而致，于是遣谏大夫王褒使持节而求之。大夫刘更生献淮南枕中洪宝苑秘之方，令尚方铸作。"因王褒死于途中，求金马、碧鸡之事才不了了之。而刘更生耗费了很多钱财，却始终造不出黄金来。

宣帝去世后的次年，也就是初元元年（前48年），据《贡禹传》载，贡禹上奏章，论及当时的奢侈程度，指出过去齐地为天子制作冠戴服饰、冬服、夏服的三服官，每年送到朝廷的服装不过十竹箱，现在齐地三服官用工各数千人，一年花费数亿；蜀郡、广汉郡主造金银器皿，每年费用各五百万；少府所属三工官官费每年耗费五千万，东西织室也是这样；厩内所养食粟之马又将近万匹："故时齐三服官输物不过十笥，方今齐三服官作工各数千人，一岁费数巨万。蜀广汉主金银器，岁各用五百万。三工官官费五千万，东西织室亦然。厩马食粟将万匹。"考虑到元帝刚继位，故贡禹所言，实际上说的是宣帝时的事情。

针对宣帝的奢侈享乐行为，王吉等纷纷进行劝谏。据《王吉传》载，王吉要求宣帝罢去角抵之戏，减省乐府、尚方用度，以俭治国："去角抵，减乐府，省尚方，明视天下以俭。"据《郊祀志》载，张敞上疏谏称："愿明主时忘车马之好，斥远方士之虚语，游心帝王之术，太平庶几可兴也。"

对于批评，宣帝时有辩解。据《王褒传》载，宣帝打猎、游幸时，常让随侍的文人们撰文以助兴，"议者多以为淫靡不急"。然而宣帝却引《论语》所载孔子语为自己辩解说："'不有博弈者乎，为之犹贤乎已！'辞赋大者与古诗同义，小者辩丽可喜。辟如女工有绮縠，音乐有郑卫，今世俗犹皆以此虞说耳目，辞赋比之，尚有仁义风谕，鸟兽草木多闻之观，贤于倡优博弈远矣。"可谓巧舌如簧，班固对此予以实录，而不做任何评价，实是甚有深意。有的是不予理睬。据《王吉传》载，对于王吉，"上以其言迂阔，不甚宠异也。吉遂谢病归琅邪。"有的是被贬官，如宋畴被贬为泗水太傅，甚者如盖宽饶则被逼自杀。

第二节　宽饶自杀

据《盖宽饶传》载，当时盖宽饶针对宣帝以法治国，任用宦官等种种举措，上章表达不满，并称五帝时期以天下为公，天子之位不传子而传贤，不称职者就不能居其位："宽饶奏封事曰：'方今圣道浸废，儒术不行，以刑余为周召，以法律为《诗》《书》。'又引《韩氏易传》言：'五帝官天下，三王家天下，家以传子，官以传贤，若四时之运，功成者去，不得其人则不居其位。'"见盖宽饶公然对自己出言不逊，宣帝很气愤。因为自地节四年（前66年）秋铲除霍氏家族后，到神爵二年（前60年）九月盖宽饶上章进谏，数年间无论是内政还是外事，宣帝做得都相当不错。

内政方面，由于措施得力，使得百姓乐业，国力蒸蒸日上，元康四年（前62年），因连年丰收，谷石五钱。在与周边少数民族政权博弈方面也不断取得突破。如莎车王呼屠征被传首长安，乌孙政权由汉的盟邦降为属国，与匈奴握衍朐鞮单于和亲，平定西羌之乱，匈奴日逐王先贤掸将人众万余来降，郑吉又再次攻破车师，使汉朝真正取得了对整个西域的控制权。

可以说神爵二年（前60年），正是宣帝志得意满之时，按说盖宽饶不该批评宣帝，但他还是毫不客气地批评了。究其原因，还在于彼此治国理念有异。盖宽饶以明经起家，笃信儒术。以此衡量宣帝之政，便有颇多可商榷之处。宣帝用人不拘一格，因此宦官若有能力，他也照样使用，这在盖宽饶看来就无法接受，因为受刑之人，德行有亏，哪有资格经国理政，表率天下？在儒生看来，要想使国家长治久安，就应该遵循古圣先王的教诲，制定出一套以道德教化为根本的完整的策略。故宣帝虽然德政频出，但这种根据形势需要采取相应对策的理念，其实属于法家思想，治标而不治本，并且重法治轻教化，所以为盖宽饶所不满。并且宣帝为昭帝继承人，却以天子之礼祭其本生父刘进，并定悼园称尊号为"皇考"，这显然是也是不合礼制的。另外，宣帝重用外戚，迷信鬼神，热衷于以祥瑞文饰政治，也为纯儒所反感。至于说西羌之役，虽然取得重大胜利，却并非无可议之处。

先是朝廷议遣使巡行西羌，后将军赵充国举荐酒泉太守辛武贤，丞相魏相、御史大夫丙吉却又建言宣帝让光禄大夫义渠安国为使者，义渠安国来到西羌后，先零豪强声称希望能渡河到湟水北，在百姓不耕作处畜牧。义渠安国立场不坚定，没有直接拒绝羌人，只是表示要把先零豪强的想法报告给朝廷。结果羌人就以义渠安国的话为依据，强渡湟水，郡县无法禁止。到了元康三年（前63年），先零就开始与诸羌种豪二百余人解仇交质盟诅，加速合流，并与匈奴互动频繁。为此，神爵元年（前61年）春，丞相、御史两府又建言宣帝派义渠安国出使西羌，义渠安国到西羌后，先杀其豪强三十余人，然后纵兵攻之，西羌遂反。当然如果当时汉在西部粮食储备充分，羌人也不一定敢反。而当时金城、湟中谷斛八钱，赵充国建议司农中丞耿寿昌趁粮价低的机会，籴二百万斛谷储备起来，羌人就不敢轻举妄动。而耿寿昌请求籴谷百万斛，最终只得到四十万斛。义渠安国两次出使，又用去了一半。所以就这两件事而言有一件做好，西羌也不至于反叛。据《汉书·贾损之传》载，后来叛乱虽然平定了，但却损失巨大："暴师曾未一年，兵出不逾千里，费四十余万万，大司农钱尽，乃以少府禁钱续之。"

总之，虽然宣帝之政颇有瑕疵，但盖宽饶与他产生矛盾主要还是治国理念不同。当然盖宽饶的话确实有些偏激，而考其之所以如此，应当与他不受重用有一定关系，也就是说有点私心。据《盖宽饶传》载，当时"同列后进或至九卿，宽饶自以行清能高，有益于国，而为凡庸所越，愈失意不快，数上疏谏争。"但更多的应该是其自视甚高，觉得宣帝不用像自己这样的儒生治国，很可能会给汉朝带来不测的祸患，是以不避斧钺，愤而上书。阎步克对此也有所论析，他将武宣时期"霸王道杂之"的政治称"汉政"，指出西汉"言圣人道"的儒生"高悬了一个往古太平盛世以绳'汉政'，并把其政治文化理想贯注于其中；相对于这个太平极境，'汉政'就充分地显露了它的不完美。因此他们不但连代表了西汉帝国事业顶峰的武帝与宣帝，都常常敢于报以否定态度，甚至在对'汉政'的整体评价上都颇作保留。"[1] 应该说，盖宽饶的出发点还是好的。

按理说，道不同不相与谋就好了，可宣帝却认为盖宽饶怨望

---

① 阎步克：《士大夫政治演生史稿》，北京大学出版社 1996 年版，第 371—372 页。

诽谤终不悔改，非常生气。据《盖宽饶传》载，宣帝将盖宽饶的奏章交给中二千石官员议罪："宽饶怨谤终不改，下其书中二千石。"是知宣帝与盖宽饶的矛盾非一日之积，宣帝忍之久矣。考当时的中二千石官员有太常苏昌、诸吏光禄勋杨恽、卫尉忠、太仆戴长乐、廷尉于定国、大鸿胪萧望之、宗正刘德、大司农王禹、执金吾广意或贤、少府李强等，其中只有执金吾认为盖宽饶这是想让宣帝禅位于自己，罪属"大逆不道"，显见绝大多数中二千石官员并不认为盖宽饶罪大恶极。然而宣帝却以执金吾的看法为理由，要把盖宽饶交给狱吏处置。当时谏大夫郑昌怜悯盖宽饶忠诚正直，忧念国事，因为言事不合皇帝的心意，而被文法之吏诋毁中伤，于是上书为盖宽饶求情："臣闻山有猛兽，藜藿为之不采；国有忠臣，奸邪为之不起。司隶校尉宽饶居不求安，食不求饱，进有忧国之心，退有死节之义，上无许、史之属，下无金、张之托，职在司察，直道而行，多仇少与，上书陈国事，有司劾以大辟，臣幸得从大夫之后，官以谏为名，不敢不言。"但是宣帝却不听劝谏，坚持要把盖宽饶交给狱吏处置，盖宽饶不肯受辱，"引佩刀自刭北阙下，众莫不怜之。"时为神爵二年（前60年）九月。对此胡寅论曰："宽饶之死，坐怨谤欤？曰：非也，宣帝加之之词也。坐求禅欤？曰：非也，史禄其疏云然，而语未竟。且人臣非丧心失惑，安敢请天下于人君哉？然则何以取帝怒之深也？曰：上好用刑法，而宽饶曰'以法律为《诗》、《书》'，上方任中书宦官，而宽饶曰'以刑余为周、召'。此两言者，蔽宣帝之为人，帝恶其当也，是以杀之，亦可谓不知自反以改其过者矣。"[①]

---

① （南宋）胡寅撰，刘依平校点：《读史管见》卷二《宣帝》，岳麓书社2011年版，第68页。

像盖宽饶这类人，西汉其实代不乏见，然时君大多能优容之。如文帝时有张释之、冯唐，武帝时有汲黯，成帝时有谷永，皆敢犯颜直谏，有的言辞之激烈丝毫不亚于盖宽饶。然在文帝、武帝、成帝就能容忍得了，在宣帝就容忍不了。

据《史记·汲黯列传》载，武帝时，汲黯为中大夫，因多次不留情面地向武帝直言极谏，武帝就将他打发到东海做太守。后以治郡有方被召为主爵都尉，亦即后来的右扶风。有次武帝在朝堂上侃侃而谈时，汲黯毫不客气地打断他说："陛下内多欲而外施仁义，奈何欲效唐虞之治乎！"这让武帝很扫兴，当即变色罢朝而去，公卿都为汲黯担心。但武帝却没有惩治汲黯，只是对身边的近侍说："甚矣，汲黯之戆也！"汲黯当时不仅对武帝直言极谏，还经常批评用事大臣公孙弘、张汤等，二人因此对他非常嫉恨，公孙弘知道武帝也不喜欢汲黯，想借故杀掉他，就建议武帝让汲黯担任难以治理的右内史，亦即后来的京兆尹。虽然如此，但武帝后来并没有刻意去为难汲黯。汲黯为官长期不得升迁，而许多小吏以及他以前的属吏，官职或超过了他，或与他平级，这让他深感失落，对武帝不能不有所埋怨，于是朝见武帝时说："陛下用群臣如积薪耳，后来者居上。"汲黯退出后，武帝叹息说："人果不可以无学，观黯之言也日益甚。"后汲黯又多次指斥武帝，但武帝也只是说："吾久不闻汲黯之言，今又复妄发矣。"后虽以小罪免官，数年之后又为武帝所起用，卒获善终。

据《谷永传》载，成帝时，谷永上奏章进谏，一则说秦朝之所以历二世而亡，是因为养生过分奢侈，奉终过分丰厚，这两方面成帝"兼而有之"；再则说"王者必先自绝，然后天绝之。"而成帝的行为就是自取灭亡；又说帝王以百姓为根基，百姓以财产为根基，财产枯竭百姓就会叛乱，国家就会灭亡，而成帝现在所为就是"轻夺民财，不爱民力"；最后说成帝以前的皇帝做得都很好，只有成帝违背天道放纵欲望，轻贱自身胡作非为，正当盛年，却没有继嗣之福，而有危亡之忧，积累下来的丧失为君之道、不合天意的行为已经有很多了。因此批评成帝："为人后嗣，守人功业，如此，岂不负哉！"成帝览奏大怒，当即便派侍御史去抓谷永，不过同时又交代侍御史，如果追到交道厩这个地方还没追上，就算了。而侍御史追至交道厩，得知谷永已逃过该地，就回来了。当时成帝的怒气也已消除，感到很懊悔，内心庆幸没有杀掉谷永。次年又召谷永为太中大夫，升任光禄大夫、给事中。

有人对宣帝不容直臣的行为很不解："宽饶之直似汲黯，孝武容黯，而孝宣不容宽饶，何欤？"[1]有学者认为是宣帝性情刻薄，缺乏容人之量所致。如苏辙认为宣帝"虽明察有余，而性本忌克"[2]。吕思勉认为宣帝"天资近于刻薄，故喜柔媚之人，而不能容骨鲠之士。"[3]而在笔者看来，此实与宣帝出身特殊关系甚大。

文帝以高祖在世长子身份称帝，武帝、成帝属正宗嫡传，为君皆名正言顺，故都不缺乏君临天下的自信，因为自信所以就有包容之心，这使他们在面对臣下的直言极谏时，虽然也会恼怒，但在愤怒之中往往仍能保有一定的理性。宣帝则出身卑微，本不具备做皇帝的资格，故虽做了皇帝，但却缺乏为人君的自信，敏感多疑，最忌讳人们不认可自己。盖宽饶批评宣帝以法治国，重用刑余之人，可能宣帝并不介意，因为宣帝亲政后，所用丞相魏

①　（南宋）王应麟著，郑振峰等点校：《通鉴答问》卷五"盖宽饶奏封事"条，中华书局 2012 年版，第 407 页。
②　（北宋）苏辙撰，陈宏天、高秀芳点校：《栾城后集》卷八《汉光武下》，载《苏辙集》，中华书局 1990 年版，第 972 页。
③　吕思勉：《秦汉史》，上海古籍出版社 1983 年版，第 160 页。

相明《易经》，有师法；御史大夫丙吉学《诗》《礼》，皆通大义；大鸿胪萧望之通经术，为大儒。如何能说儒术不行？考此数人之所以受到重用，是因为他们皆"处事知宜，立朝有守，所谓通儒也。"[1]而盖宽饶行事颇为迂腐，据《盖宽饶传》载，太子庶子王生曾写信劝盖宽饶说："自古之治，三王之术各有制度。今君不务循职而已，乃欲以太古久远之事匡拂天子"。宣帝将盖宽饶这类人称作好是古非今、无益于治的"俗儒"，骨子里对他们本就颇为不屑，自然不会与他们一般见识；但盖宽饶批评宣帝没本事就别干了，宣帝就气炸了，太伤自尊！

当然这其中自然也少不了被盖宽饶所得罪的权贵，如许、史、金、张辈的煽风点火。许广汉出身下贱，资质凡庸，只因机缘巧合，方才得以厕身朝堂之上，与精英为伍，其内心之忐忑自不待言，故极其渴盼得到官场的认可。而盖宽饶却在大庭广众之下出许广汉的丑，实难让许广汉原谅他。

却说平恩侯许广汉乔迁新居，朝中重臣都去道贺，司隶校尉盖宽饶却不肯去，这让许广汉觉得很没面子，特派人去请他赴宴。盖宽饶这才到了许家，从许家西边的台阶上进入厅堂，独自面向东方而坐。"古人之坐以东向为尊，故宗庙之祭，太祖之位东向；即交际之礼，亦宾东向而主人西向。"[2]然细究战国秦汉时事，宾客东向坐，皆为特殊事例，正常情况下，宾客为示谦恭之意，是不肯东向坐的，除非是反复礼让。故当时许家宴席上的情况是东向的席位空着，一直无人敢坐，丞相魏相亦然。故盖宽饶一进客

---

① （南宋）刘子翚：《屏山集》卷三《汉书杂论上》，文渊阁《四库全书》第1134 册，第 389 页。
② （清）顾炎武著，（清）黄汝成集释：《日知录集释》卷二八《东向坐》，上海古籍出版社 1985 年版，第 2087 页。

厅未经礼请，径自东向而坐，是相当失礼的。据《盖宽饶传》载，许广汉见盖宽饶进来，亲自为他斟酒说："盖君后至。"盖宽饶却不客气地说："无多酌我，我乃酒狂。"魏相见状，担心闹僵，便笑着打圆场说："次公醒而狂，何必酒也？"席上的宾客见盖宽饶对许广汉如此倨傲不逊，都用轻视的眼光朝他看。及至宾客酒兴正浓的时候，许广汉又让奏乐助兴，而长信少府檀长卿起来跳舞，很滑稽地表演起猕猴与狗搏斗的动作，逗得在座宾客都大笑不已。这让盖宽饶感到很不高兴，于是仰头望着屋顶长叹道："美哉！然富贵无常，忽则易人，此如传舍，所阅多矣。唯谨慎为得久，君侯可不戒哉！"说罢起身而去，回去后，立刻便弹劾檀长卿以长信少府的身份表演猕猴之舞，有失大臣之礼，罪属不敬。宣帝看了也很生气，要处置檀长卿，许广汉为此亲自去向宣帝谢罪，宣帝才作罢。

故盖宽饶自杀，论者以为与他得罪外戚关系甚大："宽饶正以犯许史辈有此祸"[1]，姑不论宿怨，就盖宽饶此次奏疏而言，其言"刑余"云云，殊不知"平恩侯亦刑余"[2]！而其矛头直指弘恭、石显，自也难免为二人所嫉恨，故王应麟称："宽饶之忤孝宣也，忤恭、显也。"[3] 此外可能还有魏相。如鲁通甫论及盖宽饶下吏自刭死称："是宰相之过也，魏侯于是溺其职矣。……史称宽饶深刻，在位大臣贵戚，人与为怨。则意相于宽饶，有利其死之心。许伯

① （北宋）马永卿辑，（明）王崇庆解，（明）崔铣编行录，（清）钱培名补脱文：《元城语录解（附行录解 脱文）》卷下，《丛书集成初编》（补印本），商务印书馆 1939 年版，第 37 页。
② （南宋）王应麟著，（清）翁元圻辑注，孙通海点校：《困学纪闻注》卷一二《考史》，中华书局 2016 年版，第 1577 页。
③ （南宋）王应麟著，郑振峰等点校：《通鉴答问》卷五"盖宽饶奏封事"条，中华书局 2012 年版，第 407 页。

之入第也，宽饶后往，曰：毋多酌我，我乃酒狂。丞相笑曰：次公醒而狂，何必酒也。则相之不满于宽饶久矣。"①

第三节　严杨之诛

盖宽饶是公开指斥宣帝而被逼自杀，严延年、杨恽等对宣帝之政的不满则是通过被人举报，才被宣帝发现的，但宣帝同样不肯放过他们。

据《严延年传》载，河南太守严延年因被朝廷所冷落，对其府丞义屡屡出言抨击时政，由于严延年治郡严厉，义一直对严延年心怀畏惧，又因年老，心思有点悖乱，担心遭到严延年的伤害。而事实上，由于义曾与严延年一起做过丞相府的属官，故严延年对他很是照顾，没少送给他钱财，这却让义更加惶恐不安，就私下里占问吉凶，结果却得到了一个死卦，这不由让他闷闷不乐，思来想去，竟告假去长安，上书列举了构成严延年罪行的十件事，奏章递上去后，为了表明自己没有欺骗皇帝，竟服药自杀。宣帝将此事交给御史丞审核，于是严延年"坐怨望非谤政治不道弃市"。时为神爵四年（前58年）十一月。

据《杨恽传》载，太仆戴长乐曾接受诏令，代替宣帝演习宗庙祭祀礼仪。回来后把此事告诉了自己的属吏。有人知道后，就上书告发戴长乐讲了不该讲的话，宣帝将此事交由廷尉处置。戴长乐怀疑是杨恽使人告发的自己，就也上书揭发了杨恽六条罪状。

其一，有次高昌侯董忠驱车奔入北掖门，杨恽对富平侯张延

---

①　王礼卿：《历代文约选详评》（增订再版）卷一《鲁通甫盖宽饶论》，（台北）"国立编译馆中华丛书编审委员会"1983年版，第45页。

寿说："闻前曾有奔车抵殿门，门关折，马死，而昭帝崩。今复如此，天时，非人力也。"此属妄言宣帝生死。

其二，左冯翊韩延寿有罪下狱，杨恽上书为他申诉辩冤。郎中丘常对杨恽说："闻君侯讼韩冯翊，当得活乎？"杨恽说事情哪有这么容易！正直的人未必能够保全自己。我自己尚且不能保全，这正像人所说的老鼠因为口衔比洞穴口还要大的垫子而进不了洞："事何容易！胫胫者未必全也。我不能自保，真人所谓鼠不容穴衔窭数者也。"这是抨击宣帝是非不分。

其三，匈奴使者来汉，表达了单于欲来朝汉的想法，宣帝让中书谒者令宣将译出的使者的话，拿给将军和中朝二千石官员们看，杨恽："冒顿单于得汉美食好物，谓之殄恶，单于不来明甚。"这显然是嘲笑宣帝不了解匈奴的情况，容易上当受骗。

其四，杨恽观看西阁上画的人物，指着桀、纣的画像对宣帝的舅舅乐昌侯王武说："天子过此，一二问其过，可以得师矣。"西阁画中人物除桀、纣外，还有尧、舜、禹、汤等贤明的君主，杨恽不称扬，却列举桀、纣这类昏君，让宣帝学习，这显然是意存讽刺。

其五，杨恽听匈奴投降的人说单于被杀，就说："得不肖君，大臣为画善计不用，自令身无处所。若秦时但任小臣，诛杀忠良，竟以灭亡；令亲任大臣，即至今耳。古与今如一丘之貉。"此属妄引亡国的例子来诽谤当今朝廷，没有人臣应有的礼节。

其六，戴长乐称杨恽还曾对他说："正月以来，天阴不雨，此《春秋》所记，夏侯君所言。行必不至河东矣。"这是拿宣帝开玩笑，尤属大逆不道，违背伦理。

戴长乐所奏六件事情，或深或浅，皆事涉指斥宣帝，这让宣帝很愤慨，就把戴长乐的奏章交给廷尉于定国处置，于定国审理之后，给出的处理意见是："恽幸得列九卿诸吏，宿卫近臣，上所信任，与闻政事，不竭忠爱，尽臣子义，而妄怨望，称引为妖恶言，大逆不道，请逮捕治。"五凤二年（前56年）十二月，宣帝下诏，将杨恽和戴长乐都免为平民。杨恽因自己被宣帝"以暗昧语言见废，内怀不服"，被贬之后，不免出言不逊，有"县官不足为尽力"等语，结果再度被人告发，廷尉承宣帝意，"当恽大逆无道，要斩。妻子徙酒泉郡。"时为五凤四年（前54年）。胡寅因言："人君行事不当于人心，天下得以议之，岂有戮一夫、钳一喙而能沮弥者？以两言狂易，而杀廉洁刚直之士，若刈草菅，曾无顾惜之意，宣帝于是乎失君道矣。"[①]

据《路温舒传》载，以言罪人的害处，早在宣帝即位之初，路温舒在奏章中就曾对他讲过。路温舒说秦朝就亡在以言罪人，当时正言进谏被认为是诽谤，指陈过失被认为是妖言。品德高尚的贤人不受重用，忠诚恳切之言只能郁积于胸中，使阿谀奉承之声充斥于君主的耳边，结果君主为虚假的赞颂所迷惑，现实的祸患因为言路蔽塞而不知，秦朝因而灭亡。从长治久安考虑，路温舒建议宣帝广开言路，让人们尽情地表达自己对国事的看法，不要以言罪人。他说自己听说乌鸦和老鹰这类恶鸟的卵都不受损害的地方，才会有凤凰落下；诽谤君主之罪不受诛罚，才会有人进献忠言。因此古人说山深林密的地方藏有毒害之物，广大的川泽之中容纳有污垢，美玉之中含有微瑕，一国之君有容纳言辞羞辱的度量。只要宣帝能免除诽谤君主的人的罪责而接受直言，广开言路，扫除秦朝的失误，遵循周文王、周武王的德政，减省法令，

① （南宋）胡寅撰，刘依平校点：《读史管见》卷二《宣帝》，岳麓书社2011年版，第69页。

放宽刑罚，使以律令治民的行为被废除，那么太平盛世就会出现，大汉帝国就会永远和平、安乐，与天地共存，天下之人都会感到无比欣慰："臣闻乌鸢之卵不毁，而后凤凰集；诽谤之罪不诛，而后良言进。故古人有言：'山薮藏疾，川泽纳污，瑾瑜匿恶，国君含诟。'唯陛下除诽谤以招切言，开天下之口，广箴谏之路，扫亡秦之失，尊文武之德，省法制，宽刑罚，以废治狱，则太平之风可兴于世，永履和乐，与天亡极，天下幸甚。"宣帝对路温舒的观点很欣赏，也有志做一个开明的君主，但落到实处，一听说有人批评他，立马便把路温舒的话忘得一干二净，对冒犯自己者必欲除之而后快，甚者甘心为朝臣所利用，说来说去，这都与他出身微贱有着莫大的干系。

事实上，人君最忌讳为臣下所利用而成其一己之私，故皆在这方面着意防范，若一不小心中了圈套，一经发现，必须严加惩处，以儆效尤。如武帝时，朱买臣、王朝、边通等三长史，因不满御史大夫张汤，遂合谋陷害张汤，利用武帝之手将其逼死，后来武帝发觉自己被三长史所利用，遂诛杀三长史，并逼丞相庄青翟自杀。故武帝时，鲜有大臣敢轻易以武帝为手段打击政敌，而宣帝却因过于敏感多疑，屡屡为臣下所利用而不知醒悟！

最后需要说明的是，杨恽两次定罪都是由于定国来做的，而于定国是以执法宽平著称的，因此许多人对于定国颇有微辞。如洪迈称："杨恽坐语言怨望，而廷尉当以为大逆不道。以其时考之，乃于定国也。史称定国为廷尉，民自以不冤，岂其然乎！"[①]

① （南宋）洪迈撰，孔凡礼点校：《容斋随笔》卷六《魏相萧望之》，中华书局2005年版，第76页。

又称："杨恽为人告骄奢不悔过，下廷尉案验，始得所予孙会宗书，定国当恽大逆无道，恽坐要斩。恽之罪何至于是！其徇主之过如此。《传》所谓'决疑平法务在哀矜'者，果何为哉！"[1] 其实这有点冤枉于定国，因为调是宣帝定的，于定国只是具体的执行者。当然宣帝肯定不会直接要于定国如何，但不要忘了宣帝身边有弘恭、石显这两个精于律令的宦官，如论及拟写律文，扬雄自认为不如弘恭："或问曰：'载使子草律。'曰：'吾不如弘恭。'"[2] 《佞幸传》称弘恭"善为请奏"，其意"就不仅是传递文书，主要当指根据法令故事，对所传递奏上文书同时提出处理建议，颇中宣帝之意。"[3] 据此，该怎么处置，不用宣帝说，弘恭、石显早就办妥帖了，于定国只是代宣帝受过而已。

据《元帝纪》载，盖宽饶、杨恽被诛后，太子刘奭因为进谏，触怒宣帝，又差点被废。宣帝为政王霸兼采，多用文法吏，而太子刘奭长大后，却"柔仁好儒"。刘奭见大臣杨恽、盖宽饶等因言获罪被诛，曾在侍奉宣帝时郑重进谏："陛下持刑太深，宜用儒生。"这让宣帝很生气，作色说："汉家自有制度，本以霸王道杂之，奈何纯任德教，用周政乎！且俗儒不达时宜，好是古非今，使人眩于名实，不知所守，何足委任！"并为汉朝的前途忧心不已，叹息道："乱我家者，太子也！"自此开始疏远刘奭。据《刘钦传》载，宣帝次子淮阳王刘钦长大后，"好经书法律，聪达有材，帝甚爱之。太子宽仁，喜儒术，上数嗟叹宪王曰：'真我子

① （南宋）洪迈撰，孔凡礼点校：《容斋续笔》卷二《张于二廷尉》，载《容斋随笔》，中华书局 2005 年版，第 235—236 页。
② 汪荣宝撰，陈仲夫点校：《法言义疏》卷一二《先知》，中华书局 1987 年版，第 303 页。
③ 祝总斌：《两汉魏晋南北朝宰相制度研究》，中国社会科学出版社 1990 出版，第 324 页。

也！'"刘钦之母张婕妤又最受宣帝宠幸，不免就使宣帝动了以刘钦代刘奭为太子的念头。但由于宣帝与刘奭俱起于微贱，刘奭又自幼丧母，着实让他怜惜，许氏外戚又有大恩于他，若废黜太子，势必要清算许家，这就意味着当年他的家族的惨剧将在汉廷重演，而这是他绝对无法承受的。据《元帝纪》载，宣帝权衡再三，最终只好不了了之："上有意欲用淮阳王代太子，然以少依许氏，俱从微起，故终不背焉。"

第十二章　快意恩仇，独步天下

宣帝铲除霍氏集团后，终于乾纲独断，遂快意恩仇。对于微时曾有恩于己的人，上至许史外戚，下至当年在郡邸狱时对自己曾有抚育之功的犯人，皆根据以前他们对自己的恩情深浅程度分别予以报答。其中由于对丙吉深为敬重与信任，宣帝不仅严禁他人冒犯丙吉，并且当其临终之际，还咨询以国家大事，并按照其建议安排朝政。对于他厌恶之人，如废帝刘贺、广陵王刘胥，则倾力予以打击，最终刘贺惊惧而死，刘胥则被逼自杀。

第一节　报答恩人

据《宣帝纪》载，元康三年（前63年）三月，宣帝诏封御史大夫丙吉为博阳侯、中郎将史曾为将陵侯、中郎将史玄为平台侯、长乐卫尉许舜为博望侯、侍中光禄大夫许延寿为乐成侯、故掖庭令张贺谥为阳都哀侯、张贺继子张彭祖为阳都侯。故旧之人下至于当年在郡邸狱时对宣帝曾有抚育之功的人，皆根据以前他们对宣帝的恩情深浅程度分别赐给官职、禄位、田宅、财物："朕微眇时，御史大夫丙吉、中郎将史曾、史玄、长乐卫尉许舜、侍中光禄大夫许延寿皆与朕有旧恩。及故掖庭令张贺辅导朕躬，修文学经术，恩惠卓异，厥功茂焉。《诗》不云乎？'无德不报。'封贺所子弟子侍中中郎将彭祖为阳都侯，追赐贺谥曰阳都哀侯。吉、

230

曾、玄、舜、延寿皆为列侯。故人下至郡邸狱复作尝有阿保之功，皆受官禄田宅财物，各以恩深浅报之。"

从诏书内容看，宣帝对抚养其成人并为其成家的故掖庭令张贺尤其感念。因此亲政后，追念旧恩，就倾情报答张贺。元康二年（前64年），宣帝追思张贺的恩情，想就其坟墓封其为恩德侯，置守冢户二百家，张安世少子张彭祖为张贺继子，宣帝欲封其为侯，就先赐他爵为关内侯。张安世向宣帝极力推辞对乃兄张贺的封赏，又请求减损张贺墓守冢户为三十户。然而据《张安世传》载，宣帝却回答说："吾自为掖庭令，非为将军也。"见宣帝如此说，张安世再不敢反对。而宣帝也部分接受了张安世的建议，下诏让官方为故掖庭令张贺置守冢三十家，并亲自为这三十户人家选择住址，张贺的坟墓西边斗鸡翁的房舍的南面，是宣帝小时候曾经游玩过的地方，宣帝就让他们住在这里。及至元康三年（前63年）三月，遂封张彭祖为侯，并追谥张贺为侯。当时张贺有一个七岁的孤孙名霸，宣帝也拜他为散骑中郎将，赐爵关内侯，食邑三百户。

由于宣帝一即位便开始封赏张贺及许史外戚，而丙吉却是直到此时方才封赏，故有人以时日久远之故责备宣帝。对此李渔认为宣帝即位后，一直未封赏丙吉，是由于初不知其功，及至宣帝知道丙吉的恩德，"封赏旋及，虽十二年，犹一日矣"[①]。

应该说，丙吉获封多少有点意外。因为若非有人争功，牵涉到了丙吉，宣帝根本就不知道原来丙吉对自己有如此大的恩情。

据《丙吉传》载，宣帝除掉霍氏之后，有次在处理吏民所上

① （清）李渔撰，王翼奇点校：《笠翁别集》卷一《论汉宣在位十二年始赏保护之功、孝文即位历三时始修代来之功》，载《笠翁一家言文集》，见《李渔全集》（第一卷），浙江古籍出版社1991年版，第365页。

奏章时，见到一个名叫则的掖庭原宫婢让其丈夫为自己所上的奏书，奏书中则自称于宣帝曾有养育之功，宣帝就把奏书下发给掖庭令处理。而则在回答掖庭令提问时，声称御史大夫丙吉知道此事。掖庭令就带着则来到御史府找丙吉，丙吉见到则后，得知详情，便训斥则说："汝尝坐养皇曾孙不谨督笞，汝安得有功？独渭城胡组、淮阳郭征卿有恩耳。"[①] 然后上书分别奏报胡组等供养宣帝的劳苦情况。宣帝得奏，马上下诏寻找胡组和郭征卿，但找到这两人的家时，这两人都已去世，不过都有子孙在，于是对她们的子孙厚加赏赐。又诏免则为庶人，赐钱十万。

丙吉在举荐宣帝为天子时，曾言及自己主持郡邸狱事时，宣帝就在狱中，但也仅此而已。当时由于丙吉于己有举荐之功，宣帝由衷地感激丙吉，即位之后，即赐丙吉爵为关内侯，及至立皇太子，又以丙吉为太子太傅，数月后，将其迁官御史大夫。或许在内心深处，宣帝觉得自己对丙吉还是不错的。然而经则这一折腾，使得旧事重提，宣帝才发现原来丙吉与自己的渊源竟是如此之深，此前自己对丙吉的报答真是微不足道！

丙吉，字少卿，鲁国人。初以通律令而为鲁国狱史，积功升迁到秩千石的廷尉右监，后因犯法失官，回家乡后做了州从事。武帝末年，巫蛊案起，丙吉以故廷尉监身份被征召回长安，诏令赴郡邸狱治巫蛊案。当时宣帝刘病已才生下来数月，因为是卫太子的孙子而被收监在郡邸狱中，而这无疑是要他的性命。

---

① 郭征卿，《汉书·宣帝纪》作"赵征卿"。颜师古云："纪、传不同，未知孰是。"见（东汉）班固：《汉书》卷八《宣帝纪》，中华书局1962年版，第236页。周寿昌云："或传其家姓，或传其夫姓，故有异同也。"见（清）周寿昌：《汉书注校补》卷四，载（清）沈钦韩等撰《汉书疏证（外二种）》（二），上海古籍出版社2006年版，第439页。

之所以这样说，是因为当时婴儿死亡率相当高，极难养育。两汉文献对此屡有论及。如据《王吉传》载，王吉称："世俗嫁娶太早，未知为人父母之道而有子，是以教化不明而民多夭。"桓谭《新论·祛蔽篇》云："古昔平和之世，人物蒙美盛而生，皆坚强老寿"，而"后世遭衰薄恶气，娶嫁又不时，勤苦过度，是以身生子皆俱伤，而筋骨血气不充强，故多凶短折"。"凶短折"出自《尚书·洪范》，皆是夭枉之名，关于"凶"，郑玄以为"未龀曰凶"，指幼儿尚未到换牙齿时就死亡。虽然王吉等关于婴儿死因的看法颇相歧异，但都承认婴儿早夭是当时相当普遍的社会现象。王子今通过对传世文献资料以及睡虎地秦简《日书》、孔家坡汉简《日书》等考古文物资料中与婴儿健康问题有关的史料进行剖析，也指出："因疾病所导致的初生婴儿夭亡，是相当普遍的社会现象。"[①] 而事实上，大多数做父母的对婴儿都相当爱护，为了将其抚养成人，不惜倾其所有，"不能已于媚子"[②]。

做父母者对婴儿倍加珍爱，仍避免不了其死亡，更何况是监牢之中。关于"狱"，应劭云："《易》：'噬嗑为狱。'狱，十月之卦，从犬言声，二犬，亦所以守也。廷者，阳也，阳尚生长。狱者，阴也，阴主刑杀。故狱皆在廷北，顺其位。"[③]《意林》引《风俗通》作："狱字，二犬守，言无情状，犬亦得之。"[④] 地节四年（前

---

① 王子今：《秦汉"小儿医"略议》，《西北大学学报》（哲学社会科学版）2007年第 4 期。

② （东汉）王符著，王继培笺：《潜夫论·忠贤》，载《诸子集成》（8），上海书店出版社 1986 年版，第 47 页。

③ （东汉）应劭撰，王利器校注：《风俗通义校注·佚文》，中华书局 1981年版，第 585 页。

④ （唐）马总：《意林》卷四《风俗通三十一卷》，载《笔记小说大观》（第 1册），江苏广陵古籍刻印社 1983 年版，第 203 页。

66 年）九月，针对当时被关押的犯人出现的非正常死亡现象，宣帝曾下诏令郡国每年都要上报在押犯因饥寒而死等非正常死亡情况，并将此作为评定地方官员政绩的一项指标。显见此事在当时属普遍现象，以至引起朝廷重视。考虑到宣帝即位后便着手宽缓刑狱尚且如此，则此前监狱的生活条件当更恶劣。故当时将刘病已置于监狱之中，无异于判其死刑。

对此，武帝不知道刘病已在狱中应该是个合理的解释。吕思勉就曾发问："然则武帝果自知尚有曾孙否？"① 但事实上武帝不知刘病已在狱中是不可能的。因为"卫太子一案震动朝廷，震动天下。武帝对之十分重视，亲自部署了对太子的镇压，又亲自主持了对事件的处理。对太子家人大都被杀、只有遗孙一人收系狱中这一重要情况，武帝不会不知"②。当时在处置卫太子案的涉事人员时，武帝根据这些人与太子关系之亲疏将他们分作三类，即太子家人、太子宾客、被胁迫参与叛乱者，然后予以不同对待。如对太子家人无少长皆处死；太子宾客没有参与反叛者皆处死，参与反叛者族诛；被胁迫参与叛乱者，都徙往敦煌郡。在此情况下，有涉案者若想逃脱惩罚，就必须向武帝请示，如太子家吏张贺就是由其弟张安世向武帝上书求请，方才得到特赦的。故刘病已被赦免死罪，一定也要得到武帝的同意方可。所以刘病已被置于郡邸狱，其实就是他的安排。由于监狱的条件极其恶劣，武帝将刘病已置于狱中，不能不让人怀疑他是意在斩草除根，为其少子顺利继位扫清障碍。

当然，不赞同武帝有杀刘病已之心者会指出，若武帝果有杀

① 吕思勉：《秦汉史》，上海古籍出版社 1983 年版，第 155 页。
② 陈苏镇：《汉代政治与〈春秋〉学》，中国广播电视出版社 2001 年版，第 323 页。

掉刘病已之心，他当初何必赦免刘病已！但问题是当时纵使他想除掉刘病已，但刘病已却有不被杀之理。汉代宗室诸侯王谋反，朝廷一般只处置组织者及参与者，对于涉案的宗室贵族的家人则予以赦免。因此在史书中偶尔会见到这些反叛者后人活动的记载。如景帝时，楚王刘戊参与七国之乱，军败自杀；武帝时江都王刘建因谋反罪自杀。及至武帝元封年间，据《西域传》载，先是"遣江都王建女细君为公主"，以妻乌孙昆莫，后改为昆莫孙岑陬妻。细君死后，"汉复以楚王戊之孙解忧为公主"，妻乌孙君主岑陬。据此可知，武帝对卫太子一家大行诛戮已属过当，更何况刘病已为襁褓小儿，无预世事，且于情为其曾孙，于理亦当哀矜，故武帝虽欲除之，可是却杀之无由，只好将其关押在郡邸狱中。

据《丙吉传》载，刘病已入狱后，"曾孙病，几不全者数焉"。幸亏有丙吉的悉心呵护方才每每转危为安。当时丙吉见到刘病已后，很是怜惜。又通过治巫蛊案，心知所谓的太子罪过并无事实，因而更加哀怜刘病已的无辜。便挑选渭城人胡组等谨慎厚道的女犯人来养育刘病已，让她们带着刘病已住在宽敞安静干燥的地方："时宣帝生数月，以皇曾孙坐卫太子事系，吉见而怜之。又心知太子无事实，重哀曾孙无辜，吉择谨厚女徒，令保养曾孙，置闲燥处。"他自己经常去看望刘病已，并让属下尊每天两次去侍奉刘病已："是时治狱使者丙吉见皇曾孙遭离无辜，吉仁心感动，涕泣凄恻，选择复作胡组养视皇孙，吉常从。臣尊日再侍卧庭上。"刘病已由于体质弱，经常生病，有多次都病得奄奄一息，而刘病已一生病丙吉就命令保养刘病已的乳母及时医治。丙吉还用自己的财物来供给刘病已衣食消费："曾孙病，几不全者数焉，吉数敕保养乳母加致医药，视遇甚有恩惠，以私财物给其衣食。"

由于丙吉对刘病已关怀备至，使其得以存活下来，但这显然不是武帝所愿意看到的，于是就有了后元二年（前87年）的屠狱之令。

后元年间，武帝自感时日无多，遂开始安排身后之事，如使黄门画周公负成王朝诸侯以赐霍光、赐钩弋夫人死、朝诸侯王于甘泉宫、昌邑王刘髆莫名其妙地死去等，另外后元二年（前87年）武帝去世之前发布的屠狱之命，应该也是武帝在为使其少子刘弗陵顺利掌权所采取的一项行动。劳干就指出这件事"可能根本就是一个阴谋，要根本除掉卫氏的残余势力。"① 陈苏镇亦称："武帝不惜再次滥杀无辜，可能是因为他对太子党残余势力也不放心，因而决意除掉皇曾孙，以免日后对昭帝构成威胁。"② 因为刘病已的祖父卫太子为储君三十余年，在社会上有着广泛的声望，所以可能在武帝看来，让刘病已留在世间会不利于其少子刘弗陵。

据《丙吉传》载，武帝以"望气者言长安狱中有天子气"为借口，派遣使者把中都官诏狱的犯人一一疏录清楚，然后下令不分罪行轻重一律处死。为了达到处死刘病已的目的，武帝特派郭穰于夜间赴郡邸狱执行屠狱令："内谒者令郭穰夜到郡邸狱，吉闭门拒使者不纳，曰：'皇曾孙在。他人亡辜死者犹不可，况亲曾孙乎！'相守至天明不得入，穰还以闻，因劾奏吉。武帝亦寤，曰：'天使之也。'因赦天下。"

此前的征和三年（前90年），郭穰曾告发李氏外戚有祝诅武帝的行为，最终李氏外戚被诛灭。由于郭穰在武帝清除李氏外戚过程中曾起过关键性作用，劳干认为"他是反李氏势力的"，而从

---

① 劳干：《对于〈巫蛊之祸的政治意义〉的看法》，《"中央研究院"历史语言研究所集刊》第57本第3分（1986年）。

② 陈苏镇：《汉代政治与〈春秋〉学》，中国广播电视出版社2001年版，第324页。

此次"不彻底执行"武帝的诏令看，他是不愿迫害刘病已的："他到郡邸狱，只是奉命行事，丙吉闭郡邸狱不得入。他知道皇曾孙在那里也就算了。当然他会向武帝解释的，武帝知道他的曾孙在那里，也就不愿深究了。"[1]张继昊赞同劳干的看法，并阐发说："的确，郭穰可以白天去，也可以再去，甚或是当场坚持要丙吉开门，但他都没有那么做。配合他告倒刘屈氂、李广利的事迹看，他确是十分可能倾向卫氏的。"[2]实则观《丙吉传》对此事的叙述，郭穰先是与丙吉相持到天明，回去之后告诉武帝事情的经过，并劾奏丙吉，整个过程显示郭穰对此事是不承担任何责任的，抗旨不从的始终都是丙吉。

从郭穰夜间去屠狱一事看，其用心可谓甚险恶。因为夜间进去之后，趁黑可以不问青红皂白，见人就杀，自然也就不用顾忌刘病已了。并且由于是晚上且是猝然而至，知道的人就少，这时即使有人说刘病已如何，事态也相对好控制。如果是白天去屠狱，大庭广众之下，见这么小一个孩子并且还是皇曾孙，地位特殊，杀还是不杀？一旦引起争执，可能还要去请武帝裁断，如果这样，由于孩子无罪，又是自己的亲曾孙，武帝从道义上讲只能是赦免他了。所以只能夜间去杀。没想到丙吉却拒不开门，遂使计划流产。武帝果于杀戮，晚年又喜怒无常，是以诏令所到之处，谁敢阻挠！再没想到丙吉竟敢抗命不从！然而到得此时，阴谋已败露，再去屠狱杀掉皇曾孙已不可能，不免慨叹："天使之也。"因赦天下，将刘病已及郡邸狱羁押犯人悉数赦免。所以这只能是一个

---

[1] 劳干：《对于〈巫蛊之祸的政治意义〉的看法》，《"中央研究院"历史语言研究所集刊》第 57 本第 3 分（1986 年）。

[2] 张继昊：《汉武帝将立其子而杀其母说法的检讨——兼论汉武帝的皇位继承问题》，《空大人文学报》2003 年 12 月第 12 期。

阴谋。

据《丙吉传》载，宣帝被赦免后，丙吉让守丞谁如以官方名义行文给京兆尹，要他负责妥善安置宣帝，同时把宣帝和胡组一起送到了京兆尹那里，可是京兆尹却不肯接受，又把宣帝送了回来，丙吉只好继续把宣帝养在郡邸狱中。等到胡组照看宣帝的期限已满，要走时，由于宣帝对她充满依恋，丙吉怕胡组骤然离开，会使宣帝无法接受，就自己出钱雇胡组留在郡邸狱，与新选女犯郭征卿一起又养育了宣帝数月，方才让胡组离去。后来有工作人员对丙吉说没有供养宣帝的诏令，无法给他提供相应的生活物资，丙吉便每月以自己的所得供给宣帝。有时候丙吉生病了，就派属下尊不分早晚地去问候宣帝的饮食起居，查看席褥的燥湿情况。丙吉还让尊监督胡组、郭征卿，不许她们随便离开宣帝去玩乐，还多次向宣帝进奉好吃甘脆的食物："既遭大赦，吉谓守丞谁如，皇孙不当在官，使谁如移书京兆尹，遣与胡组俱送京兆尹，不受，复还。及组日满当去，皇孙思慕，吉以私钱顾组，令留与郭征卿并养数月，乃遣组去。后少内啬夫白吉曰：'食皇孙亡诏令。'时吉得食米肉，月月以给皇孙。吉即时病，辄使臣尊朝夕请问皇孙，视省席蓐燥湿。候伺组、征卿，不得令晨夜去皇孙敖荡，数奏甘毳食物。"后来打听到宣帝的祖母史良娣娘家还有人在，就把宣帝送到了史家。

宣帝通过知情人的叙述，得知丙吉竟然对己有着如此深重的恩情，尤为难得的是，丙吉为自己付出了这么多，却一直闭口不提，这道德品质是何等高尚，所以当时就把宣帝感动得一塌糊涂。并且将丙吉前后的言行放在一起，可以发现从宣帝还在襁褓时期起，丙吉从未停止过对他的关心。郡邸狱时是悉心照顾，为保他性命，甚至不惜牺牲自己。离开郡邸狱后，则是对他默默关注。

然后在关键时候，又挺身而出，率先建言霍光拥立宣帝。而且细推起来，刘贺被废，丙吉其实也是功不可没的，因为他就是当初去昌邑迎接刘贺的四个官员之一，返朝之后，他作为霍光的亲信，将刘贺的丑态一五一十地汇报给霍光，亦很正常，并且丙吉还参与了霍光废黜刘贺的活动。对于这样一个人，宣帝焉有不感动、感激之理！

元康三年（前63年）三月，据《丙吉传》载，宣帝下诏给丞相魏相说："朕微眇时，御史大夫吉与朕有旧恩，厥德茂焉。《诗》不云虖？'亡德不报。'其封吉为博阳侯，邑千三百户。"临到受封的时候，丙吉却生病了，宣帝担心丙吉未能受封就死去，使其人生留下遗憾，就打算趁他还活着，派人拿着侯印去他家加封他。夏侯胜安慰宣帝说："此未死也。臣闻有阴德者，必飨其乐以及子孙。今吉未获报而疾甚，非其死疾也。"后来病果然好了。得知宣帝要封自己为侯，丙吉上书坚辞，认为自己不应该靠空名受赏。宣帝回书作答说："朕之封君，非空名也，而君上书归侯印，是显朕不德也。方今天下少事，君其专精神，省思虑，近医药，以自持。"

在郡邸狱抚育过宣帝的人除胡组、郭征卿、则外，还有长安百姓尊。由于丙吉当时在向宣帝上奏疏时，不愿多谈自己对宣帝的抚育之恩，结果连带着尊曾照顾宣帝的事情也未上报，使尊不免就吃了亏，没能与胡组等一样得到宣帝的赏赐。后来元帝时，尊又上书论说此事，不知道元帝是否对他有所补偿。

第二节　敬信丙吉

由于丙吉有大恩于宣帝，宣帝对他十分敬重，不容许有任何冒犯丙吉的行为发生，萧望之由于没有揣摩透宣帝的心思，就吃了大亏。

神爵三年（前 59 年）丞相魏相去世后，丙吉做了丞相，他的御史大夫的职位则被大鸿胪萧望之接任。萧望之不仅精通《齐诗》《论语》《礼服》，为当世大儒，对于国家大事又每有超出时辈的高伟之论，并且为左冯翊三年，为京师所称赞，也就是说，此人还有处理具体事务之能。这在当时可称得上是一等一的人才，不免就有恃才傲物之病。及做了御史大夫，更是有点目空一切，看谁不顺眼，就想修理谁。

如接替他任左冯翊的韩延寿，在治内以德化民，官声之著，过于萧望之任此职时，这让萧望之很妒忌，得知韩延寿在东郡为太守时，曾经有过放散官钱千余万的事情，就找丙吉商议追究韩延寿的责任。由于这是发生在大赦之前的事情，丙吉认为不用再去追究，但萧望之不听，竟令御史讯问东郡官员韩延寿放散官钱之事，嗣后又以此事为契机，全面清算韩延寿，最终韩延寿竟被处以死罪。但有道是公道自在人心，由于韩延寿深得民心，据《韩延寿传》载，行刑之日，吏民自发送行者有数千人，当时百姓扶着刑车争相向韩延寿敬献酒食，韩延寿不忍拒绝，便有敬即饮，并让随行官员分头感谢百姓说："远苦吏民，延寿死无所恨。"百姓闻言，莫不痛哭流涕。这应该出乎萧望之的预料，因为他本来想让韩延寿名誉扫地，结果却事与愿违，百姓根本就不认可朝廷的理由。而这也被视为宣帝一朝的几大冤案之一，备遭后人诟病。

宣帝采用大司农中丞耿寿昌建议，改革漕运，设常平仓，此"利民之善术也"①，推行之后，成效甚著。据《萧望之传》载，

---

① （清）王夫之：《读通鉴论》卷四《常平流为青苗》，《船山全书》（10），岳麓书社 1988 年版，第 170 页。

宣帝对此很满意，而萧望之对耿寿昌却颇多贬损之言："上善之，望之非寿昌"。

及至五凤二年（前56年）萧望之上书被贬，王应麟认为这是宣帝"以灾异为讳"的缘故[①]。实则与萧望之借灾异挑衅丙吉关系甚大。据《萧望之传》载，当时因天象异常，萧望之上奏章说："百姓或乏困，盗贼未止，二千石多材下不任职。三公非其人，则三光为之不明，今首岁日月少光，咎在臣等。"由于丙吉位居丞相，有总揽天下之责，萧望之如此说是什么意思？所以宣帝认为萧望之这是"意轻丞相"，就派侍中、建章卫尉金安上、光禄勋杨恽、御史中丞王忠一起去质问萧望之居心何在，把萧望之吓得免冠置对，宣帝因此"不说"萧望之。

据《丙吉传》载，丙吉为相，崇尚宽大，非常爱护相府属吏，总是替他们掩过扬善。如为丙吉驾车的小吏嗜酒，多次因醉酒而犯错误。有次跟丙吉外出，因醉酒呕吐在丙吉的车上，弄脏了车上的垫子，有关官员对丙吉说想赶走这个小吏，丙吉说："以醉饱之失去士，使此人将复何所容？西曹地忍之，此不过污丞相车茵耳。"若属吏有贪污盗窃等犯罪行为，或是为官不称职，丙吉总是以给他们放长假的方式，委婉地使他们离职，始终不对他们进行查办，所以相府属吏对丙吉也非常敬重。见萧望之一再折辱丙吉，便决心为丙吉讨个公道。

据《萧望之传》载，丞相司直絫延寿上奏朝廷举报萧望之数条罪过。其一，对使者不敬。侍中谒者良奉旨下诏给萧望之，萧望之只拜了两拜就结束了。良与萧望之说话，萧望之也不起立，

---

① （南宋）王应麟著，郑振峰等点校：《通鉴答问》卷五"宋畴议凤皇，贬。"条，中华书局2012年版，第406页。

还故意垂下双手，并对御史说"良礼不备"。其二，对丙吉无礼。按照传统，丞相生病，御史大夫次日要去相府探问病情；上朝奏事时，群臣会于廷中，御史大夫应该稍稍立于丞相之后，丞相向御史大夫行谢礼，御史大夫稍向前进，向丞相行揖礼。现在丙吉数次生病，萧望之却不去探问；与百官一起会于廷中时，又与丙吉比肩而立。甚者有次丙吉与萧望之议事，因不合萧望之意，萧望之当即便讥讽丙吉说："侯年宁能父我邪！"其三，以权谋私。萧望之知道御史有令不得擅自使用权力，却多次派在御史府中供职的官员自备车马，去杜陵替他看护处理家事。让御史府的小吏戴着法冠为他的妻子引路，又派他们去做买卖，这些人私下里给萧望之的补助有十万三千钱。最后绤延寿说："案望之大臣，通经术，居九卿之右，本朝所仰，至不奉法自修，踞慢不逊让，受所监臧二百五十以上，请逮捕系治。"而宣帝一接到奏章，直接下策书给萧望之说："有司奏君责使者礼，遇丞相亡礼，廉声不闻，敖慢不逊，亡以扶政，帅先百僚。君不深思，陷于兹秽，朕不忍致君于理，使光禄勋恽策诏，左迁君为太子太傅，授印。其上故印使者，便道之官。君其秉道明孝，正直是与，帅意亡愆，靡有后言。"

　　萧望之被降职的事情大致发生在五凤二年（前56年）七、八月间，过后没几个月，也就是五凤三年（前55年）正月，丙吉就去世了。按照当时的传统，若萧望之不被贬官，则丙吉死后，丞相一职就是他的了。由于萧望之被降职，便让太子太傅黄霸捡了个便宜，黄霸先是由宣帝主持与他互换了官职，接任御史大夫，继而丙吉一死，就做了丞相，数月之间便攀登上权力的巅峰。黄霸做丞相后，御史大夫又空了出来，由于宣帝对萧望之非常赏识，所以也不排除被宣帝教训一下之后，再让他接掌御史大夫的可能，然而丙吉去世前与宣帝的一席话，却使这种可能成了泡影。

五凤三年（前55年）春，丙吉病重之际，据《丙吉传》载，宣帝亲自去看望他，向他咨以国事说："君即有不讳，谁可以自代者？"丙吉开始不肯回答说："群臣行能，明主所知，愚臣无所能识。"后推脱不掉，就向宣帝叩头举荐了三位大臣："西河太守杜延年明于法度，晓国家故事，前为九卿十余年，今在郡治有能名。廷尉于定国执宪详平，天下自以不冤。太仆陈万年事后母孝，惇厚备于行止。此三人能皆在臣右，唯上察之。"

丙吉去世，御史大夫黄霸继任为丞相后，宣帝按照丙吉推荐的顺序，征西河太守杜延年为御史大夫，杜延年退休后，又让廷尉于定国做了御史大夫，其间黄霸去世，于定国就做丞相，御史大夫的位子则给了陈万年。而萧望之却在太子太傅的职位上一直呆到宣帝去世。

那么我们是不是可以把这理解为丙吉临死前对萧望之的报复呢？说实在地，如果这样想，那就是对丙吉的侮辱，萧望之虽然以名儒为大臣，然其"能高论而无济时艰"也是不争的事实。[①]且其虽屡出宏论，"要皆非人之是，是人之非，矫以与人立异，得非其果得，失非其固失也。"并且做丞相首先要心胸宽广有包容之心，然而萧望之却恃才傲物，嫉贤妒能，"固所谓可小知而不可大受者也。"[②]从当时的情况看，丙吉举荐的前两个人都是他经过深思熟虑的，唯有第三个陈万年是个变数。

据《陈万年传》载，陈万年虽然行事廉洁公平，家居操行端

① 白寿彝、廖德清、施丁主编：《中国通史》（修订本）第四卷《中古时代·秦汉时期》（下册），上海人民出版社2004年版，第311页。

② （清）王夫之：《读通鉴论》卷四《萧望之不可大受》，载《船山全书》（10），岳麓书社1988年版，第171页。

正。然热衷于巴结钻营,为结交当朝权贵不惜倾尽家财。有次他生病,闲着无事,就把他的儿子陈咸叫到床头传授为官之道,语重心长地一直说到半夜,还不肯罢休,听得陈咸直打瞌睡,由于是席地跪坐,陈咸的头免不了前后摇晃,结果一不小心就碰到了陈万年床头边的屏风,这个小秘密自然被陈万年给发觉了。陈万年认为自己好心好意向陈咸传授为官之道,可是陈咸却不好好听讲,态度不端正,恨得想揍陈咸,说:"乃公教戒汝,汝反睡,不听吾言,何也?"陈咸眼看棒子要打到身上,忙叩头谢罪说:"具晓所言,大要教咸谄也。"见陈咸这样说,陈万年也有点不好意思,就不再言语。

丙吉生病后,中二千石官员们前去探视,丙吉派家丞出来向大家表示感谢,之后,大家就都走了,只有陈万年一直留在丙吉府中陪伴丙吉,直到深夜方才回家。这让丙吉很感动,觉得陈万年是个有情有义的人,当宣帝向他了解大臣的情况时,就举荐了陈万年。刘子翚论及此事称:"呜呼,以吉之贤,犹乐佞人,信乎远佞人之难也。"[1]王应麟也认为:"吉悦万年之佞而荐之"[2]。也就是说如果陈万年没在丙吉府上多呆一阵儿,严重影响了丙吉的判断,则丙吉所举荐的第三个人很有可能是另外的大臣。这就不能不让我们猜测这个被陈万年取代的人会是谁?而从当时的情况看,张敞无疑是最有竞争力的。

张敞初因切谏昌邑王刘贺而闻名朝廷,宣帝即位后,以数为忠言而为宣帝所赏识,以其为山阳太守监督废王刘贺。在山阳太

① (南宋)刘子翚:《屏山集》卷三《汉书杂论上》,文渊阁《四库全书》第1134册,第383页。
② (南宋)王应麟著,郑振峰等点校:《通鉴答问》卷五"丙吉荐杜延年、于定国、陈万年,上称吉为知人。"条,中华书局2012年版,第408页。

守任上，张敞因处置得宜，既让宣帝感到满意，又保全了刘贺。后见渤海、胶东盗贼并起，就主动请求治理这些地方，宣帝拜其为胶东相，到任后，由于治理有方，很快便盗贼解散，吏民敬服，国中安定。当时自京兆尹赵广汉被杀后，频频更换京兆尹，然而如黄霸等都不称职，以至于京师治安松弛，长安城中盗贼尤多，宣帝于是招张敞试任京兆尹。张敞到任后，很快便将辖区治理得枹鼓稀鸣，市无偷盗。京兆尹负责京师的治安，长安人口众多，在三辅中尤其突出。故朝廷往往挑选郡国中政绩突出的二千石长吏来试职，等到转为正职后，长的不过二三年，短的数月或一年，就因遭受毁伤而失去名声，因罪过被免职。能够任职久的除了赵广汉，就是张敞了。张敞不仅治理具体的事务甚有方略，对于国家的大政方针也有独到的看法。当时朝廷每有大议，张敞即引经据典，发表看法，公卿对于他的建议都很佩服，宣帝也多次采纳他的意见。当然，张敞也经常对宣帝的举措提出批评，但他非常注重方式，尽量避免让宣帝难堪。

张敞还多次对同僚提出忠告或批评。据《朱邑传》载，朱邑以治郡有方被征为大司农，当时张敞为胶东相，就写信给朱邑说当今圣明的君主向往远古太平之治，因此广招贤士，这真是忠臣们向往的好时代啊。然而我却远守偏僻难治之郡，为制度所拘束，思虑郁结，难以有大的抱负。即使是有，又哪有地方可以实施？而您以清廉贤明之德，主管农事，这就好像饥饿之人以糟糠为美味，而丰收的年景却要遗弃许多美食。这是为什么呢？无非是因为有和无的情势不同造成的。从前陈平虽有才能，也须有魏倩的提携方才能够受到重用；韩信虽然有奇才，也要靠萧何的举荐才得到信任。故所有生逢其时的英俊，如果一定要像古时的伊尹、吕望那样出名，然后才得到推荐，那么这种人也不会通过您的举荐而得到任用。朱邑对他的话很感慨，因此非常注意举荐人才，并给予多方的帮助："邑感敞言，贡荐贤士大夫，多得其助者。"

据《严延年传》载，张敞任京兆尹时，见严延年治郡严酷，就写信劝告严延年说古时候有名的良犬韩卢猎获野兔时，都要先看一下主人的眼色，然后再去追逐，不过多地捕杀。因此希望您稍稍放宽一下刑罚，考虑效法韩卢的办法来行事，"昔韩卢之取菟也，上观下获，不甚多杀。愿次卿少缓诛罚，思行此术。"

张敞为人厚道，有才能，有操守，关心国事，颇具公辅的潜质。故张佩纶认为："使敞相孝宣，功名必出丙、魏上。若其佐元傅成，亦岂萧望之、张禹所可比方哉。"①

但在时人看来他的毛病也不小。张敞为京兆尹时，朝会结束后，骑马经过章台街时，他让吏卒赶着马，自己用一个屏面遮着脸打马而过。闲暇时，又以给妻子画眉取乐，长安中传扬说张敞画眉画得很标致，有官员认为这种行为伤风败俗，便上章弹劾他。宣帝问张敞这是怎么回事。据《张敞传》载，张敞回答道："臣闻闺房之内，夫妇之私，有过于画眉者。"一句话说得宣帝哑口无言，但宣帝心中却比较赞同官场的看法，即张敞行为轻佻，缺乏一个重臣应有的威仪，便不肯提拔他。当此之时，张敞最需要的是能有一个重臣站出来为他说句话，但是丙吉最终却把他的第三个推荐名额给了陈万年。结果钻营如陈万年者平步青云，而负有济世之才的张敞却始终在地方上盘桓！

丙吉去世后，他的爵位为他的长子丙显所继承，宣帝甘露年间因罪被削为关内侯，官至卫尉、太仆，元帝时因与其他官员合伙贪污公款达千余万，被有关方面奏请逮捕治罪，但是元帝念及

---

① （清）张佩纶：《涧于集·文》卷上《张敞论》，民国十五年涧于草堂刻本。

丙吉对皇室的恩情，不忍杀之，仅是免去丙显的官职，削去其食邑四百户，后来又让他做了城门校尉。

据《丙吉传》载，鸿嘉元年（前20年），成帝重提丙吉之恩，下诏给丞相和御史大夫说："盖闻褒功德，继绝统，所以重宗庙，广贤圣之路也。故博阳侯吉以旧恩有功而封，今其祀绝，朕甚怜之。夫善善及子孙，古今之通谊也，其封吉孙中郎将关内侯昌为博阳侯，奉吉后。"国绝三十二年后得以复续。丙昌后来把爵传给了他的子孙，直到王莽时才被灭绝。

第三节　压制刘贺

宣帝亲政后，在对他的恩人倾情报答的同时，又磨刀霍霍，将刀锋指向了令他非常厌恶的废帝刘贺。

刘贺被废后，继位的宣帝既担心他为帝之心不死，又怕他得到民间的同情与拥护，将他视为心腹之患，故刘贺虽被废居山阳郡，但宣帝仍对他充满疑忌。而张敞在宣帝即位后，屡上忠言，深得宣帝信任，于是地节三年（前67年）当宣帝与霍氏集团斗争已呈白热化之际，为防刘贺趁机节外生枝，图谋东山再起，打乱自己的部署，宣帝特拜张敞为山阳太守，加强对刘贺的监视。

张敞当年五月到任后，看到情况是，刘贺所居住的昌邑故王宫，终日大门紧闭，只开了一个小门供人出入，通常是有一名官员去领钱物购买东西，每天早晨采进一次食物，此外皆不得妄有出入。有一名官员专门负责故王宫的巡逻，监察往来出入之人。又用前昌邑王家的钱雇佣士卒，负责维护王宫的安全。显见张敞莅任之前，朝廷对刘贺就防范得相当严密。

而张敞来后，也确实把这当作大事来抓，多次派官员去昌邑王宫去察看情况。到了次年九月，又亲自去刘贺宫中巡察，而他的所见所闻也非常令人震撼。也就是八九年光景，这个昔日为所欲为、无所顾忌、亲自驾着马车不半日能跑上二百里路的武帝之孙，翩翩少年，竟变得如此不堪：面容青黑，须眉稀少，虽然身材高大，但因患有偏瘫之疾，故而行走不便，显见在此期间曾生过大病。考虑到此时他才年仅二十六七岁，可以想见八九年前那场变故对他的打击是多么巨大！失去皇位定然让他椎心而痛，时刻处在当权者的监视之下，又令他惶惶不可终日，生活在如此痛苦和恐惧的煎熬之中，身体怎能不出问题！

据《刘贺传》载，刘贺见张敞来，便上身穿件短衣，下身穿条大裤子，头戴惠文冠，身佩玉环，头上插着笔，手中拿着木牍，打扮得不伦不类，前来拜见张敞，显得极其谦卑恭顺。这不能不让张敞暗中叹息，却是早知今日，何必当初啊！于是随口说道："昌邑多枭。"枭属猫头鹰一类的鸟，据说此鸟食母，故人们常用它比喻恶人。所以张敞此话隐含的意思就是说昌邑坏人多，按他后来给宣帝上的奏疏所说，他这是故意刺激刘贺，看看他的反应，如果他反应激烈，那就是贼心不死。然而刘贺却应声回答说："然。前贺西至长安，殊无枭。复来，东至济阳，乃复闻枭声。"

张敞对刘贺问话，看似平常，其实大有玄机。因为张敞在问话时若嘘寒问暖，保不准刘贺一感动就会真情流露，如果是这样，则刘贺必死无疑。然而张敞面对刘贺，却端起地方长吏的架子，以训话的姿态与刘贺交流，刘贺在恐惧之下哪还敢表达自己的真实想法，自是顺着张敞的言语回答，傻样儿也就出来了。

后来，张敞在向宣帝书面汇报工作时，把自己所见到的这些情况都写进了奏疏中，并总结说通察被废昌邑王的衣服、言语以及举止，可发现这人像个白痴："察故王衣服言语跪起，清狂不惠。"

在奏疏中，张敞还讲了一件刘贺的荒唐事。却是刘贺的父亲哀王刘髆死后，其宫中十名歌舞女子，被发送到哀王陵园中守陵。张敞认为这些女子没有孩子，不是哀王的姬妾，应该放她们回家。张敞在奏疏中写道刘贺知道后说："中人守园，疾者当勿治，相杀伤者当勿法，欲令亟死，太守奈何而欲罢之？"然后评论说："其天资喜由乱亡，终不见仁义如此。"

这篇奏疏写在元康二年（前64年），起因是虽有张敞在那里守着，可宣帝心中始终七上八下地放不下心来，就派使者赐予张敞加玺御书说："制诏山阳太守：其谨备盗贼，察往来过客。毋下所赐书！"张敞就把几年来自己所了解的情况写了通奏疏送给了宣帝，宣帝看后，见刘贺白痴一个，且已半残，显见对自己已没有什么威胁，因而对其敌意大减。次年三月，下诏封刘贺为海昏侯，食邑四千户，就国豫章郡，但是不得赴京师朝见奉宗庙朝聘之礼。

刘贺能如此，刘子翚认为这是由于他善于保身的缘故："贺忧不免，张敞之来，故于言语跪起之间，阳为颠蹶，以免祸也。"[①]实则全在于张敞的成全。王夫之论及此事，非常感慨地说："张敞，非昌邑之故臣也，宣帝有忌于昌邑，使敞觇之，敞设端以诱王，俾尽其狂愚之词，告之帝而释其忌，复授以侯封，卒以令终，敞之厚也。"又说："敞能知人臣事君之义，导主以忠厚，而明主必深谅之，其识胜也。且其于宠辱祸福之际，寡所畏忌，其力定也。"[②]张佩纶也认为："使敞希指要福，废王必不全。而敞条奏贺

---

① （南宋）刘子翚：《屏山集》卷三《汉书杂论下》，文渊阁《四库全书》第1134册，第392页。

② （清）王夫之：《读通鉴论》卷四《张敞释宣帝之忌昌邑》，载《船山全书》（10），岳麓书社1988年版，第163页。

居处，状其衣服、言语、跪起，清狂不惠，甚烦悉。使帝知贺不足忌，而动其哀矜之心，于是有徙封之命。其后卫尉安上、刺史柯屡奏贺，而帝始终宽贷者，敞言先入故也。"[1]

刘贺从山阳郡故昌邑王宫迁到豫章郡海昏侯国居住后，虽被禁止进京朝拜，但一般的活动如外出走动、接待宾客等已不再受限制。应该说若他能谨言慎行，不招惹是非，他的生活可能还会发生更大的改观。而从海昏侯墓发现的 58 版奏牍中残缺不全的文字也显示，在元康三年（前 63 年）至五年（前 61 年）间，刘贺与其夫人待，先后多次向宣帝和上官皇太后上书，显得甚为谨慎[2]。惜乎他在豫章郡生活了数年，仍是出事了。

刘贺到豫章郡后，结交了一个名叫孙万世的地方离职官员，有次两个人在一起聊天时，刘贺透露了自己的真实想法，结果两人谈话的内容很快就被人报告给了扬州刺史柯，柯将此事上奏朝廷，有关方面案验属实，遂请求逮捕刘贺，宣帝虽没有同意，却将他封邑削去了三千户。神爵三年（前 59 年），饱受摧残的刘贺终于死了。他死后，侯国被废。

第四节 逼死刘胥

刘贺被折磨死后，宣帝很快又盯上了广陵王刘胥。此人因性情粗鲁，武帝在世时早就将他排除出继承人之列，而他也颇有自知之明，昭帝一继位，他就表示拥戴，这对饱受宗室贵族质疑的新贵们而言，无疑是雪中送炭。故昭帝继位后，先接见前来

---

① （清）张佩纶：《涧于集·文》卷上《张敞论》，民国十五年（1926）涧于草堂刻本。

② 王意乐、徐长青：《海昏侯刘贺墓出土的奏牍》，《南方文物》2017 年第 1 期。

朝拜的刘胥，赏赐他金钱财币，价值三千余万，又益封他食邑一万三千户。元凤中刘胥再入朝，昭帝又益封他食邑万户，赐钱二千万，黄金二千斤，此外又赐他安车、驷马与宝剑。而刘胥见昭帝年少无子，遂生觊觎之心，因请女巫李女须为他施法求神对昭帝降殃。

据《刘胥传》载，李女须来后，施法不久就哭着说武帝的神灵已经降附到自己身上，然后又以武帝的口气说："吾必令胥为天子。"刘胥于是赏了李女须很多钱，让她再到楚地一个叫巫山的地方去继续祷告，而昭帝后来居然真的死了，刘胥将此视为其让李女须祝诅的结果，盛赞李女须为"良巫"，并"杀牛塞祷"。然后就等着朝廷请他去长安做皇帝，不想等到最后，消息传来，新君竟是昌邑王刘贺，当时把刘胥给气坏了，愤怒之下，便又让巫师诅咒刘贺，继而昌邑王刘贺做了二十七天皇帝就被赶下台，这使刘胥更加笃信李女须等巫师的法术，遂多次赐予巫师们钱物，并又信心满满地等朝臣们来迎接自己。也是，自问天下有谁能比刘胥更有资格做皇帝呢？他可是武帝唯一在世的儿子呀！及至宣帝称帝的消息传到广陵，对皇位望眼欲穿的刘胥当即大怒，说道："太子孙何以反得立？"立马又把此前为他祝诅昭帝、刘贺的女巫李女须叫来，让她祝诅宣帝。宣帝、霍光等对此并不知情，宣帝即位后，为了安抚刘胥，尽封刘胥四子。但刘胥却并不满足，继续诅咒宣帝。

据《史记·三王世家》载，当时，楚王刘延寿对时局走向进行了评估，认为由于朝廷选立不公，政局可能还会乱下去，而一旦天下发生变乱，刘胥作为武帝唯一在世的儿子，一定会被拥立为皇帝，因此决定暗中投靠刘胥，以期在新的政局中谋得大利："我先元王，高帝少弟也，封三十二城。今地邑益少，我欲与广陵王共发兵云。立广陵王为上，我复王楚三十二城，如元王时。"据《楚元王传》载，为此，刘延寿为他的王后的同母弟赵何齐娶刘胥的女儿为妻，借以强化与刘胥的关系。以事成赵何齐可为列侯为诱饵，让赵何齐充当他与刘胥之间的联络人："我与广陵王相结，天下不安，发兵助之，使广陵王立，何齐尚公主，列侯可得也。"在让赵何齐送给刘胥的书信中，刘延寿非常露骨地对刘胥说："愿长耳目，毋后人有天下。"而刘胥也多次赠送刘延寿珍宝，通报自己所掌握的情况。

地节元年（前69年），刘延寿等因反谋泄露被抓，在审讯过程中，他们的供词牵连到了刘胥，最终处理结果是处死刘延寿等，对于刘胥，由于他身份尊贵，宣帝下诏不予追究，并前后赏赐他黄金五千斤，此外还有很多其他财物。但刘胥却仍不肯罢手，继续让李女须诅咒宣帝，这样一直搞到地节三年（前67年）四月，宣帝册立刘奭为皇太子，刘胥才彻底断了念想，不再诅咒宣帝。因为这意味着即使刘胥把宣帝咒死了，做皇帝的也不再会是他。

有道是世事难料，刘胥是偃旗息鼓、想过消停日子了，可宣帝却不干了。五凤三年（前55年），在没有任何先兆的情况下，宣帝突然处死了刘胥的儿子刘昌[①]，借口是刘昌与刘胥的一个叫左修的姬妾有奸情。刘昌原是南利侯，地节二年（前68年）曾私自杀人，事情泄露后，也不过是被夺去侯爵而已，现在却因为与自己父亲的一个姬妾私通，竟被处以死刑，这未免有点量刑过重，

---

① 刘昌：刘胥之子，封南利侯。《汉书·武五子传》称南利侯名刘宝。王先谦考订认为刘胥儿子无刘宝者，南利侯名刘昌。当是。见（东汉）班固撰，（清）王先谦补注，上海师范大学古籍整理研究所整理：《汉书补注》卷六三《武五子传》，上海古籍出版社2008年版，第4400—4401页。

显见是杀鸡骇猴做给刘胥看的。此后，宣帝又继续向刘胥进逼，将刘胥封地上的一部分土地收归国有，然后分配给贫民。这分明是当着全天下人的面扇刘胥的老脸，刘胥愤怒之下，又招来巫师诅咒宣帝。

据《刘胥传》载，当时由于朝廷对广陵王频频出手，使广陵王宫中的人们有种大限将至的感觉，以至于惶惶不可终日，于是就发生了许多稀奇古怪的事情。如人们发现刘胥王宫园中的枣树生出十余枝条，枝茎呈赤红色，叶则呈素白色。池塘中的水也变成了红色，池中的鱼都死了。又有老鼠大白天在刘胥王宫的后廷中站着跳舞。这让刘胥很紧张，对他身边的女子们说："枣水鱼鼠之怪甚可恶也。"这种惶恐不安的日子持续了数个月，广陵王集团便崩溃了，刘胥诅咒宣帝的事情被朝廷发觉，朝廷特派员前来调查，这让刘胥非常惶恐，为了自保，竟毒杀了巫师及宫人等二十多个知情者，但这只能是欲盖弥彰，因为原本二十多个活生生的人，一下子从人们的视线中消失了，能不引起轰动！于是朝廷公卿一致向宣帝请求诛杀刘胥，宣帝便让廷尉于定国、大鸿胪王禹去了广陵。于定国、王禹来到广陵后，没有去广陵王宫，而是在广陵的驿站住了下来，然后派人去招刘胥来见，就所了解的情况，逐条质问刘胥，刘胥回答说："罪死有余，诚皆有之。事久远，请归思念具对。"刘胥回家便自杀了，因为他知道宣帝派两位使者来，表面上是来问他话，实际上是要他命的。

刘胥回宫后，自知已无生望，便置酒殿中，召家人聚会，歌舞之中，做了六十四年广陵王的刘胥自歌道："欲久生兮无终，长不乐兮安穷！奉天期兮不得须臾，千里马兮驻待路。黄泉下兮幽深，人生要死，何为苦心！何用为乐心所喜，出入无悰为乐亟。

蒿里召兮郭门阅，死不得取代庸，身自逝。"大意是说为人之所以想长久地活着，是因为活着感到很快乐。而自己虽然活着，却经常不快乐，所以活着也没有什么意思。现在自己奉天子之命马上就须死去，廷尉、大鸿胪就待在驿站等待着自己的死讯。想想人都是要死的，没必要为此伤心劳神。人生以能从心所喜好为乐，现在自己出入都不快乐，纵是有也持续不了多长时间。唉，死这种事是必须要自己亲自去做的，没办法让人代劳，那就走吧！总之是凄惨痛苦。遂自杀。其宠幸的女子郭昭君等二人也自杀。消息传至长安，朝廷赐其恶谥为"厉"，取消了他的封国。同时，宣帝法外施恩，特赦刘胥诸子皆为庶人。时为五凤四年（前 54 年）正月。

虽然刘胥已死，但对其谋逆一案的审理却并没有结束，直到甘露二年（前 52 年），朝廷还在全国范围内追查涉案人员。该年五月，丞相府的吏员丞相少史充、御史府试用的吏员守少史仁等两个级别较低的官员联合签发了一份文件，要求全国各地追查在逃犯外人："甘露二年五月己丑朔甲辰朔，丞相少史充、御史守少史仁以请诏有逐验大逆无道故广陵王胥御者惠同产苐（弟）、故长公主苐（第）卿大婢外人，移郡太守，逐得试（识）知外人者、故长公主大奴千秋等，曰：外人，一名丽戎，字中夫，前太子守观奴婴齐妻，前死。丽戎从母捐之字子文，私（？）男苐（弟）偃，居主马市里苐（第）。捐之姊（姊）子、故安道侯奴材，取不审县里男子字游为丽戎聟（婿），以牛车就（僦）载藉田仓为事。始元二年中，主女孙为河间王后，与捐之偕之国。后丽戎、游从居主机菜苐（第），养男孙丁子沱。元凤元年中，主死，绝户，奴婢没入诸官。丽戎、游俱亡。丽戎脱籍，疑变更名字，远走绝迹，更为人妻，介罪民间，若死，毋从知。丽戎此时年可廿三、四岁，至今年可六十所。为人中壮，黄色，小头，黑发，隋（椭）面，拘（钩）颐，常戚（蹙）额如频（颦）状，身小长，诈庬少言。书到，二千石遣毋害都吏严教属县官令以下、啬夫、吏、正、父老，杂验问乡里吏民，赏（尝）取（娶）婢及免婢以为妻，年五十以上，刑（形）状类丽戎者，问父母昆弟（弟），本谁生子，务得请（情）实、发生从（踪）迹。毋督聚烦挠民。大逆，同产当坐，重事，推迹求穷，毋令居部界中不觉。得者书言白报，以邮亭行，诣长安传舍。重事，当奏闻，必谨密之，毋留，如律令。"①

此律令大意是说甘露二年（前52年）五月十六日，丞相少史充、御史守少史仁共同奏请朝廷下诏，追查犯有"大逆无道"之罪的前广陵王刘胥的车夫惠的同母妹妹、前长公主即盖主第卿的大婢外人，移送文书给各郡太守。据捕得的前长公主的大奴千秋等认识外人的人说：外人，又名丽戎，字中夫，是前太子守观奴婴齐的妻子，婴齐病死后，丽戎跟从母亲捐之字子文、弟偃，一起居住在长公主在长安城马市里的宅第内。捐之姐姐的儿子、前安道侯韩说的家奴材，为丽戎找了个籍贯不明的字为游的男子做她的丈夫，游以牛车受雇于官府，靠为官府仓库运输物资为业。始元二年（前85年）中，长公主的孙女为河间王刘庆的王后，丽戎与其母亲捐之跟随长公主的孙女一起去了河间。后丽戎、游一起居住在长公主在杌菜的宅第，抚养长公主与丁外人的孙子丁子

---

① 邬文玲：《〈甘露二年御史书〉校读》，《中国古代法律文献研究》（第5辑），社会科学文献出版社2012年版，第47页。按：1973年甘肃居延考古队在肩水金关遗址1号探方发现三枚木牍，编号为73EJT1∶1—3，内容系在全国范围内搜捕犯有大逆无道罪的惠的同产女弟丽戎的律令文书。该简牍文字自发表后，对其进行释读考校者甚众，其中邬文玲后出而最精，故本文以邬文玲的校读为准。

沱。元凤元年（前80年）中，长公主死，户籍被消除，奴婢被没入官府，丽戎和游都逃亡。丽戎脱离户籍，怀疑她变更名字，远走他方，另嫁他人，避罪民间，如果死掉，也无从知道。丽戎逃亡时大概有二十三四岁，现在可能六十岁左右。她中等身材，皮肤黄色，头小，黑色头发，面部呈椭圆形，下巴前伸，常皱着眉头如心情不好状，身体瘦长，狡诈少语。郡守收到追捕文书后，应派遣公正干练的官员严令属县官员自县令至啬夫、乡吏、里正、父老，认真查验、讯问乡里的官民，是否有曾娶婢女或放免的婢女为妻，年龄在五十以上，形状与丽戎相类者。若有，要查问他们的父母兄弟情况，是谁所生，一定要把事情搞清楚。在此过程中，注意不要督责催促烦扰百姓。"大逆"之罪，同胞兄弟姐妹都要受到连坐，属于重大的事情，各相关方面要追踪寻迹，务求穷尽，不要出现让丽戎居住在自己辖区内却没有发觉的情况。发现情况要立即写书报告，通过各地设在交通要道上的邮亭将书信传递至长安传舍。此事属重事，当奏闻天子，必须谨慎封闭，不要逗留，要按律令办事。

通过这一律令可知刘胥的车夫惠在刘胥谋逆一案中犯下大罪，为了震慑居心叵测之徒，朝廷特下严令，在全国范围内追捕他已逃亡二十八年的妹妹丽戎，以期达到以儆效尤的目的。但宣帝牛刀杀鸡，是否也透露出他在独步天下、睥睨海内之后的寂寞与空虚呢？

黄龙元年（前49年）十二月甲戌（初七），宣帝崩于未央宫。癸巳（二十六日），太子刘奭即皇帝位，是为元帝。初元元年（前48年）正月辛丑（初四），元帝葬宣帝于长安城东南数十里处杜东原上的杜陵。

想当年刚出生数月的宣帝被投入郡邸狱时，臂上还带一枚他的祖母史良娣用五彩绳系着的宝镜，该宝镜来自身毒国，大如八铢钱。据说该宝镜能够照见妖魔鬼怪，佩之者会受到天神的福佑。传言宣帝能屡渡难关，靠的就是这面镜子。"及即大位，每持此镜，感咽移辰。"常以琥珀笥盛之，以锦绣封缄。"帝崩，不知所在。"[1] 不知是否陪葬在了杜陵。但若果人真的死而有灵，无论宝镜是否陪葬，由于宣帝葬在了杜陵，则他从此便将再不伤感，因为他的家人就陪伴在他的身边。在长安城东南郊外，埋葬着他的曾祖母卫皇后、祖母史良娣、父亲刘进、母亲王夫人，而其发妻许平君之陵墓就在其茔地东南十余里处。

嗳，杜东原上，相见欢乎？

嘻，荒冢一堆，草枯荣兮！

---

[1] （东晋）葛洪：《西京杂记》卷一"身毒国宝镜"条，中华书局 1985 年版，第 4 页。

结语：杜鄠浪子兮，功业何盛

历代学者论及汉宣帝，可谓毁誉参半。但通过对宣帝历史的梳理，使我们深刻地认识到宣帝于汉朝是有大功的，汉之衰亡，主因并不在他。

细绎汉之历史，如果说高祖之功在于建汉，嗣后惠帝至景帝则是致力于巩固高祖所取得的成果。至于国家制度，则多循秦制；周边局势，也仅是维持粗安而已。

武帝即位之后，在汉已取得成就的基础上，慨然兴大有为之志，面对当时的统治现状，主动出击，强势应对，内兴功利，外事四夷。经过数十年的努力，最终开创出了一个迥异于前代的新局，可以说汉之为汉，正得武帝而成。

武帝虽然取得重大成就，但也因此导致国敝民贫，以致社会动荡，朝政纷纭，重大的统治危机在其晚年接踵而至。为此他对过往的统治进行深刻反思，采取一系列措施，对此前所推行的扰民、劳民之政进行持续调整，将治国路线由此前的穷兵黩武转向内安百姓、外息干戈，亦即从"武治"转向"文治"，着力维护社会的稳定与发展。

武帝去世后，他的新安民富民国策得到了继承，昭帝时期，虽然社会经济得到一定恢复，但直到宣帝即位，武帝时给社会造成的伤害仍然存在，并且法治仍甚严酷，其他领域也是积弊丛生，同时与匈奴的博弈还没有决出胜负。所有这一切都要求宣帝继续贯彻落实武帝晚年确立的统治路线，完成武帝未竟的事业。而宣帝也能顺应时势，以发展民生为抓手，大兴文治。由于措置得方，到其统治后期，基本实现了汉自立国以来所追求的四境安泰、百姓和乐、天下太平的梦想。

就宣帝一朝统治对后世的影响而言，首先，宣帝巩固并扩大了武帝时期取得的胜利成果，为后世的发展打下了一个相对坚实的基础；其次，宣帝对武帝以来所采取的治国理念、制度、措施，进行了全面、系统、持续的调整，为后世提供了一个相对完善的统治运行机制；最后，宣帝以发展民生为要务的施政理念，可称得上是他留给后世的宝贵精神遗产。可以说，汉朝在此后能够延续数十年的统治，与宣帝关系甚大。当然，宣帝迷信神灵、任用外戚宦官、诛除贤臣以及其统治后期热衷享乐等，都给汉朝的统治带来了相当消极的影响，但平情而论，汉朝自元帝起由盛转衰是有其必然性的，宣帝的种种作为并非主因。

首先，元成以后，统治集团安于守成，忧患意识大减，累日取贵、积久致官成为官场常态，导致执政能力持续下降。

其次，崛起于武帝时期的豪族，对皇朝构成强大挑战。元成以后，自上而下全面掌控了国家权力的豪族，在上分割国家财富，在下掠夺小农资产，导致社会财富高度集中，贫富差距持续拉大，因是时势使然，故皇朝始终无法有效应对。

复次，皇朝调整社会经济秩序的能力日渐衰退。元成以后，赋役繁重、灾害频仍、豪族掠夺，兼之随着人口的持续增加，人地关系日趋紧张，使小农破产的情况愈演愈烈。但由于小农阶层贫困化加速、豪族对国家财富的掠夺、皇族对财富的挥霍以及皇权对地方郡国的控制力下降等原因，使皇朝掌控国家的能力持续衰减，在扶助小农阶层、调控社会经济秩序方面日渐有心无力，终至计穷。

最后，元成以后，获得统治话语权的儒生热衷于复古改制以致太平，不以发展民生为要务，也是其加速走向衰亡的重要原因。

种种因素交织在一起，致使元成以后，社会长期动荡不安，当此之时，小民渴盼安居乐业，豪族希望社会稳定，而皇朝却无力予以解决，于是逐渐为整个社会阶层所抛弃。在此过程中，豪族阶层利用合法手段否定汉皇朝的权威，最终夺取舆论主导权，从而在观念上消解了汉朝存在的合法性与正统性，汉朝因而土崩瓦解。

参考文献

（北宋）司马光:《资治通鉴》,中华书局 1956 年版。

陈垣:《二十史朔闰表》,古籍出版社 1956 年版。

（东汉）班固:《汉书》,中华书局 1962 年版。

（清）阮元:《十三经注疏》,中华书局 1980 年版。

（西汉）司马迁:《史记》,中华书局 1982 年版。

吕思勉:《秦汉史》,上海古籍出版社 1983 年版。

［日］西嶋定生著:《白话秦汉史（秦汉帝国的兴衰）》,黄耀能译,（台北）文史哲出版社 1983 年版。

安作璋、熊铁基:《秦汉官制史稿》,齐鲁书社 1984 年版。

（清）赵翼著,王树民校证:《廿二史札记校证》,中华书局 1984 年版。

（西汉）司马迁撰,［日］泷川资言考证,［日］水泽利忠校补:《史记会注考证附校补》,上海古籍出版社 1986 年版。

（清）何焯著,崔高维点校:《义门读书记》,中华书局 1987 年版。

刘庆柱、李毓芳:《西汉十一陵》,陕西人民出版社 1987 年版。

（清）王夫之:《读通鉴论》,《船山全书》（10）,岳麓书社 1988 年版。

（清）苏舆撰,钟哲点校:《春秋繁露义证》,《新编诸子集成》（1）,中华书局 1992 年版。

王利器校注:《盐铁论校注》（定本）,《新编诸子集成》（1）,中华书局 1992 年版。

［英］崔瑞德、鲁惟一编:《剑桥中国秦汉史》,杨品泉等译,张书生、杨品泉校订,中国社会科学出版社1992年版。

张舜徽主编:《二十五史三编》第三分册《汉书之属》,岳麓书社1994年版。

金春峰:《汉代思想史》,中国社会科学出版社1997年版。

李开元:《汉帝国的建立与刘邦集团:军功受益阶层研究》,生活·读书·新知三联书店2000年版。

陈苏镇:《汉代政治与〈春秋〉学》,中国广播电视出版社2001年版。

王彦辉:《汉代豪民研究》,东北师范大学出版社2001年版。

崔向东:《汉代豪族研究》,崇文书局2003年版。

李振宏:《居延汉简与汉代社会》,中华书局2003年版。

林剑鸣:《秦汉史》,上海人民出版社2003年版。

白寿彝、高敏、安作璋主编:《中国通史》(修订本)第四卷《中古时代·秦汉时期》(上册),上海人民出版社2004年版。

白寿彝、廖德清、施丁主编:《中国通史》(修订本)第四卷《中古时代·秦汉时期》(下册),上海人民出版社2004年版。

(清)沈钦韩等撰:《汉书疏证》(外二种),上海古籍出版社2006年版

(东汉)班固撰,王先谦补注,上海师范大学古籍整理研究所整理:《汉书补注》,上海古籍出版社2008年版。

张小锋:《西汉中后期政局演变探微》,天津古籍出版社2007年版。

宋超:《昭宣时代》,陕西人民出版社2008年版。

(南宋)胡寅撰,刘依平校点:《读史管见》,岳麓书社2011年版。

吴涛:《"术"、"学"纷争背景下的西汉《春秋》学——以〈谷梁传〉与〈公羊传〉的升降为例》,中国社会科学出版社2011年版。

李峰:《巫蛊之祸 西汉中期政坛秘辛》,河南大学出版社2015年版。

责任编辑：邵永忠

封面设计：汪　莹

图书在版编目（CIP）数据

汉宣帝传 / 李峰，闫喜琴 著 . —北京：

人民出版社，2021.9（2022.9 重印）

ISBN 978-7-01-023396-3

Ⅰ . ①汉 …　Ⅱ . ①李 … ②闫 …　Ⅲ . ①汉宣帝（前 91 - 前 49）—传

记　Ⅳ . ① K827=341

中国版本图书馆 CIP 数据核字（2021）第 084411 号

汉宣帝传

HANXUANDI ZHUAN

李峰　闫喜琴　著

人民出版社出版发行

（100706　北京市东城区隆福寺街 99 号）

北京新华印刷有限公司印刷　新华书店经销

2021 年 9 月第 1 版　2022 年 9 月北京第 2 次印刷

开本：850 毫米 ×1168 毫米 1/32　印张：8.375

字数：220 千字

ISBN 978-7-01-023396-3　定价：40.00 元

邮购地址　100706　北京市东城区隆福寺街 99 号

人民东方图书销售中心　电话（010）65250042　65289539

版权所有·侵权必究

凡购买本社图书，如有印制质量问题，我社负责调换。

服务电话：（010）65250042。